深厚软基市域快线隧道长期变形防控体系研究与实践

刘健美 顾 锋 肖军华 郑 翔 编著

同济大学出版社·上海
TONGJI UNIVERSITY PRESS·SHANGHAI

内 容 提 要

本书采用理论分析、数值模拟与现场监测相结合的方式,研究了软土地区的隧道长期沉降、变形控制指标及限值、周边工程活动对既有隧道的影响等问题,建立了以隧道拱腰直径变化量为控制指标的市域快线盾构隧道横断面变形安全等级体系,并针对各安全等级状态提出了相应的处理措施,也为隧道周边工程活动提出了合理的设计要求。在此基础上,探索了隧道的变形控制技术及病害治理方案。本书的研究成果为广州市域快线18号线的成功建设奠定了坚实的基础,也为粤港澳大湾区软土地区的盾构隧道修建提供了一套系统的解决方案,具有重要的实用价值。

本书读者对象为从事轨道交通结构设计及施工的工程技术人员、大专院校结构专业的学生及相关科研人员等。

图书在版编目(CIP)数据

深厚软基市域快线隧道长期变形防控体系研究与实践/
刘健美等编著. -- 上海:同济大学出版社,2024.3
 ISBN 978-7-5765-1002-7

Ⅰ.①深… Ⅱ.①刘… Ⅲ.①软土地基-隧道-变形-防治 Ⅳ.①U459.9

中国国家版本馆CIP数据核字(2024)第051216号

深厚软基市域快线隧道长期变形防控体系研究与实践

Research and Practice on Long-term Deformation Prevention and Control System for Urbab Rapid Rail Transit in Deep Soft Soil

刘健美 顾 锋 肖军华 郑 翔 编著

责任编辑	胡晗欣
责任校对	徐逢乔
封面设计	潘向蓁

出版发行	同济大学出版社　www.tongjipress.com.cn
	(地址:上海市四平路1239号　邮编:200092　电话:021-65985622)
经　　销	全国各地新华书店
排版制作	南京月叶图文制作有限公司
印　　刷	上海安枫印务有限公司
开　　本	787mm×1092mm　1/16
印　　张	10.5
字　　数	223 000
版　　次	2024年3月第1版
印　　次	2024年3月第1次印刷
书　　号	ISBN 978-7-5765-1002-7
定　　价	128.00元

版权所有　侵权必究　印装问题　负责调换

本书编委会

主　编

刘健美　顾　锋　肖军华　郑　翔

主编单位

广州地铁设计研究院股份有限公司

参编人员

郑　石　孙　菁　翟利华　徐文田　卢晓智　邹成路
朱能文　耿鸣山　刘志勇　赵小夏　白英琦　薛　煌
麦家儿　毛武峰　赵　晶　赵　峰　陆灵威　叶宇航
杨　成　肖　峰

前言

在构筑粤港澳大湾区的快速轨道交通网络过程中,大量的交通设施需要修建,盾构法由于其高效、对地面交通影响小的特点,在交通建设中被大量采用。粤港澳大湾区核心区域如广州市南沙区、中山市翠亨新区等均处于以海陆交互相沉积层、冲积洪积砂土层为主的区域,这些区域普遍属于典型深厚软土地区。在深厚软土地区修建隧道涉及许多复杂的因素,且与之相关的盾构隧道理论研究明显落后于工程实践,许多设计和计算理论仍未得到发展。如何在深厚软土地区以安全、快速、经济的方式修建盾构隧道并满足隧道长期运营使用要求是本书寻求解决的问题,也是工程界研究的热点和难点问题。

珠江三角洲冲积平原的滨海沉积软土具有天然含水率高、天然孔隙比大、压缩性高、渗透性弱、固结系数小、触变性强等特点,隧道修建过程中面临施工期会产生上浮量过大、拼装质量难以保证的问题,运营期会存在结构变形、沉降、差异沉降过大以及渗漏水、管片开裂等病害。与此同时,随着粤港澳大湾区建设规模的扩大,隧道周边不可避免地会出现大量工程活动,例如既有隧道上方、旁侧基坑开挖、降水、堆载等。这些因素均会不同程度地导致隧道结构进一步的变形,严重时甚至会引起隧道结构损坏直至破坏。本书在广州地铁4号线和佛山地铁软土修建盾构隧道的基础上,依托市域快线广州18号线工程,采用理论分析、数值模拟与现场监测相结合的方式,研究了软土地区隧道长期沉降、变形控制指标及限值、周边工程活动对既有隧道的影响等问题,建立了以隧道拱腰直径变化量为控制指标的市域快线盾构隧道横断面变形安全等级体系,并针对各安全等级状态提出了相应的处理措施,也为隧道周边工程活动提出了合理的设计要求。在以上研究基础上,还探索了隧道的变形控制技术及病害治理方案。

本书的研究成果为市域快线广州18号线的成功建设奠定了坚实的基础,也为粤港澳大湾区软土地区的盾构隧道修建提供了一套系统的解决方案,具有重要的应用价值。

本书重在解决实际工程中存在的各项问题,研究范围尚不全面和系统,希望本书提出的方案能在今后隧道工程建设中发挥有益作用,如有不当之处,敬请各位读者指正!

编著者

2023年6月

目录

前言

1 **深厚软基市域快线隧道长期沉降预测** ········· 001
  1.1 概述 ········· 003
    1.1.1 工程概况 ········· 003
    1.1.2 南沙段软基概况 ········· 003
    1.1.3 软基处理概况 ········· 005
    1.1.4 研究内容 ········· 006
  1.2 软基加固区间质量检测和盾构施工监测 ········· 006
    1.2.1 水泥土搅拌桩检测 ········· 006
    1.2.2 监测预警值及监测频率 ········· 008
    1.2.3 盾构施工监测数据结果 ········· 009
  1.3 盾构隧道长期沉降计算与分析 ········· 011
    1.3.1 影响盾构隧道长期沉降的因素 ········· 011
    1.3.2 典型计算断面选取 ········· 012
    1.3.3 基于固结-蠕变理论的长期沉降计算 ········· 015
    1.3.4 隧道长期沉降的数值分析 ········· 024
    1.3.5 隧道长期不均匀沉降对曲率半径的影响 ········· 042
    1.3.6 不同加固方案对隧道长期沉降的影响 ········· 044
  1.4 主要结论 ········· 052
  参考文献 ········· 053

2 **市域快线隧道变形控制指标及限值研究** ········· 055
  2.1 概述 ········· 057
    2.1.1 国内外研究现状 ········· 058
    2.1.2 研究内容 ········· 060
  2.2 隧道纵向不均匀沉降与结构内力关系及沉降限值 ········· 060
    2.2.1 盾构隧道纵向结构分析模型的建立 ········· 061

2.2.2　隧道纵向变形计算结果及分析 ⋯⋯⋯⋯⋯⋯⋯⋯⋯⋯⋯⋯⋯⋯⋯⋯ 066
　　2.2.3　盾构隧道纵向不均匀沉降与车速的关系 ⋯⋯⋯⋯⋯⋯⋯⋯⋯⋯⋯ 067
　　2.2.4　纵向变形安全等级划分 ⋯⋯⋯⋯⋯⋯⋯⋯⋯⋯⋯⋯⋯⋯⋯⋯⋯⋯ 068
2.3　隧道横断面变形与结构受力关系及控制限值 ⋯⋯⋯⋯⋯⋯⋯⋯⋯⋯⋯⋯ 068
　　2.3.1　模型建立 ⋯⋯⋯⋯⋯⋯⋯⋯⋯⋯⋯⋯⋯⋯⋯⋯⋯⋯⋯⋯⋯⋯⋯⋯ 069
　　2.3.2　盾构隧道结构安全评估指标 ⋯⋯⋯⋯⋯⋯⋯⋯⋯⋯⋯⋯⋯⋯⋯⋯ 072
　　2.3.3　计算结果及分析 ⋯⋯⋯⋯⋯⋯⋯⋯⋯⋯⋯⋯⋯⋯⋯⋯⋯⋯⋯⋯⋯ 072
　　2.3.4　横向变形安全等级划分 ⋯⋯⋯⋯⋯⋯⋯⋯⋯⋯⋯⋯⋯⋯⋯⋯⋯⋯ 082
2.4　主要结论 ⋯⋯⋯⋯⋯⋯⋯⋯⋯⋯⋯⋯⋯⋯⋯⋯⋯⋯⋯⋯⋯⋯⋯⋯⋯⋯⋯ 083
参考文献 ⋯⋯⋯⋯⋯⋯⋯⋯⋯⋯⋯⋯⋯⋯⋯⋯⋯⋯⋯⋯⋯⋯⋯⋯⋯⋯⋯⋯⋯ 084

3　邻近市域快线的基坑工程管控研究 ⋯⋯⋯⋯⋯⋯⋯⋯⋯⋯⋯⋯⋯⋯⋯⋯⋯ 085

3.1　概述 ⋯⋯⋯⋯⋯⋯⋯⋯⋯⋯⋯⋯⋯⋯⋯⋯⋯⋯⋯⋯⋯⋯⋯⋯⋯⋯⋯⋯⋯ 087
　　3.1.1　研究现状及发展趋势 ⋯⋯⋯⋯⋯⋯⋯⋯⋯⋯⋯⋯⋯⋯⋯⋯⋯⋯⋯ 087
　　3.1.2　研究内容 ⋯⋯⋯⋯⋯⋯⋯⋯⋯⋯⋯⋯⋯⋯⋯⋯⋯⋯⋯⋯⋯⋯⋯⋯ 088
3.2　基坑开挖对轨道交通隧道结构变形的影响 ⋯⋯⋯⋯⋯⋯⋯⋯⋯⋯⋯⋯⋯ 088
　　3.2.1　变形控制标准 ⋯⋯⋯⋯⋯⋯⋯⋯⋯⋯⋯⋯⋯⋯⋯⋯⋯⋯⋯⋯⋯⋯ 088
　　3.2.2　上方基坑 ⋯⋯⋯⋯⋯⋯⋯⋯⋯⋯⋯⋯⋯⋯⋯⋯⋯⋯⋯⋯⋯⋯⋯⋯ 089
　　3.2.3　旁侧基坑 ⋯⋯⋯⋯⋯⋯⋯⋯⋯⋯⋯⋯⋯⋯⋯⋯⋯⋯⋯⋯⋯⋯⋯⋯ 102
3.3　邻近市域快线的基坑开挖管控指标及建议 ⋯⋯⋯⋯⋯⋯⋯⋯⋯⋯⋯⋯⋯ 113
　　3.3.1　基坑开挖管控指标建议值 ⋯⋯⋯⋯⋯⋯⋯⋯⋯⋯⋯⋯⋯⋯⋯⋯⋯ 113
　　3.3.2　土体加固设计 ⋯⋯⋯⋯⋯⋯⋯⋯⋯⋯⋯⋯⋯⋯⋯⋯⋯⋯⋯⋯⋯⋯ 114
　　3.3.3　基坑支护结构选型 ⋯⋯⋯⋯⋯⋯⋯⋯⋯⋯⋯⋯⋯⋯⋯⋯⋯⋯⋯⋯ 114
　　3.3.4　基坑群和超大基坑开挖设计 ⋯⋯⋯⋯⋯⋯⋯⋯⋯⋯⋯⋯⋯⋯⋯⋯ 114
　　3.3.5　基坑施工技术要求 ⋯⋯⋯⋯⋯⋯⋯⋯⋯⋯⋯⋯⋯⋯⋯⋯⋯⋯⋯⋯ 115
3.4　主要结论 ⋯⋯⋯⋯⋯⋯⋯⋯⋯⋯⋯⋯⋯⋯⋯⋯⋯⋯⋯⋯⋯⋯⋯⋯⋯⋯⋯ 115
参考文献 ⋯⋯⋯⋯⋯⋯⋯⋯⋯⋯⋯⋯⋯⋯⋯⋯⋯⋯⋯⋯⋯⋯⋯⋯⋯⋯⋯⋯⋯ 116

4　隧道长期变形控制技术研究 ⋯⋯⋯⋯⋯⋯⋯⋯⋯⋯⋯⋯⋯⋯⋯⋯⋯⋯⋯⋯⋯ 117

4.1　概述 ⋯⋯⋯⋯⋯⋯⋯⋯⋯⋯⋯⋯⋯⋯⋯⋯⋯⋯⋯⋯⋯⋯⋯⋯⋯⋯⋯⋯⋯ 119
　　4.1.1　国内外研究现状 ⋯⋯⋯⋯⋯⋯⋯⋯⋯⋯⋯⋯⋯⋯⋯⋯⋯⋯⋯⋯⋯ 119
　　4.1.2　研究内容 ⋯⋯⋯⋯⋯⋯⋯⋯⋯⋯⋯⋯⋯⋯⋯⋯⋯⋯⋯⋯⋯⋯⋯⋯ 121
4.2　隧道沉降治理方法及工艺 ⋯⋯⋯⋯⋯⋯⋯⋯⋯⋯⋯⋯⋯⋯⋯⋯⋯⋯⋯⋯ 121
　　4.2.1　工程案例调研 ⋯⋯⋯⋯⋯⋯⋯⋯⋯⋯⋯⋯⋯⋯⋯⋯⋯⋯⋯⋯⋯⋯ 121
　　4.2.2　洞内微扰动注浆工艺 ⋯⋯⋯⋯⋯⋯⋯⋯⋯⋯⋯⋯⋯⋯⋯⋯⋯⋯⋯ 123

4.2.3　地面袖阀管注浆工艺 …………………………………………… 131
　　4.2.4　换填轻质材料工艺 ……………………………………………… 135
4.3　隧道横向变形治理方法及工艺 …………………………………………… 137
　　4.3.1　工程案例调研 …………………………………………………… 137
　　4.3.2　地面微扰动注浆工艺 …………………………………………… 139
　　4.3.3　地表卸载工艺 …………………………………………………… 140
　　4.3.4　隧道结构内部加固 ……………………………………………… 140
　　4.3.5　隧道横向变形分级治理 ………………………………………… 144
4.4　变形治理过程中的隧道监测方案 ………………………………………… 147
　　4.4.1　监测内容及监测方法 …………………………………………… 147
　　4.4.2　监测流程 ………………………………………………………… 152
　　4.4.3　应急处置方案 …………………………………………………… 154
4.5　主要结论 …………………………………………………………………… 155
参考文献 …………………………………………………………………………… 156

1 深厚软基市域快线隧道长期沉降预测

1.1 概述

1.1.1 工程概况

广州18号线为市域快线,起始于南沙万顷沙枢纽,终止于天河广州东站,线路全长62.7 km,均为地下线;设站9座,其中换乘站8座,平均站间距7.6 km;最大站间距26.0 km,为横沥至番禺广场站区间;最小站间距2.1 km,为石榴岗至琶洲西区间。全线设置一段一场,在蕉门水道以西、X298县道以东的地块内设置万顷沙车辆段;在番禺大道北以东、市南路以北、草龙沙河二街以西的地块内设置陇枕停车场。

广州18号线管片结构形式为外径8.5 m、内径7.7 m、厚度400 mm的大管片。列车设计速度160 km/h。

1.1.2 南沙段软基概况

广州18号线位于南沙的区间全长约34 km,区间覆土厚度为8.3~33.3 m,该区间主要的地层由上往下依次为〈1〉杂填土、〈2-1A〉淤泥、〈2-1B〉淤泥质土、〈2-3〉粉细砂、〈2-4〉中粗砂、〈4N-2〉粉质黏土、〈3-1〉粉细砂、〈5H-2〉硬塑状砂质黏性土、〈6H〉花岗岩全风化带、〈7H〉花岗岩强风化带、〈8H〉花岗岩中风化带、〈9H〉花岗岩微风化带。其中,约有3 km长的隧道全断面穿越〈2-1A〉淤泥土层(小部分为淤泥质土和砂层互层),如图1-1所示。

通过对掌握的资料进行分析整理,可得出南沙软土的工程性质具有以下特点:

(1) 天然含水率高。广州南沙地区软土的含水率比较高,一般都高于50%,有些区域的含水率超过100%。

(2) 天然孔隙比大。南沙地区软土的孔隙比一般在1.38~2.23,这就意味着孔隙体积占到整个土体体积的1/2~2/3。

(3) 压缩性高。天然孔隙比大说明土体中的孔隙体积大,自然压缩性高,该地区的软土大多处于欠固结状态,压缩系数 a_{1-2} 的统计均值为2.0 MPa,最大的达到3.3 MPa,属高压缩性土,工程性质上表现为沉降量大。

(4) 渗透性弱。南沙地区软土的透水性能弱,并且其渗透系数变化较大($k=1\times10^{-8}$~1×10^{-7} cm/s),对土体的排水固结很不利。

(5) 固结系数小。在100~200 kPa压力作用下,竖向固结系数 $C_v=4.00\times10^{-4}$~5.10×10^{-3} cm²/s,水平向固结系数 $C_h=4.99\times10^{-4}$~3.78×10^{-3} cm²/s,这是由于南沙地区的软土中存在千层糕状似的水平向薄砂夹层,但其渗透性与固结性在水平向、竖向

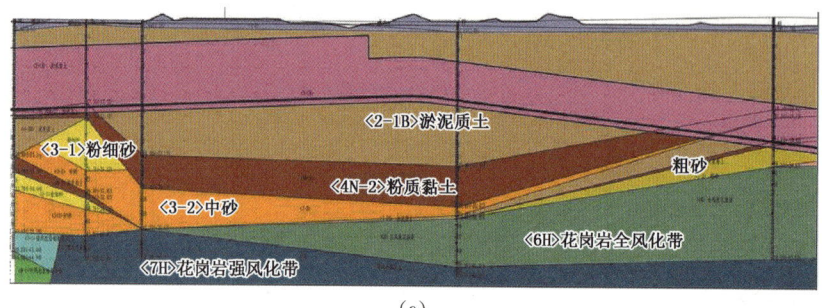

(a)

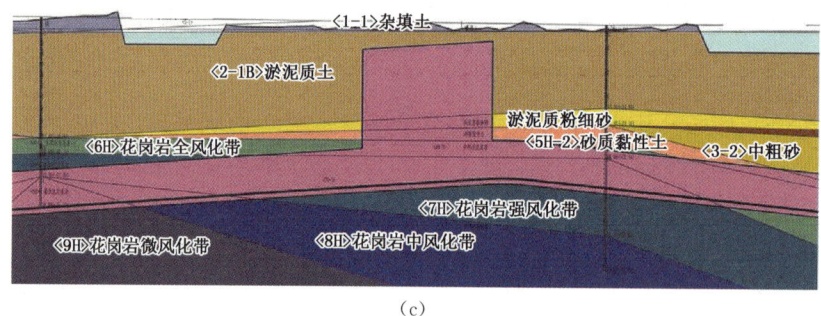

(b)

(c)

图 1-1 区间纵断面图

仍近于同一数量级,未能使土体的渗透性与固结性有显著的提高,故软土完成固结所需时间较长,对工期影响较大。

(6) 黏聚力小。试验结果表明,软土的黏聚力为 1.2~15.1 kPa,其值随着土层的深度增加而提高;内摩擦角一般较小,软土排水后强度会有明显提高。

(7) 承载力低。南沙地区的地基承载力一般为 20~123 kPa,统计均值为 64 kPa,这说明南沙地区的软土地基强度低,须对其进行处理,方可达到工程要求。

(8) 触变性强。触变性是软土具有显著的结构性的表现。由于南沙地区软土一般为絮状结构,其中以滨海沉积的片架结构黏土为代表,因而受到扰动后其强度会显著降低,甚至呈流动状态。试验结果表明,南沙地区的灵敏度一般在 1.5~4.3,个别地区的灵敏度高达 6~8。软土以中灵敏度土为主,个别为高灵敏度土及低灵敏度土,具有显著的触变性。

1.1.3 软基处理概况

本区间从某站北端出发下穿〈2-1A〉淤泥、〈2-1B〉淤泥质土等软弱地层,为对隧道的长期沉降进行预控,本项目对隧道拱腰以下存在的淤泥质软弱地层进行加固。根据详勘资料,软基加固范围为 Y(Z)DK1+442.817—Y(Z)DK1+824.887,纵向加固长度约 382.07 m。区间软基地面加固方案采用 ϕ850@600 三轴深层搅拌桩,加固区为 1.8 m×2.4 m 栅格状的单元。竖向加固范围:隧道拱腰线至淤泥质地层以下 0.5 m 为强加固区,隧道拱腰线以上至地面为弱加固区。水平加固范围:隧道结构边线外侧 4 m。加固区桩身采用 42.5 级普通硅酸盐水泥,泥浆水灰比为 0.45~0.55。强加固区水泥掺量建议值取 20%,对应的无侧限抗压强度不小于 1 MPa;弱加固区水泥掺量建议值取 8%,对应的无侧限抗压强度不小于 0.3 MPa。软基加固方案如图 1-2 所示。

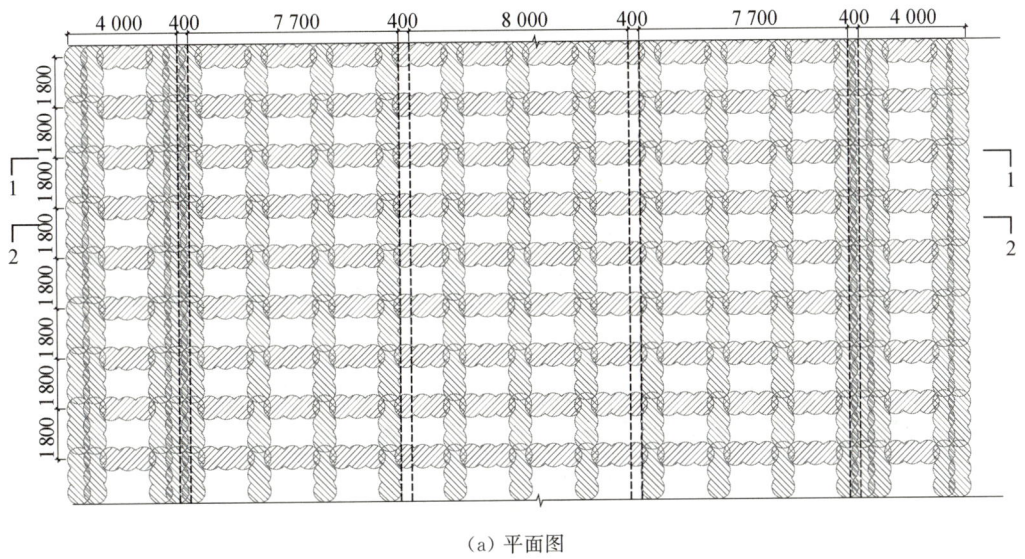

(a) 平面图

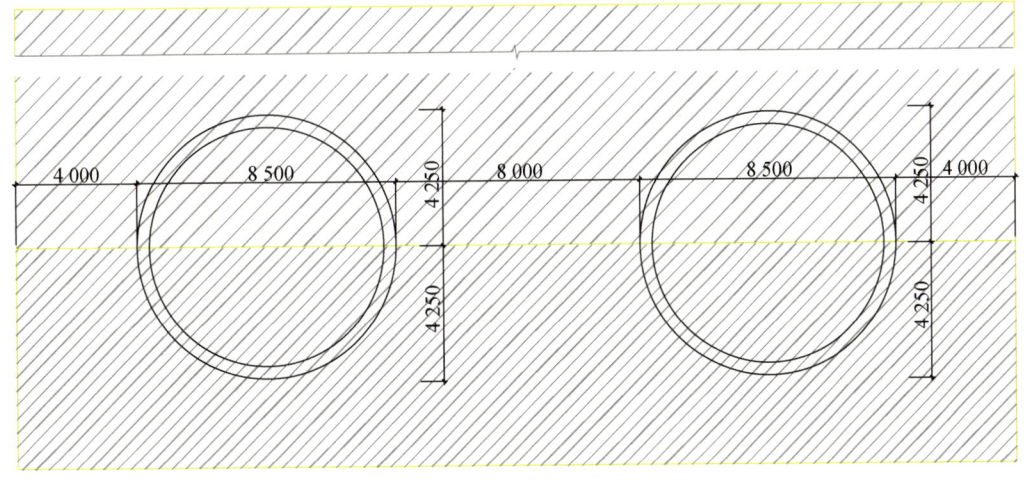

(b) 1—1 剖面图

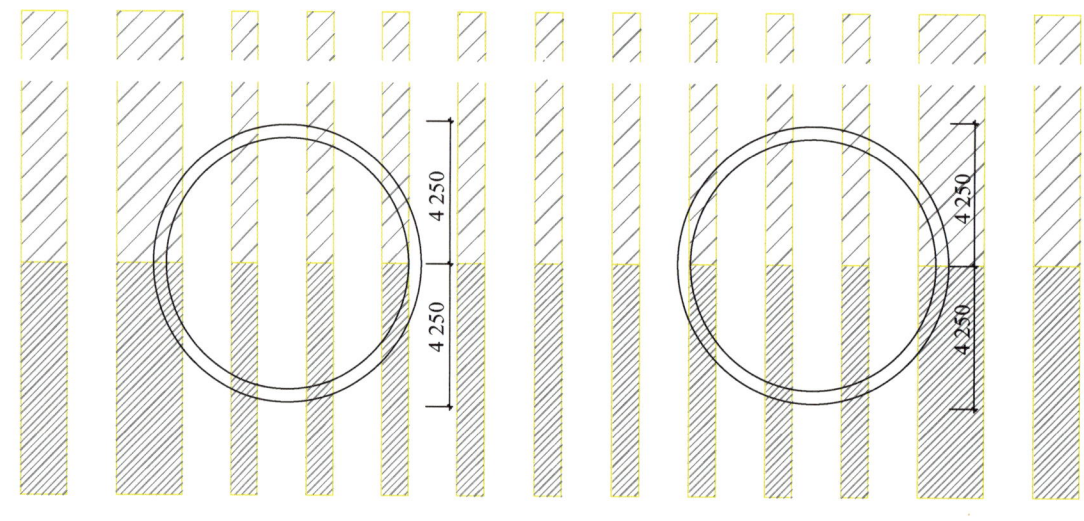

(c) 2—2 剖面图

图 1-2 软基加固区示意(单位：mm)

1.1.4 研究内容

广州 18 号线是全国首条满足地铁服务水平的全地下 160 km/h 市域快线，施工技术等级要求高。本章针对南沙地区软土特点以及实际施工条件，主要开展以下四点研究内容：

(1) 软基地区未加固条件下的盾构隧道长期沉降发展规律；
(2) 软基地区加固条件下的盾构隧道长期沉降发展规律；
(3) 软基加固对隧道长期沉降的改善效果；
(4) 加固方案是否存在"欠加固"或"过加固"状态。

1.2 软基加固区间质量检测和盾构施工监测

1.2.1 水泥土搅拌桩检测

本次共抽检了 99 根水泥土搅拌桩，桩径均为 850 mm，主要目的是检测水泥土搅拌桩的桩长以及桩身强度是否满足设计要求。设计要求桩身强度不低于 1 MPa，加固深度至淤泥层以下 0.5 m。各桩检测情况见表 1-1。

表 1-1 水泥土搅拌桩检测结果

序号	设计桩长/m	施工桩长/m	桩身强度实测值/MPa	序号	设计桩长/m	施工桩长/m	桩身强度实测值/MPa
1	9.67	9.70	3.6	31	10.10	10.20	1.7
2	10.85	10.90	2.4	32	9.99	10.00	1.3
3	10.89	10.90	2.5	33	8.65	8.70	1.5
4	10.81	10.82	1.3	34	8.73	8.75	1.5
5	10.75	10.76	1.2	35	6.80	6.80	1.4
6	10.65	10.70	3.0	36	13.25	13.30	1.2
7	10.54	10.55	1.8	37	11.88	11.90	1.7
8	10.65	10.70	1.6	38	11.56	11.60	1.4
9	10.54	10.55	1.4	39	9.16	9.20	2.3
10	10.35	10.35	1.2	40	8.49	8.50	1.2
11	8.19	8.20	2.0	41	10.14	10.20	1.1
12	8.20	8.20	2.1	42	13.35	13.35	1.4
13	7.68	7.70	1.3	43	13.52	13.55	1.3
14	7.28	7.30	1.5	44	7.80	7.90	1.6
15	7.04	7.05	1.3	45	13.70	13.70	2.1
16	4.05	4.10	2.0	46	13.74	13.75	1.3
17	4.08	4.10	2.5	47	6.91	6.95	1.4
18	8.18	8.20	1.3	48	6.84	6.85	1.5
19	3.87	3.90	2.8	49	10.40	10.50	1.1
20	9.54	9.60	1.9	50	6.88	6.90	1.5
21	9.68	9.70	1.9	51	5.33	5.40	1.4
22	9.89	9.90	2.4	52	6.25	6.30	1.3
23	8.83	8.84	1.5	53	7.37	7.40	1.7
24	9.84	9.85	2.3	54	6.91	6.95	1.5
25	11.31	11.35	1.8	55	2.84	2.85	1.9
26	9.99	10.00	1.2	56	4.30	4.35	1.6
27	11.31	11.40	1.4	57	4.70	4.80	1.4
28	10.59	10.70	1.6	58	3.73	3.75	2.1
29	8.27	8.30	2.3	59	5.12	5.20	1.8
30	8.48	8.50	1.8	60	4.47	4.50	3.2

(续表)

序号	设计桩长/m	施工桩长/m	桩身强度实测值/MPa	序号	设计桩长/m	施工桩长/m	桩身强度实测值/MPa
61	3.64	3.65	1.7	81	5.35	5.40	1.4
62	6.87	6.90	2.4	82	5.85	5.90	2.8
63	4.64	4.65	1.6	83	5.85	5.90	3.0
64	4.35	4.40	2.2	84	5.27	5.30	4.0
65	3.80	3.90	2.5	85	6.48	6.50	3.6
66	2.78	2.90	2.6	86	8.98	9.00	1.4
67	4.11	4.15	2.4	87	8.60	8.70	3.3
68	3.09	3.10	2.6	88	10.31	10.40	3.6
69	8.27	8.30	2.3	89	9.59	9.70	2.3
70	4.61	4.65	2.6	90	9.11	9.15	3.5
71	4.53	4.60	2.0	91	7.16	7.20	3.1
72	4.27	4.30	3.2	92	5.74	5.80	2.6
73	5.29	5.30	1.4	93	5.66	5.70	2.9
74	4.25	4.30	2.8	94	5.18	5.20	2.8
75	4.27	4.30	3.4	95	5.32	5.40	2.8
76	4.40	4.50	2.6	96	8.74	8.75	2.8
77	5.80	5.90	3.1	97	8.51	8.55	3.5
78	8.91	8.95	2.5	98	8.50	8.60	3.9
79	10.62	10.65	1.5	99	5.41	5.45	3.4
80	6.91	6.95	3.1				

检测结果发现,各桩桩身长度均满足设计要求,桩身强度均大于或等于1 MPa。

1.2.2 监测预警值及监测频率

始发及接收段100 m范围内沿隧道掘进方向每5 m设置一个地表隆沉监测点作为小断面,每20 m设置9个地表隆沉监测点作为大断面。标准段沿隧道掘进方向每5 m设置一个地表隆沉监测点作为中线点,每10 m设置3个地表隆沉监测点作为小断面,每50 m设置9个地表隆沉监测点作为大断面。施工监测项目随施工进度安装、埋设相关监测点,并按照监测方案对已安装、埋设监测项目进行日常监测工作。

(1) 监测控制基准(表1-2)。

表1-2 监测控制基准汇总

序号	监测项目	判定内容	控制标准
1	地表/道路沉降	累计值和变形速率	累计值：+10/−30 mm；变形速率：3 mm/d
2	房屋建筑	累计值和变形速率	累计值：±30 mm；变形速率：2 mm/d
3	桥梁结构沉降	累计值和变形速率	累计值：±10 mm；变形速率：1 mm/d
4	桥梁结构差异沉降	累计值	累计值：±5 mm
5	燃气管线沉降	累计值和变形速率	累计值：±10 mm；变形速率：2 mm/d
6	雨水/给水管线	累计值和变形速率	累计值：±30 mm；变形速率：2 mm/d
7	管片竖向位移	累计值和变形速率	累计值：±20 mm；变形速率：2 mm/d
8	管片水平位移	累计值和变形速率	累计值：±20 mm；变形速率：2 mm/d
9	管片衬砌净空收敛	累计值和变形速率	累计值：±20 mm；变形速率：2 mm/d

注：1. 黄色预警：当监测数据双控指标(累计值、变形速率)均超过监测项目控制值的70%，或者双控指标之一超过监测项目控制值的80%时，说明存在潜在危险隐患。
2. 红色预警：当监测数据双控指标(累计值、变形速率)均超过监测项目控制值的100%，或者监测项目变形速率发生急剧变化时，说明有随时发生突发事件的可能。

(2) 监测频率(表1-3)。

表1-3 监测频率

监测项目	监测对象	开挖面至监测点或监测断面的距离	监测频率
开挖面前方	周围岩土体和周边环境	$5D < L \leqslant 8D$	1次/(3~5 d)
		$3D < L \leqslant 5D$	1次/2 d
		$L \leqslant 3D$	1次/1 d
开挖面后方	管片结构、周围岩土体和周边环境	$L \leqslant 3D$	(1~2次)/1 d
		$3D < L \leqslant 8D$	1次/(1~2 d)
		$L > 8D$	1次/(3~7 d)

注：1. D 为盾构隧道开挖直径，L 为开挖面至监测点或监测断面的水平距离。
2. 管片的结构位移、净空收敛应在衬砌环脱出盾尾间隙且能通视时监测。
3. 监测数据趋于稳定后，监测频率为1次/(15~30 d)。

1.2.3 盾构施工监测数据结果

盾构掘进分左、右两线先后进行，施工进度分别为：
(1) 左线：2020年5月26日—7月30日。
(2) 右线：2020年7月2日—8月27日。

左、右线监测数据统计分别见表 1-4 和表 1-5。

表 1-4 盾构区间左线监测数据统计

周期	监测项目	本周最大速率/(mm·d^{-1})	本周累计变化量最大值/mm	速率控制值/(mm·d^{-1})	沉降控制值/mm	是否预警
第1周	地表	−1.01	−7.05	±3	−30/+10	否
第2周	地表	−1.76	−7.01			否
第3周	地表	−1.23	−9.43			否
第4周	地表	−1.17	−11.65			否
第5周	地表	+2.74	−16.95			否
第6周	地表	−1.99	−20.39			否
第7周	地表	−2.86	−20.23			否
第8周	地表	−1.98	−11.99			否
	建筑物	−0.80	−5.57			否
第9周	地表	+2.45	−13.84			否
	建筑物	−1.19	−6.69			否

表 1-5 盾构区间右线监测数据统计

周期	监测项目	本周最大速率/(mm·d^{-1})	本周累计变化量最大值/mm	速率控制值/(mm·d^{-1})	沉降控制值/mm	是否预警
第2周	地表	+1.42	−9.74	±3	−30/+10	否
第3周	地表	−2.47	+7.49			否
第4周	地表	−1.40	−8.54			否
第5周	地表	+2.13	−12.23			否
第6周	地表	−1.39	−14.58			否
第7周	地表	−1.75	−15.39			否
	建筑物	+0.50	+1.50			否
第8周	地表	−2.66	−17.51			否
	建筑物	−1.49	−3.49			否

由表可知,软基加固区间左、右线盾构施工时,所引起的地表沉降以及建筑物沉降变形均满足监测预警值要求,安全可控。

1.3 盾构隧道长期沉降计算与分析

1.3.1 影响盾构隧道长期沉降的因素

引起盾构隧道长期沉降的影响因素众多,可以总结为以下几点:①施工时对土体的扰动及土体受扰动后的固结沉降;②下卧层分布不均匀;③隧道邻近工程施工活动的影响;④隧道所处地层的地下水位变化及隧道渗漏;⑤下卧层的水土流失;⑥列车循环振动荷载作用。从长期来看,运营期隧道的沉降组成主要包括施工扰动及隧道渗漏引起的沉降、车辆振动引起的下卧层不排水累计变形沉降以及车辆振动引起的下卧层累计孔压消散沉降三部分。周边工程活动、大面积地面沉降等因素由于偶然性和不确定性,本项目未予考虑。

1. 施工扰动及局部渗漏影响

在市域快线盾构隧道施工过程中,开挖面推进、掘进速度、盾尾注浆等施工扰动将在隧道周边土体当中引起较大的超孔隙水压力,其在隧道建成后的消散过程中将对土体造成很大的扰动,研究表明,该部分沉降可占长期沉降的40%。另外,由于盾构隧道衬砌的局部透水特性,隧道衬砌与土体交界面成为孔压消散的新边界,也将引起隧道周边土体发生排水固结沉降。

2. 地下水位变化影响

根据广州地区盾构施工经验,管片在脱离盾尾后易发生整体或局部上浮问题。例如,在广州地铁3号线盾构隧道施工过程中,部分管片脱离盾尾后上浮量达到100 mm,佛山地铁3号线管片拼装完成后上浮量达到67 mm。引起管片上浮的主要因素有水文地质条件、施工扰动、注浆浮力以及盾构姿态等,尤其当地下水位较高时,易对隧道产生上浮力作用。由于管片上浮一般发生在隧道施工阶段,而本节重点研究隧道运营期的沉降发展规律,因此暂未考虑施工期管片上浮对隧道长期沉降的影响。

另外,地下水位波动可能会对运营期隧道纵向变形产生不利影响,当地下水位下降时,将引起区域地面下沉,从而间接引发隧道沉降。例如,南京地铁1号线西延线在地基加固后仍受工程降水和非工程降水影响而产生较大的沉降变形。相关研究表明,当地下水位上升时,水位变化引起的软土地层沉降是不可逆的,水位上升一般表现为隧道沉降速率的减小或很小幅度的回弹。由于缺少南沙地区软基加固区段的地下水位变化数据,暂未考虑地下水位波动对隧道隆沉的影响。

3. 列车循环振动荷载影响

盾构隧道在建成投入运营后,将受到列车长期运行所施加的动力荷载,即列车循环振动荷载。列车循环振动荷载具有低振幅、高振动次数及长期性等特征,除了应考虑隧道结构的固有振动周期应远离列车循环振动荷载的振动周期,以免引起二者的共振效应以外,列车循环振动荷载导致的运营期隧道沉降问题也不容忽视。相关学者针对列车循环振动荷载作用下软黏土的动力响应和长期沉降开展了诸多研究。

(1) 在软黏土动力响应方面,目前的研究主要集中在列车循环振动荷载作用下土体的动应变、孔隙水压力、动力参数(动模量及阻尼比)的变化规律上。研究表明,由于列车循环振动荷载经过轨道、道床、衬砌的衰减,直接作用于软土地基的动应力较小,为 5～20 kPa;列车运行速度越快,荷载加载时间越短,盾构隧道地基的变形也越小,在不考虑道床损伤的情况下,车速增加有利于隧道长期沉降的减小。

(2) 在软黏土长期沉降方面,郁寿松等通过室内试验和理论分析手段研究了上海地铁盾构隧道在正常情况下(施工质量无问题、土层无突变、盾构对土的扰动得到恢复)的长期振陷量。结果表明,列车长期振动作用所产生的振陷量很小,隧道体衬砌振陷量小于 5 mm。相关学者还探究了列车运行速度对盾构隧道长期沉降的影响,结果显示,当隧道差异沉降小、轨道不平顺条件较好时,列车运行速度越快,对下卧土层的扰动越小,隧道沉降量越小。此外,考虑到本项目工程采用水泥土搅拌桩进行地基加固,调研针对循环荷载作用下水泥复合土变形性状的试验研究,如侯永峰通过室内试验得到不同置换率下水泥土复合土体轴向应变与加荷周数的关系(图 1-3),可以发现:采用水泥土加固能够提高复合土体抵抗循环荷载的能力,显著降低土体的塑性变形。因此,研究认为水泥土搅拌桩地基加固可以有效改善隧道长期沉降发展情况。

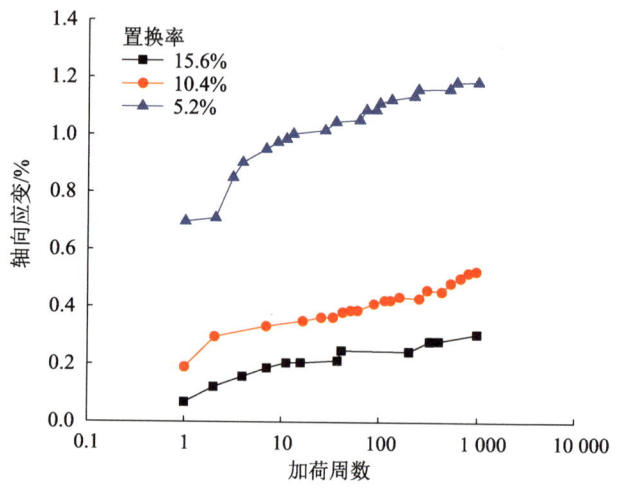

图 1-3　不同置换率下水泥土复合土体轴向应变与加荷周数的关系

根据上述分析,考虑到列车循环振动荷载引起的软土地基附加动应力和隧道振陷量均较小,且已对软土地基区域进行水泥土搅拌桩加固,认为列车循环振动荷载作用下的隧道长期沉降变形较小。因此,本项目采用拟静力方法将列车循环振动荷载简化为静载施加于隧道进行分析。

综上所述,本节主要从沉降的发展机制考虑,重点关注超孔隙水压力消散引起的固结沉降和软土流变引起的次固结沉降问题。

1.3.2　典型计算断面选取

依据广州 18 号线的线路纵断面设计情况及断面地层分布规律,考虑隧道沿线穿越的地层按土质土性、软弱土层规模、地层空间分布位置等主要因素,并结合隧道线位、埋深等初步设计情况,对线路区间基本信息进行分析。本节主要选取7处典型断面进行后续的计算分析,其中加固区间4处,非加固区间3处。7处典型断面选取如图1-4所示。断面1、断面4强加固区底部存在较厚的粉质黏土层;断面2强加固区深度未及隧底,下卧土层性质较好;断面3隧底存在深厚淤泥层;断面5隧底存在深厚粉质黏土层;断面6、断面7埋深大,下卧土层性质好。

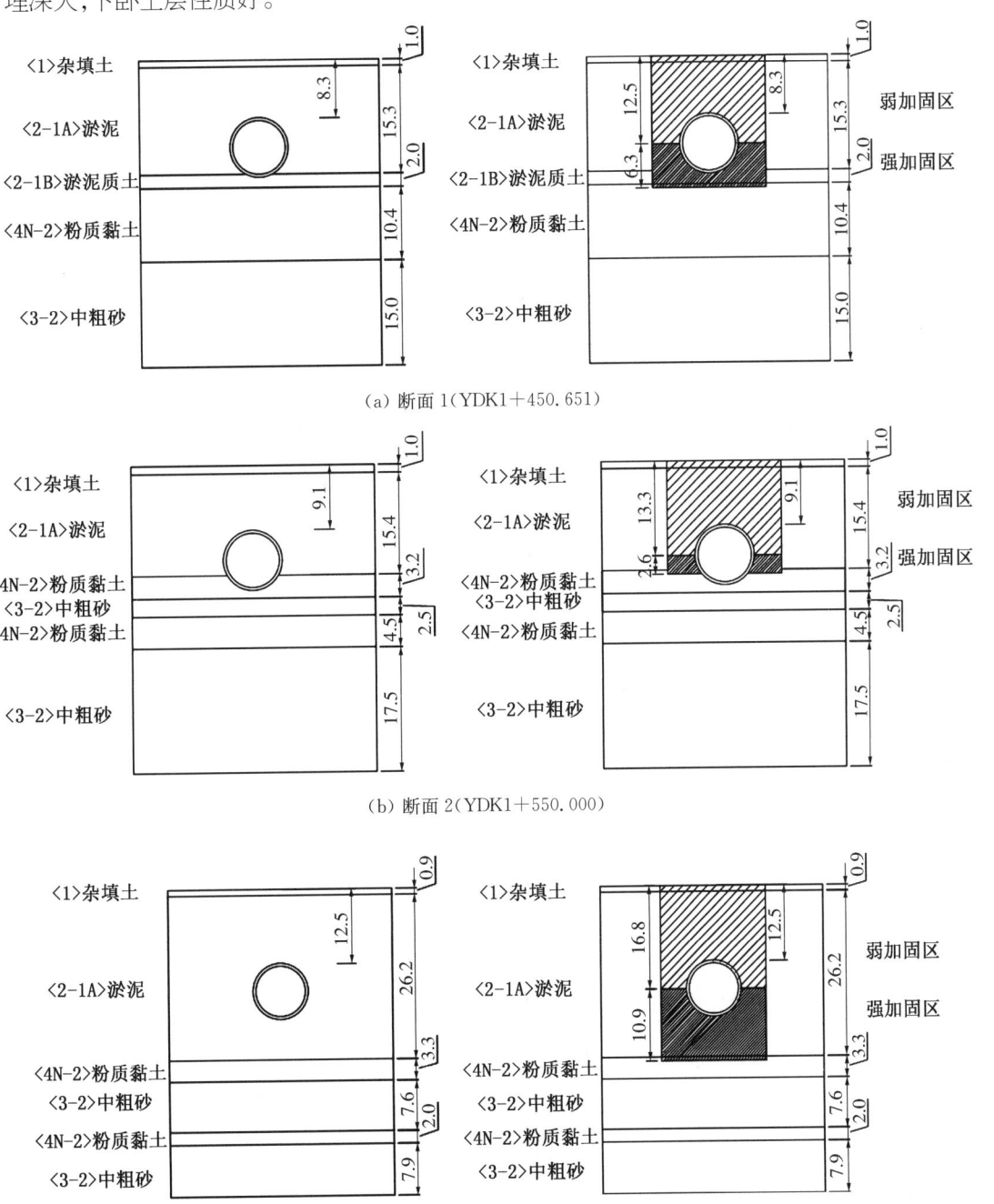

(a) 断面1(YDK1+450.651)

(b) 断面2(YDK1+550.000)

(c) 断面3(YDK1+667.794)

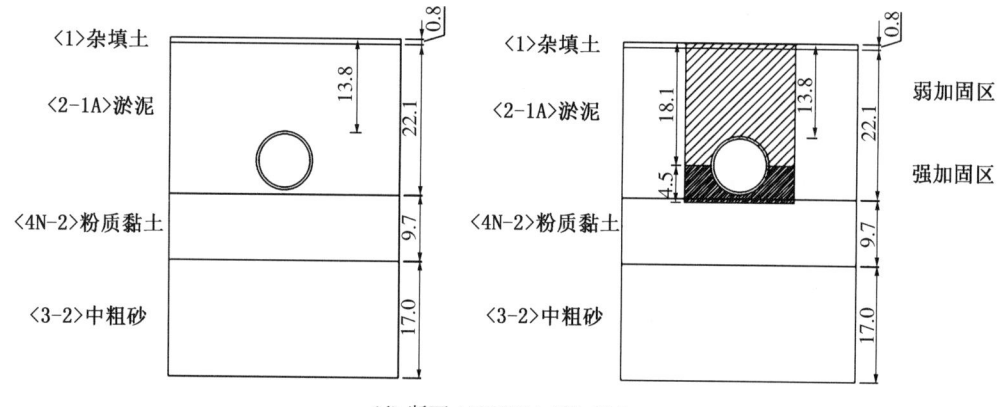

(d) 断面4(YDK1+757.594)

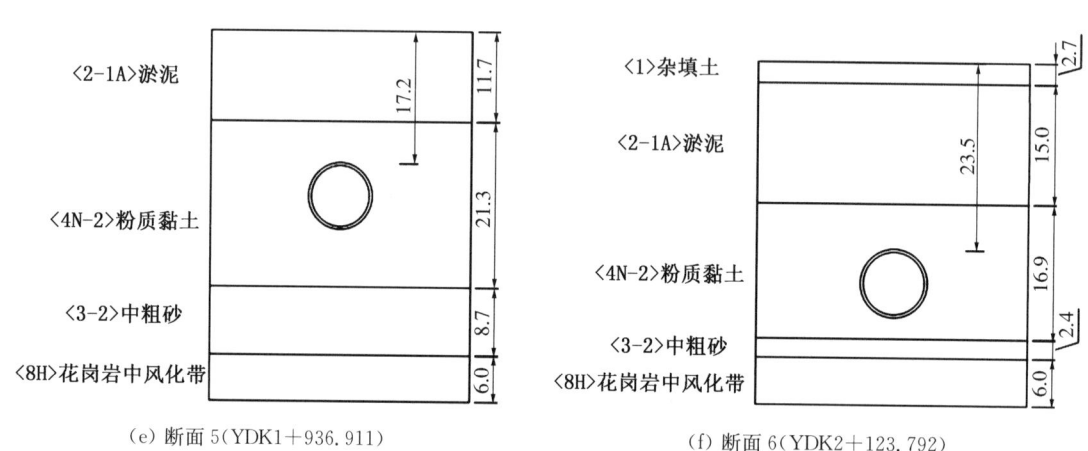

(e) 断面5(YDK1+936.911)　　　　　(f) 断面6(YDK2+123.792)

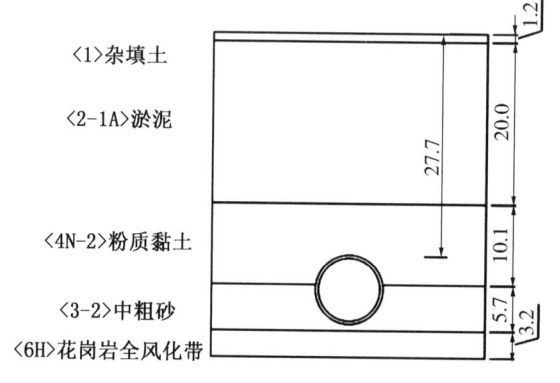

(g) 断面7(YDK2+350.00)

图1-4 典型断面横断面图(单位:m)

该区段各土层的物理力学参数见表1-6。

表 1-6　各土层物理力学参数

层号	渗透系数 k/(m·d^{-1})	重度 γ/(kN·m^{-3})	塑性指数 I_p	泊松比 μ	黏聚力 c/kPa	内摩擦角 φ/(°)	压缩模量 E_s/MPa	静止侧压力系数 K_0	孔隙比 e
〈1〉	0.1～2	17.8	12.33	0.5	13	7.0	4.83	0.50	1.038
〈2-1A〉	0.001	15.9	15.21	0.3	6.5	5.2	1.90	0.78	1.731
〈2-1B〉	0.001	16.8	12.54	0.3	7	6.3	2.77	0.75	1.346
〈3-2〉	12.0	19.2	—	0.25	—	32.0	9.00	0.65	—
〈4N-2〉	0.05	19.4	12.83	0.3	16	12.0	4.76	0.73	0.830

1.3.3　基于固结-蠕变理论的长期沉降计算

1.3.3.1　固结-蠕变沉降计算理论

首先假定土体为饱和多孔黏弹性介质，采用 Merchant 三元件流变模型，考虑衬砌的半渗透性，研究了衬砌局部渗漏条件下盾构隧道的长期沉降问题，另外考虑了土体特性和隧道边界渗透特性对盾构隧道长期沉降的影响。采用复变函数解法，利用复变量将物理平面上的研究域保角映射到像平面上的圆环域内。在像平面上求解以超孔隙水压力为变量的控制方程，进而得到原研究域上的超孔隙水压力和应变解析表达式，最终通过对竖向应变积分得到隧道的沉降。

1. 基本条件

1) 基本假设

在盾构隧道施工过程中，从隧道开挖到衬砌的安装往往用时较短，孔隙水压力消散缓慢，因此本节不考虑盾构隧道施工过程中的排水状态，但考虑后期土体孔压消散情况。为了方便理论分析，以下给出盾构隧道力学模型的基本假设：

(1) 土体颗粒及孔隙水压力均不可压缩，孔隙水的流动符合达西定律(Darcy's Law)。

(2) 土体的固结采用太沙基-伦杜立克(Terzaghi-Rendulic)固结理论，土体各点的总应力不随时间改变。

(3) 隧道周围土体为各向同性黏弹性饱和多孔介质，其应力-应变关系可以用 Merchant 三元件流变模型描述。

2) 太沙基-伦杜立克固结理论

太沙基-伦杜立克固结理论是太沙基一维固结理论的延伸，是解决多向固结问题的一种方法。它假设固结过程中土体内法向总应力之和不随时间而变，忽略了实际存在的应力和应变的耦合作用，因而常被称为准三向固结理论。考虑到实际工程当中盾构隧道的变形以竖向沉降为主，因此采用太沙基-伦杜立克固结理论在精度上是满足要求的。土体内法向总应力之和可以表示为

$$\Theta = \sigma_x + \sigma_y + \sigma_z \tag{1-1}$$

式中，σ_x，σ_y，σ_z 分别为土体 x，y，z 方向土体的有效应力；Θ 为土体法向总应力之和，不随时间改变，即 $\Theta = \Theta|_{t=0} = 3u_0$，$u_0$ 为土体初始超孔隙水压力。

3) Merchant 三元件流变模型

Merchant 三元件流变模型不仅可以模拟土体的瞬时弹性变形，而且能够反映土体变形随时间而稳定的性质，其流变方程可以表示为

$$\varepsilon = J(t)\sigma \tag{1-2}$$

式中，$J(t)$ 称为柔度函数，在常应力作用下，柔度函数可表示为

$$J(t) = \frac{1}{E_1} + \frac{1}{E_2}(1 - e^{-\frac{E_2}{\eta}t}) \tag{1-3}$$

其中，η 为黏滞阻尼；E_1，E_2 为弹簧常数。

2. 基本方程

1) 超孔隙水压力控制方程

饱和黏弹性土体平面固结时其体积应变可表示为

$$\varepsilon_v = (1-2\mu)\left[\frac{1}{E_1}(\Theta - 3u) + \int_0^t (\Theta - 3u)\bigg|_\tau \frac{\mathrm{d}J(t-\tau)}{\mathrm{d}(t-\tau)}\mathrm{d}\tau\right] \tag{1-4}$$

式中，μ 为泊松比；u 为超静孔隙水压力。

根据太沙基-伦杜立克固结理论，Θ 不随时间变化，可对式(1-4)求导，最终可得满足 Merchant 三元件流变模型的固结控制方程：

$$\frac{k_s}{3(1-2\mu)\gamma_w}\left(\frac{\partial^2 u}{\partial x^2} + \frac{\partial^2 u}{\partial y^2}\right) = \frac{1}{E_1}\cdot\frac{\partial u}{\partial t} + \frac{1}{\eta}\int_0^t \frac{\partial u}{\partial \tau}e^{-\frac{E_2}{\eta}(t-\tau)}\mathrm{d}\tau \tag{1-5}$$

式中，k_s 为土体渗透系数；γ_w 为水的重度。

2) 渗漏边界条件

对于隧道边界而言，衬砌具有半渗透性（由于隧道拼装质量以及误差，再加上隧道施工荷载扰动，衬砌接缝、螺栓孔、注浆孔及管片裂缝等位置极易发生渗漏水），因此需要引入半渗漏边界条件。根据达西定律建立隧道边界半渗漏边界条件：

$$\frac{\partial u}{\partial n} = \frac{k_1}{k_s}\cdot\frac{1}{r_2 \ln(r_2/r_1)}u = \kappa u \tag{1-6}$$

式中，k_1 为衬砌等效渗透系数；r_1，r_2 分别为衬砌内、外半径。

3) 保角变换

通过保角变换，将平面域映射成圆环域，可得

$$\frac{k_s}{3(1-2\mu)\gamma_w}\left(\frac{\partial^2 u}{\partial x^2} + \frac{\partial^2 u}{\partial y^2}\right) = \frac{4a^2}{[(1-\xi)^2 + \eta^2]^2}\left[\frac{1}{E_1}\cdot\frac{\partial u}{\partial t} + \frac{1}{\eta}\int_0^t \frac{\partial u}{\partial \tau}e^{-\frac{E_2}{\eta}(t-\tau)}\mathrm{d}\tau\right] \tag{1-7}$$

相应的初始条件和边界条件变为

$$\left.\begin{array}{l} u\mid_{t=0}=u_0 \\ u\mid_{\rho=1}=0 \\ \dfrac{\partial u}{\partial \rho}\bigg|_{\rho=R}=\kappa u\mid_{\rho=R} \end{array}\right\} \quad (1\text{-}8)$$

3. 隧道长期沉降解析解

1) 超孔隙水压力解析表达式

采用经典分离变量法，令 $u(\rho, \theta, t)=W(\rho, \theta)T(t)$，根据上述相应的初始条件和边界条件，求解出超孔隙水压力的表达式：

$$u(\rho, \theta, t)=\sum_{n=1}^{\infty}\frac{A_n}{\omega_1^n-\omega_2^n}W_n(\chi)\left[(\omega_1^n-\alpha)\mathrm{e}^{-\omega_1^n t}-(\omega_2^n-\alpha)\mathrm{e}^{-\omega_2^n t}\right] \quad (1\text{-}9)$$

在隧道外壁附近孔压已知的情况下，对于盾构推进引起的超孔隙水压力，可近似认为隧道外壁的超静孔压是均匀的，地表及无穷远处的超静孔压为零。因此，土体的初始超静孔压大致可用式(1-10)表述：

$$u_0=q\,\frac{\sqrt{2(1-\cos\theta)}-\sqrt{1+\rho^2-2\rho\cos\theta}}{\sqrt{2(1-\cos\theta)}-\sqrt{1+R^2-2R\cos\theta}} \quad (1\text{-}10)$$

式中，q 为隧道衬砌外表面初始超静孔压值。

2) 隧道衬砌外表面初始超静孔压值 q

在计算隧道衬砌外表面初始超静孔压时，首先假定该处初始超孔压由土体应力释放所引起，以及所有与衬砌相邻的各点具备相同的应力释放率。具体计算步骤如下：首先计算隧道的法向围压；其次采用应力路径法计算出水平位置隧道外壁初始超孔隙水压力，从而得出应力释放率；最后根据应力释放率求得隧道外壁相邻各点的初始超孔压值。

以隧道右侧水平线为起始点，逆时针为正，θ 为隧道某点与水平线的夹角，推导出法向应力为

$$\left.\begin{array}{ll} \sigma=p_1\sin^2\theta+\gamma K_1\left(H+\dfrac{D_1}{2}-\dfrac{D_1}{2}\sin\theta\right)\cos^2\theta+ \\ \quad K_s\Delta R(2\cos^2\theta-1)\cos^2\theta, & 0\leqslant\theta<\pi/4 \\[2pt] \sigma=p_1\sin^2\theta+\gamma K_1\left(H+\dfrac{D_1}{2}-\dfrac{D_1}{2}\sin\theta\right)\cos^2\theta, & \pi/4\leqslant\theta\leqslant\pi/2 \\[2pt] \sigma=p_1\sin^2\theta+\dfrac{w}{D_1}\sin^2\theta+\gamma K_1\left(H+\dfrac{D_1}{2}-\dfrac{D_1}{2}\sin\theta\right)\cos^2\theta, & 3\pi/2\leqslant\theta<7\pi/4 \\[2pt] \sigma=p_1\sin^2\theta+\dfrac{w}{D_1}\sin^2\theta+\gamma K_1\left(H+\dfrac{D_1}{2}-\dfrac{D_1}{2}\sin\theta\right)\cos^2\theta+ \\ \quad K_s\Delta R(1-2\cos^2\theta)\cos^2\theta, & 7\pi/4\leqslant\theta<2\pi \end{array}\right\}$$

$$(1\text{-}11)$$

式中,γ 为天然土层重度;D_1 为隧道外径;H 为隧道顶部覆土厚度;K_s 为周围土体沿径向的抗力系数;ΔR 为径向变形量($\Delta R = \varepsilon D_1 \tan\varphi$,其中 ε 为隧道开挖土体损失率,φ 为土体内摩擦角);w 为隧道单位长度自重($w = w_1 + w_2$,其中 w_1 为结构自重,w_2 为列车等效静载);K_1 为主动土压力系数 $\left[K_1 = \tan^2\left(45° - \dfrac{\varphi}{2}\right)\right]$;$p_1$ 为隧道上方土重($p_1 = \gamma h$,其中 h 为隧道中心埋深)。

水平线处隧道中心外壁初始超孔隙水压力可表示为

$$q = p_0 \left[\frac{M(1+2K_0)}{6(1-K_0)} - 1\right] \tag{1-12}$$

式中,p_0 为前期固结压力;K_0 为静止侧土压力系数;M 为临界状态线的斜率。

由式(1-12)和式(1-11)的比值可得到应力释放率,从而求得隧道外壁相邻各点的初始超孔压值。

3) 隧道沉降的解析表达式

将超静孔隙水压力的解析表达式(1-9)代入式(1-4)可得到体积应变 ε_v。根据前面的假设 $\Theta = \Theta|_{t=0} = 3u_0$,得到体积应变 ε_v 的表达式为

$$\begin{aligned}\varepsilon_v &= (1-2\mu)\left[\frac{1}{E_1}(3u_0 - 3u) + \int_0^t (3u_0 - 3u)\Big|_\tau \frac{1}{\eta} e^{-\frac{E_2}{\eta}(t-\tau)} d\tau\right] \\ &= 3(1-2\mu)\left[\frac{1}{E_1}(u_0 - u) + \frac{1}{\eta} e^{-\frac{E_2}{\eta}t} \int_0^t (u_0 - u)\Big|_\tau \frac{1}{\eta} e^{\frac{E_2}{\eta}\tau} d\tau\right]\end{aligned} \tag{1-13}$$

再根据平面应变假设,有 $\varepsilon_z = 0$,则有

$$\varepsilon_v = \varepsilon_x + \varepsilon_y \tag{1-14}$$

$$\sigma_z = \mu(\sigma_x + \sigma_y) \tag{1-15}$$

$$\left.\begin{aligned}\varepsilon_x &= \frac{1+\mu}{E}\left[(1-\mu)\sigma_x - \mu\sigma_y\right] \\ \varepsilon_y &= \frac{1+\mu}{E}\left[-\mu\sigma_x + (1-\mu)\sigma_y\right]\end{aligned}\right\} \tag{1-16}$$

$$\sigma_x = K_0 \sigma_y \tag{1-17}$$

式中,K_0 为静止侧压力系数;μ 为土体泊松比。

由此确定出隧道土体中任一位置任意时刻的竖向应变 $\varepsilon_y(x, y, t)$,通过对其积分可求得沉降。现考虑隧道的整体沉降为 S,积分路径从隧道中心右侧边界点到底部无穷远处,即

$$S = \int_{-\infty}^{-h} \varepsilon_y(x, y, t) dy \tag{1-18}$$

1.3.3.2 计算模型

基于上述固结-蠕变理论的解析解,本节主要考虑了盾构隧道受渗漏固结及土体蠕变的影响。此外,采用拟静力法将列车荷载简化为均布静荷载施加于隧道上,即计算过程中隧道单位长度自重包括列车等效动荷载和轨道结构自重。经计算,将列车动荷载与轨道结构自重换算为均布荷载,约为72 kPa,取70 kPa。在上述基础上,对软基未加固情况下的隧道长期沉降进行分析。相关计算参数见表1-7和表1-8。

表1-7 隧道衬砌外壁初始超孔压 q 计算参数

断面	隧道上方土重 p_1/kPa	主动土压力系数 K_1	隧道顶部覆土厚度 H/m	隧道外径 D_1/m	土层抗力系数 K_s[1]/(kN·m^{-3})	土体损失率 ε[1]/%	隧道单位长度自重 w/kPa		前期固结压力 p_0/kPa	临界状态线的斜率 M[1]	隧道衬砌外壁平均初始超孔压 q/kPa
							结构自重 w_1	列车等效荷载 w_2[2]			
1	135	0.84	8.3						81		53
2	148	0.84	9.1						86		57
3	186	0.84	12.5						99		66
4	223	0.84	13.8	8.5	3 000	2	331.7	70	111	0.92	79
5	294	0.66	17.2						141		36
6	402	0.66	23.5						211		59
7	468	0.31	27.7						221		2

表1-8 解析解计算参数

层号	弹性模量 E_d/MPa	Merchant 模型参数[3]			隧道平均半径 r/m	综合参数 κ	衬砌渗透系数 k_1/(m·s^{-1})
		E_1/MPa	E_2/MPa	黏滞系数 η/(Pa·s^{-1})			
〈2-1A〉	—	1.5	3	7.20×10^{12}		0.000 1	
〈2-1B〉	—	1.5	3	7.20×10^{12}	4.05	0.000 1	5×10^{-13}
〈3-2〉	36	—	—	—		8.56×10^{-9}	
〈4N-2〉	—	4.0	10	8.0×10^{12}		2.06×10^{-6}	

1.3.3.3 结果分析

分别选取YDK1+450.651、YDK1+550.00、YDK1+667.794、YDK1+757.594、YDK1+936.911、YDK2+123.792和YDK2+350.00这7处典型断面进行未加固情况下的隧道在不同时段的沉降量计算。根据计算结果,汇总各断面隧道累计沉降量及沉降速率,见表1-9和表1-10,并绘制各断面隧道未加固情况下的累计沉降量及沉降速率图,如图1-5—图1-12所示。

表 1-9　各断面隧道累计沉降量(解析解)

时间/年	隧道沉降量/mm						
	YDK1+450.651	YDK1+550.00	YDK1+667.794	YDK1+757.594	YDK1+936.911	YDK2+123.792	YDK2+350.00
2	55	28	75	80	29	35	1
5	58	30	97	82	31	37	1
8	59	30	104	82	31	37	1
10	60	30	110	82	31	37	1
13	60	30	117	82	31	37	1
15	60	30	120	82	31	37	1
20	60	30	125	82	31	37	1
30	60	30	131	82	31	37	1

表 1-10　各断面隧道沉降速率(解析解)

时间/年	沉降速率/(mm·d^{-1})						
	YDK1+450.651	YDK1+550.00	YDK1+667.794	YDK1+757.594	YDK1+936.911	YDK2+123.792	YDK2+350.00
2	0.075	0.038	0.100	0.110	0.040	0.048	0.001
5	0.003	0.002	0.020	0.002	0.002	0.002	0
8	0.001	0	0.006	0	0	0	0
10	0.001	0	0.008	0	0	0	0
13	0	0	0.006	0	0	0	0
15	0	0	0.004	0	0	0	0
20	0	0	0.003	0	0	0	0
30	0	0	0.003	0	0	0	0

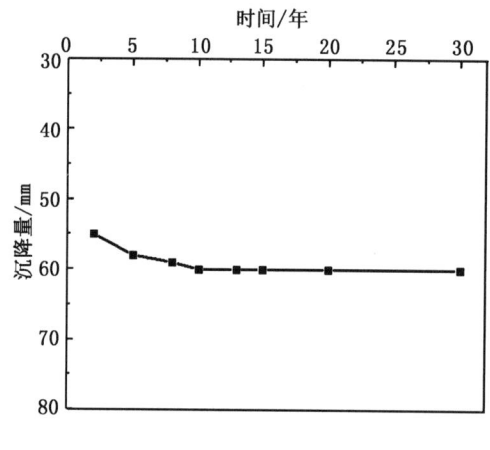

(a) 隧道长期沉降量

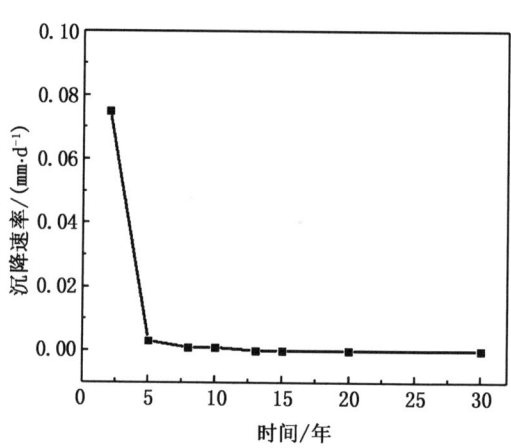

(b) 隧道沉降速率

图 1-5　YDK1+450.651 断面隧道沉降图(解析解)

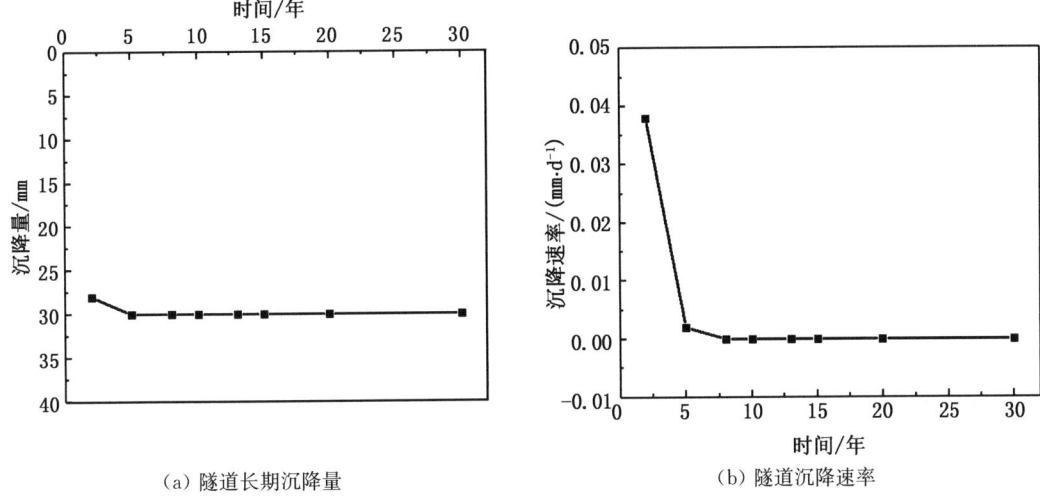

(a) 隧道长期沉降量　　　　　　　　(b) 隧道沉降速率

图 1-6　YDK1+550.00 断面隧道沉降图(解析解)

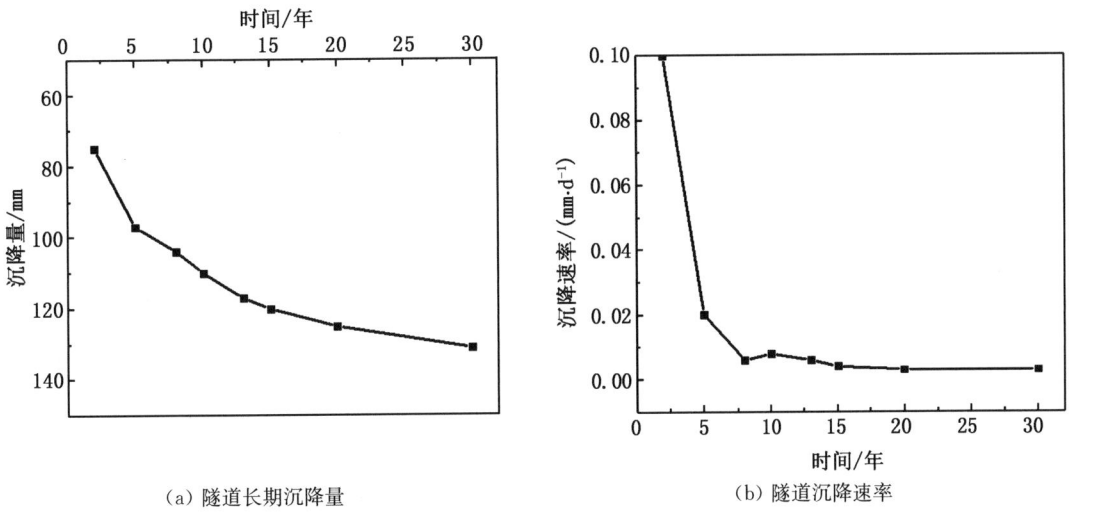

(a) 隧道长期沉降量　　　　　　　　(b) 隧道沉降速率

图 1-7　YDK1+667.794 断面隧道沉降图(解析解)

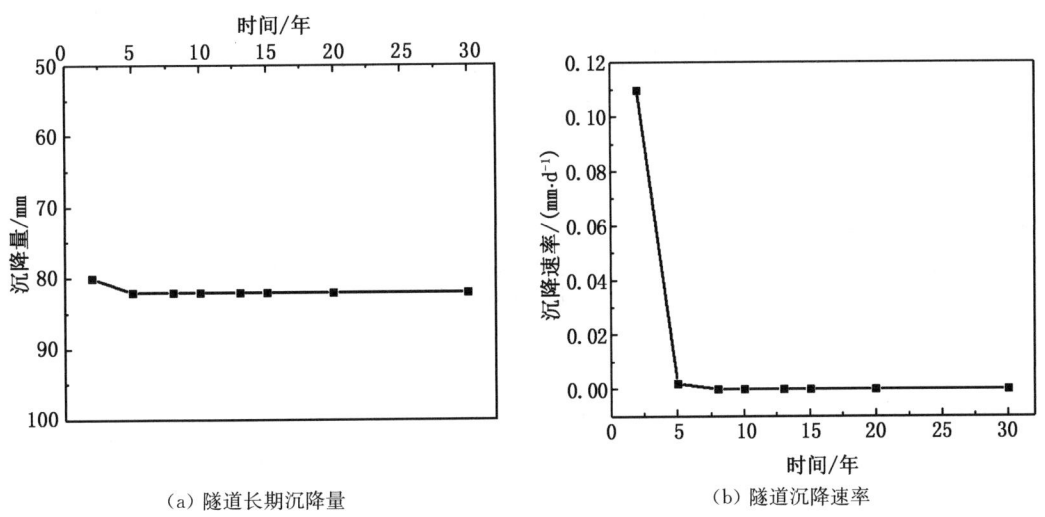

(a) 隧道长期沉降量　　　　　　　　(b) 隧道沉降速率

图 1-8　YDK1+757.594 断面隧道沉降图(解析解)

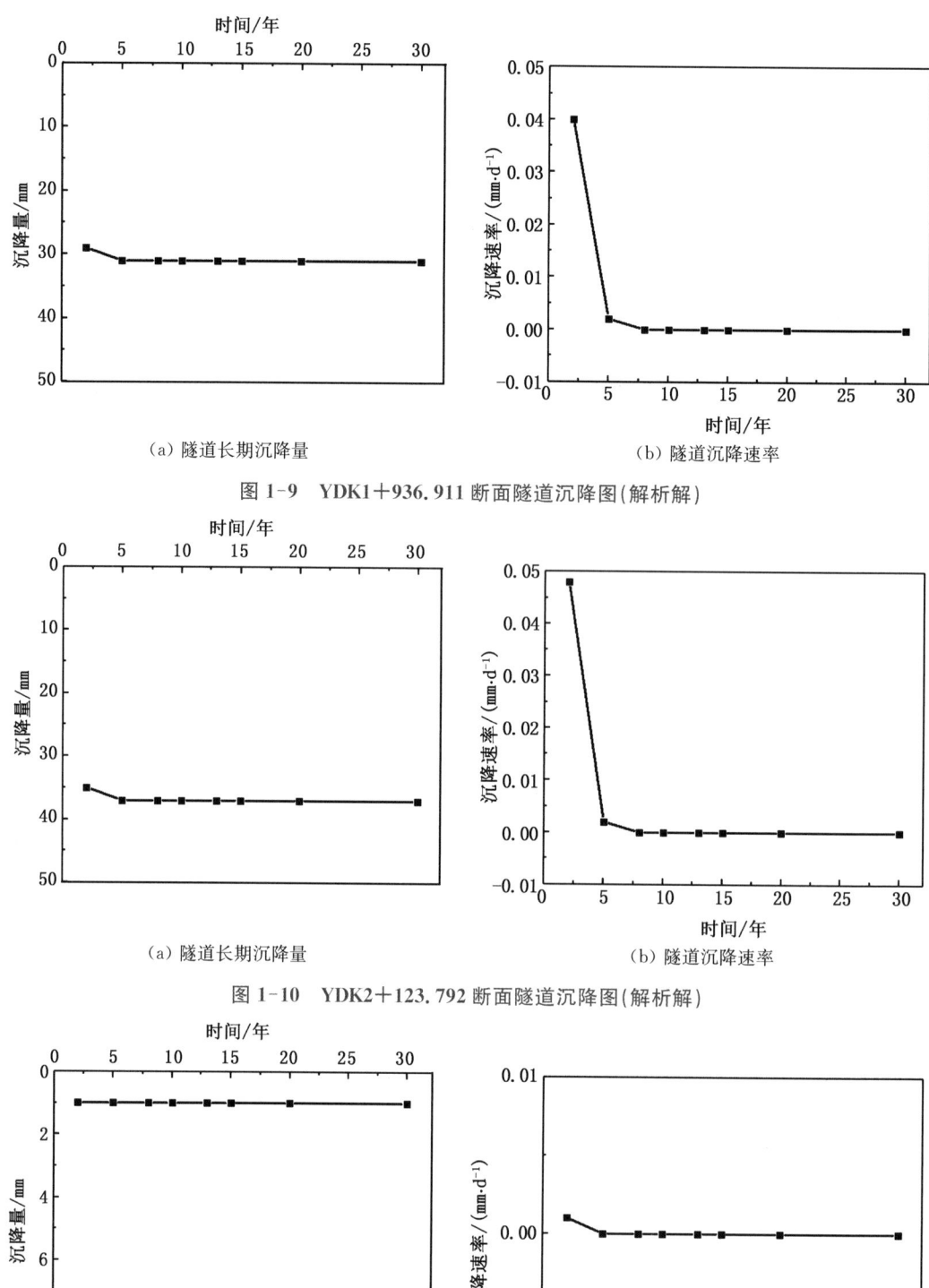

(a) 隧道长期沉降量　　　　　(b) 隧道沉降速率

图 1-9　YDK1+936.911 断面隧道沉降图(解析解)

(a) 隧道长期沉降量　　　　　(b) 隧道沉降速率

图 1-10　YDK2+123.792 断面隧道沉降图(解析解)

(a) 隧道长期沉降量　　　　　(b) 隧道沉降速率

图 1-11　YDK2+350.00 断面隧道沉降图(解析解)

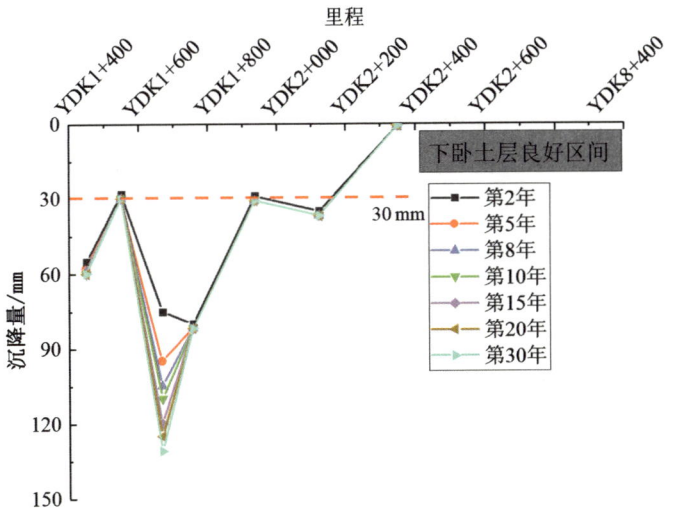

图 1-12 隧道纵向累计沉降图(解析解)

根据上述图表可知：

(1) YDK1+450.651 断面取自车站附近，隧道处于淤泥层中。该解析解的计算结果显示，在未采取加固措施时，隧道 10 年累计沉降量为 60 mm。另外，隧道在 5 年内沉降迅速，随后沉降速率小于 0.001 mm/d，并且随着时间的推移，隧道沉降趋于收敛。

(2) YDK1+550.00 断面处隧底邻近中粗砂层。在未采取加固措施时，隧道 5 年累计沉降量达 30 mm，沉降速率为 0.002 mm/d。该断面沉降收敛迅速，且在 5 年后趋于稳定。

(3) YDK1+667.794 全断面位于淤泥层中，且隧道底部淤泥层较厚。在未采取加固措施时，隧道 10 年累计沉降量为 110 mm，沉降速率为 0.008 mm/d；20 年累计沉降量为 125 mm，沉降速率降为 0.003 mm/d；30 年累计沉降量达 131 mm，沉降速率为 0.003 mm/d。尽管在 20 年时沉降速率并不大，但没有骤减的趋势，隧道沉降持续发展，在此之后，隧道沉降逐渐趋于收敛。

(4) YDK1+757.594 全断面位于淤泥层中，但隧道底部淤泥层较薄。在未采取加固措施时，隧道 5 年累计沉降量为 82 mm，沉降速率为 0.002 mm/d，在此之后，隧道沉降趋于稳定。

(5) YDK1+936.911 和 YDK2+123.792 两个断面均位于粉质黏土层中。在未采取加固措施时，隧道沉降收敛较快，两断面的 5 年累计沉降量分别为 31 mm 和 37 mm，对应的沉降速率均为 0.002 mm/d。

(6) YDK2+350.00 断面位于粉质黏土层与中粗砂层之间，且隧道底部贴近花岗岩全风化带。隧道沉降在 2 年后达到稳定，此时的累计沉降量为 1 mm，其对应的沉降速率为 0.001 mm/d。该断面由于所处土层及隧底土层性质较好，因此其隧道最终沉降量可忽略不计。

(7) 根据《城市轨道交通工程监测技术规范》(GB 50911—2013)[4]，设定软弱土地区隧道沉降控制限值最大为 30 mm。除 YDK2+350.00 断面，其余断面沉降量基本自第 2 年后便超出控制限值。

从各断面隧道累计沉降量可以看出,全线在30年内的累计沉降量最大可达131 mm,发生在断面YDK1+667.794处,该断面位于淤泥层中,且隧道底部淤泥层较厚;最小累计沉降量为1 mm,发生在断面YDK2+350.00处,该断面隧道底部贴近花岗岩全风化带。再结合图1-12可知,断面YDK2+350.00再往右隧道底部处于持力层中,土层性质较好。总体来说,全线隧道累计沉降量与隧道所处位置及下卧土层性质有较大关系,其中断面YDK1+667.794所受影响最大,另外,由于受下卧土层性质影响,该断面处形成了一个明显的沉降槽。

1.3.4 隧道长期沉降的数值分析

1.3.4.1 软土蠕变模型

由于广州南沙地区软基段的淤泥质土具有高压缩性、低强度、透水性差以及蠕变变形等特点,因此,该软土中的隧道长期沉降具有明显的时间效应。目前考虑土体变形的有限元数值模拟分析中通常采用弹塑性本构模型,由于无法考虑时间因素对土体长期变形的影响,会低估变形的水平,使结果偏于不安全,因此,在土体长期固结蠕变中采用能够反映土体变形时间效应的黏弹塑性模型,将有助于合理预测软基隧道变形的发展趋势。

有限元数值模拟中淤泥质土和粉质黏土采用Plaxis中能够较好地反映软土蠕变特性的软土蠕变模型(Soft-Soil-Creep Model)来模拟软土的固结沉降和次固结沉降。软土蠕变模型是由Neher和Vermeer等提出的基于标准24 h加载固结试验所得到一维蠕变模型扩展的三维蠕变模型。其主要参数包括天然密度ρ、饱和密度ρ_{sat}、水平渗透系数K_h、竖向渗透系数K_v、黏聚力c、内摩擦角φ、剪胀角ψ、修正压缩指数λ^*、修正膨胀指数κ^*以及修正蠕变指数μ^*。

1.3.4.2 计算模型

为分析隧道三轴水泥土搅拌桩加固对隧道长期沉降的作用效果,使用有限元数值模拟分析软件Plaxis 2D建立计算模型,研究隧道在采取加固措施和未采取加固措施两种情况下的长期沉降情况。再依据设计文件,将列车荷载等效为静荷载并将其换算成管片重度,隧道设置为完全不渗漏状态。计算模型如图1-13所示。

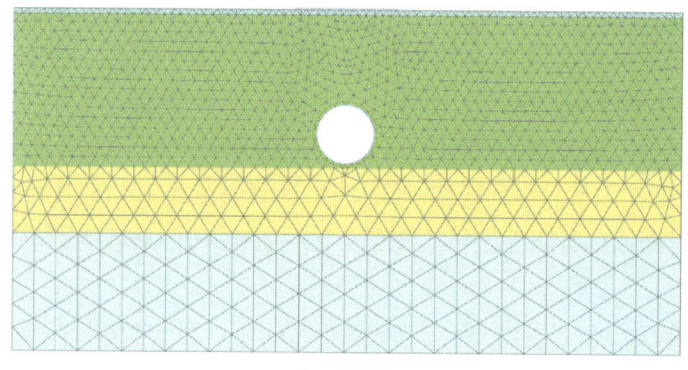

(a) 未加固

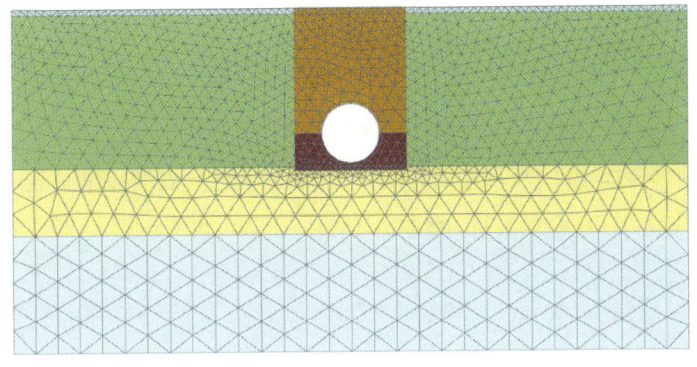

(b) 加固

图 1-13 计算模型断面图(YDK1+757.594)

加固区土体按复合地基考虑,计算时采用面积置换率法近似模拟。根据《建筑地基处理技术规范》(JGJ 79—2012)中相关规定,取三轴水泥土搅拌桩水泥土的压缩模量为 100 MPa,计算得三轴水泥土搅拌桩格栅加固面积置换率为 0.68。加固区土体的压缩模量可以表示为

$$E_c = mE_g + (1-m)E_s \tag{1-19}$$

式中,m 为土体置换率;E_g 为加固土体压缩模量;E_s 为未加固土体压缩模量。

计算可得强加固区土体的压缩模量为 70 MPa,弱加固区土体的压缩模量为 21 MPa。

模型中素填土和中粗砂层采用小应变土体硬化模型,淤泥、淤泥质土及粉质黏土采用软土蠕变模型,以考虑深厚软土层的长期固结蠕变效应。各土层模型参数按照表 1-11 取值。管片采用各向同性线弹性模型,管片结构利用板单元模拟。管片模拟参数取值见表 1-12。

表 1-11 土层模型物理力学参数

层号	重度 γ/(kN·m^{-3})	压缩模量 E_s/MPa	黏聚力 c/kPa	摩擦角 φ/(°)	x 向渗透系数 K_h/(m·d^{-1})	y 向渗透系数 K_v/(m·d^{-1})	压缩指数 λ^*	膨胀指数 κ^*	蠕变指数 μ^*
⟨1⟩	17.8	4.83	13	7.0	0.10	0.10	—	—	—
⟨2-1A⟩	15.9	1.90	6.5	5.2	0.001	0.001	0.033	0.007 5	0.001 1
⟨2-1B⟩	16.8	2.77	7	6.3	0.001	0.001	0.033	0.007 5	0.001 1
⟨3-2⟩	19.2	9.00	—	32.0	12.00	12.00	—	—	—
⟨4N-2⟩	19.4	4.76	16	12.0	0.05	0.05	0.017	0.003 75	0.000 56
⟨6H⟩	20.1	6.00	30	21.2	0.40	0.40	—	—	—
⟨8H⟩	25.2	—	400	35.0	1.00	1.00	—	—	—

表 1-12 管片模拟参数取值

管片参数	容重 γ/(kN·m^{-3})	弹性模量 E_d/GPa	泊松比 μ
量值	30	34.5	0.2

1.3.4.3 结果分析

1. 未加固情况

分别选取 YDK1+450.651、YDK1+550.00、YDK1+667.794、YDK1+757.594、YDK1+936.911、YDK2+123.792 和 YDK2+350.00 这 7 处典型断面进行未加固情况下的隧道在不同时间段的沉降量计算,隧道沉降变形如图 1-14—图 1-20 所示。

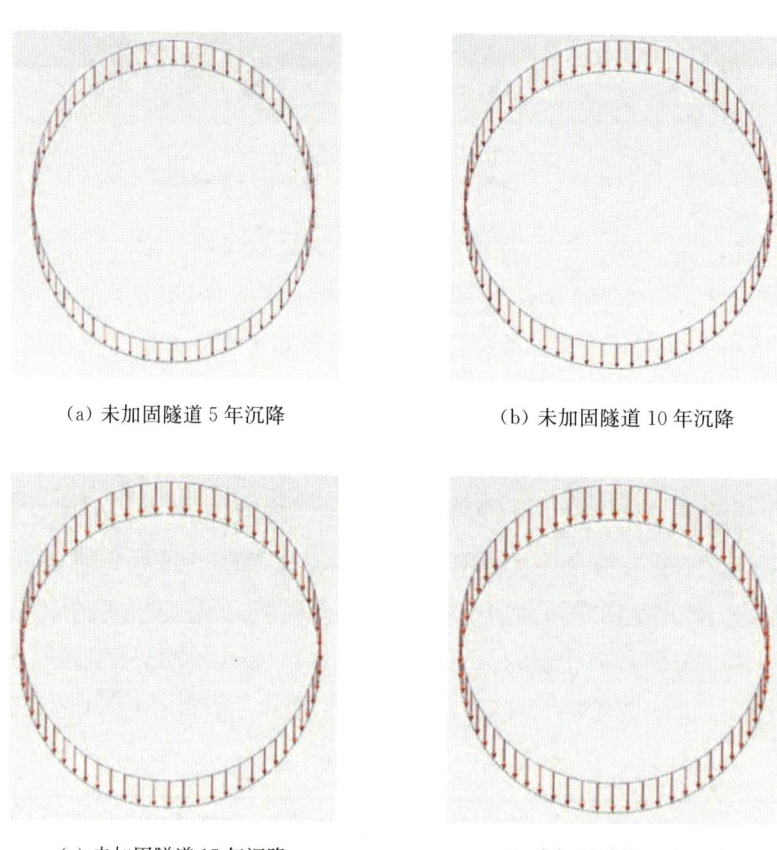

图 1-14 YDK1+450.651 断面未加固隧道累计沉降变形图(有限元)

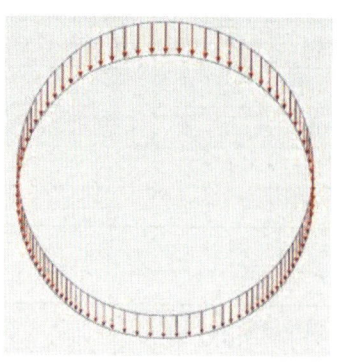

(a) 未加固隧道 5 年沉降

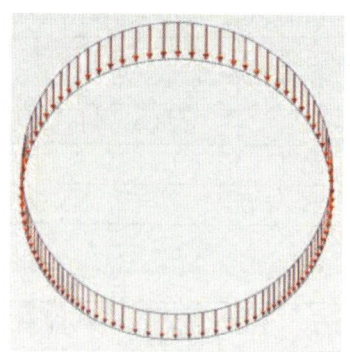

(b) 未加固隧道 10 年沉降

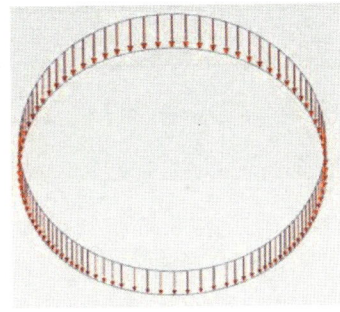
(c) 未加固隧道 15 年沉降

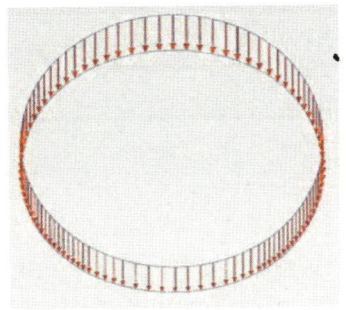
(d) 未加固隧道 25 年沉降

图 1-15　YDK1+550.00 断面未加固隧道累计沉降变形图(有限元)

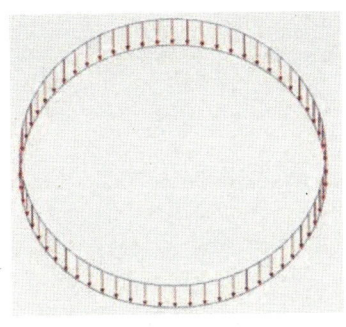
(a) 未加固隧道 5 年沉降

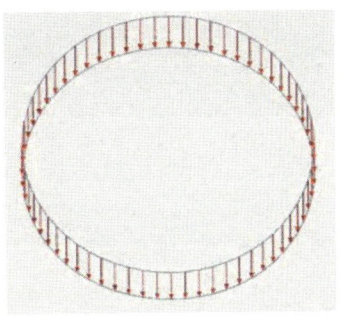
(b) 未加固隧道 10 年沉降

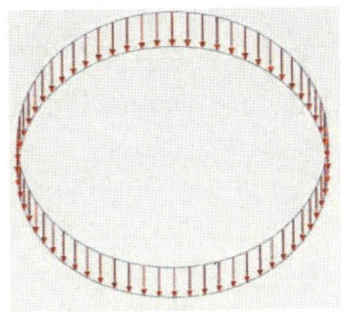
(c) 未加固隧道 15 年沉降

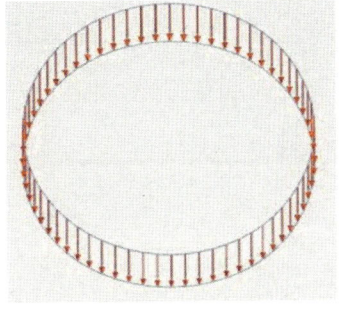
(d) 未加固隧道 25 年沉降

图 1-16　YDK1+667.794 断面未加固隧道累计沉降变形图(有限元)

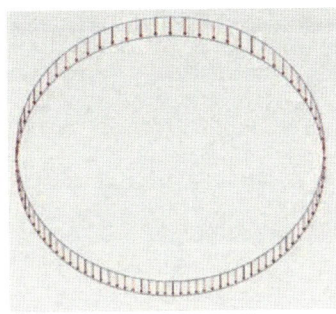
(a) 未加固隧道 5 年沉降

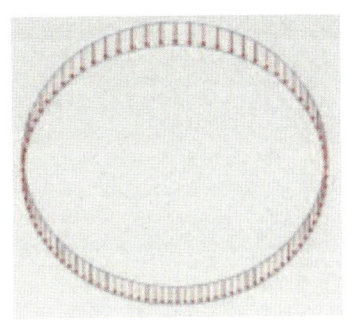
(b) 未加固隧道 10 年沉降

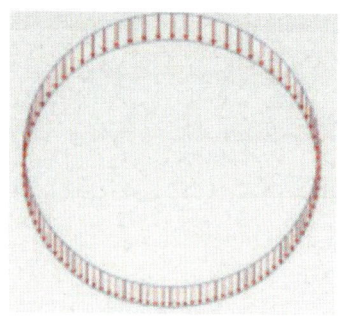
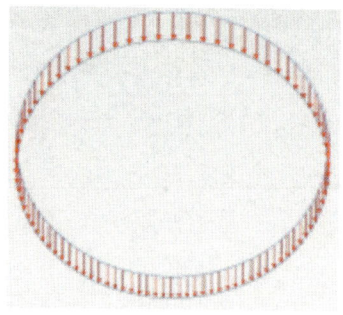

(c) 未加固隧道 15 年沉降　　　　　　(d) 未加固隧道 25 年沉降

图 1-17　YDK1+757.594 断面未加固隧道累计沉降变形图(有限元)

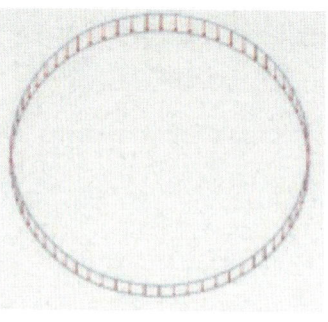
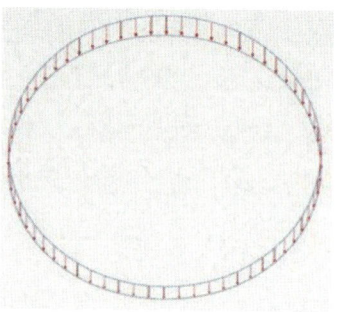

(a) 未加固隧道 5 年沉降　　　　　　(b) 未加固隧道 10 年沉降

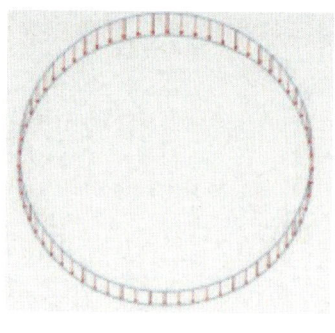
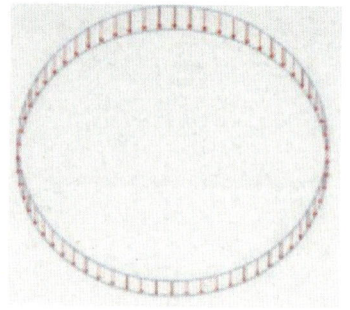

(c) 未加固隧道 15 年沉降　　　　　　(d) 未加固隧道 25 年沉降

图 1-18　YDK1+936.911 断面未加固隧道累计沉降变形图(有限元)

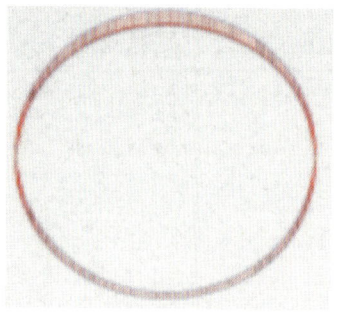
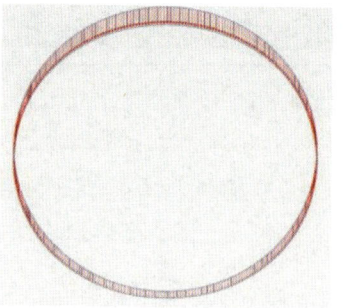

(a) 未加固隧道 5 年沉降　　　　　　(b) 未加固隧道 10 年沉降

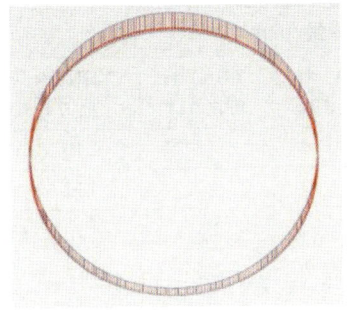

(c) 未加固隧道 15 年沉降　　　　(d) 未加固隧道 25 年沉降

图 1-19　YDK2+123.792 断面未加固隧道累计沉降变形图(有限元)

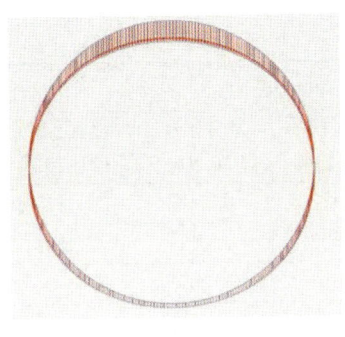 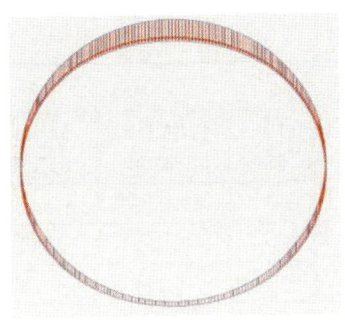

(a) 未加固隧道 5 年沉降　　　　(b) 未加固隧道 10 年沉降

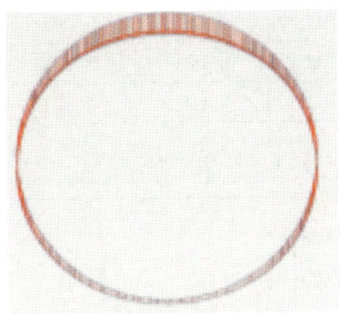 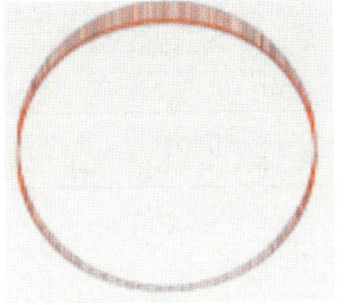

(c) 未加固隧道 15 年沉降　　　　(d) 未加固隧道 25 年沉降

图 1-20　YDK2+350.00 断面未加固隧道累计沉降变形图(有限元)

根据计算结果,汇总各断面未加固情况下的隧道累计沉降量及沉降速率,见表 1-13 和表 1-14,并绘制各断面未加固情况下的隧道累计沉降量及沉降速率图,如图 1-21—图 1-28 所示。

表1-13 各断面未加固隧道累计沉降量(有限元)

时间/年	隧道沉降量/mm						
	YDK1+ 450.651	YDK1+ 550.00	YDK1+ 667.794	YDK1+ 757.594	YDK1+ 936.911	YDK2+ 123.792	YDK2+ 350.00
1	11	11	18	10	17	10	3
2	22	16	30	20	21	12	4
3	29	19	40	26	23	13	5
5	40	23	52	35	26	15	6
10	52	28	70	45	31	18	8
15	60	30	78	50	33	20	9
20	63	32	84	55	34	21	10
25	67	34	88	58	35	22	11
30	69	35	91	60	35	23	11

表1-14 各断面未加固隧道沉降速率(有限元)

时间/年	沉降速率/(mm·d⁻¹)						
	YDK1+ 450.651	YDK1+ 550.00	YDK1+ 667.794	YDK1+ 757.594	YDK1+ 936.911	YDK2+ 123.792	YDK2+ 350.00
1	0.030	0.030	0.049	0.027	0.047	0.027	0.008
2	0.030	0.014	0.033	0.027	0.011	0.003	0.003
3	0.019	0.008	0.027	0.016	0.005	0.005	0.003
5	0.015	0.005	0.016	0.012	0.004	0.003	0.001
10	0.007	0.003	0.010	0.005	0.003	0.001	0.001
15	0.004	0.001	0.004	0.003	0.001	0.001	0.001
20	0.002	0.001	0.003	0.003	0.001	0.001	0.001
25	0.002	0.001	0.002	0.002	0.001	0.002	0.001
30	0.001	0.001	0.002	0.001	0.001	0.001	0

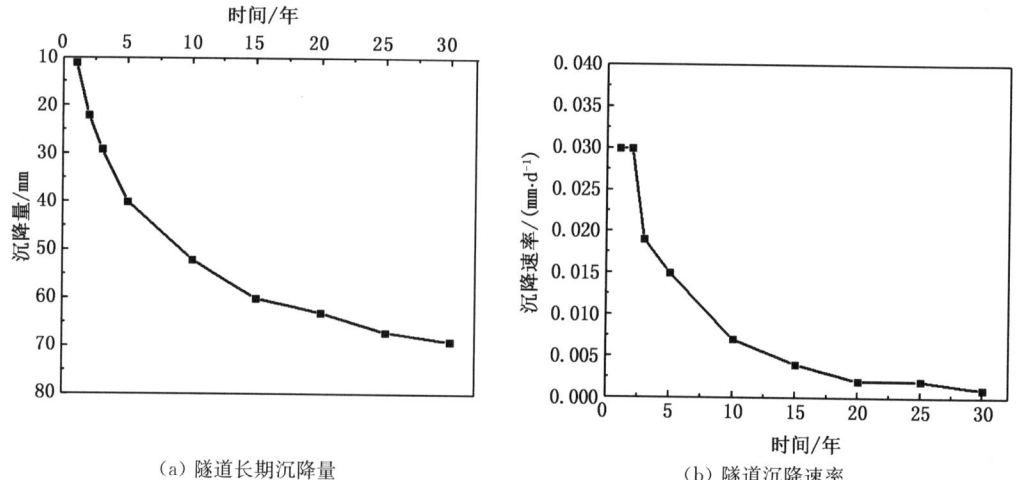

(a) 隧道长期沉降量　　(b) 隧道沉降速率

图1-21 YDK1+450.651断面未加固隧道沉降图(有限元)

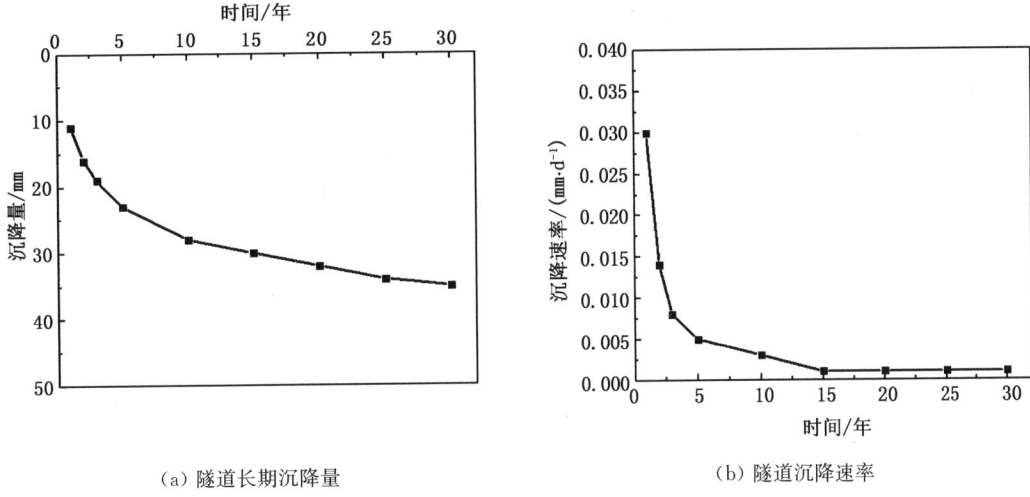

(a) 隧道长期沉降量　　　　　　(b) 隧道沉降速率

图 1-22　YDK1+550.00 断面未加固隧道沉降图(有限元)

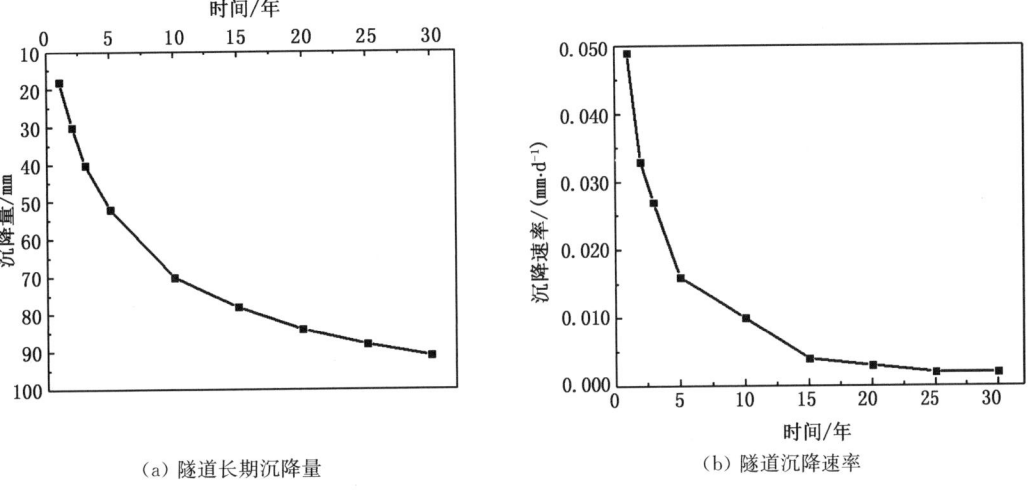

(a) 隧道长期沉降量　　　　　　(b) 隧道沉降速率

图 1-23　YDK1+667.794 断面未加固隧道沉降图(有限元)

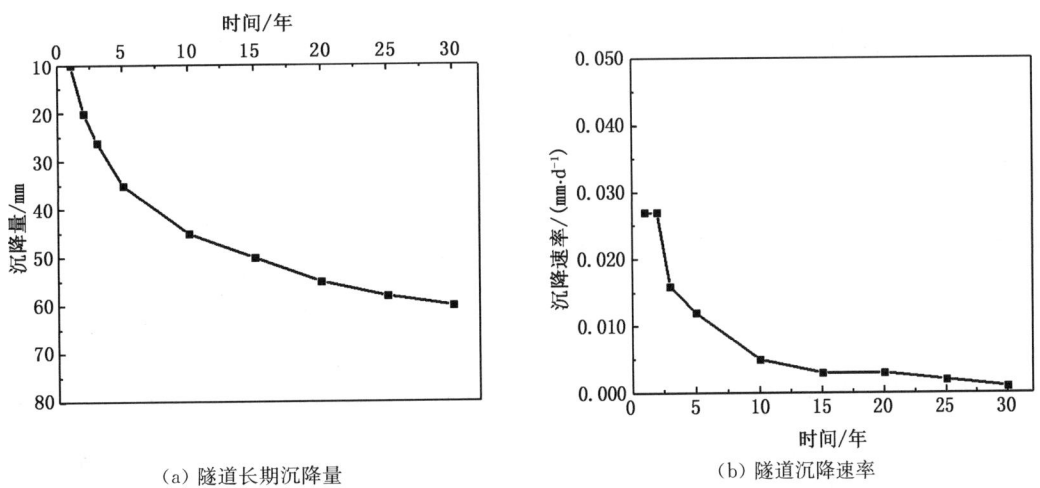

(a) 隧道长期沉降量　　　　　　(b) 隧道沉降速率

图 1-24　YDK1+757.594 断面未加固隧道沉降图(有限元)

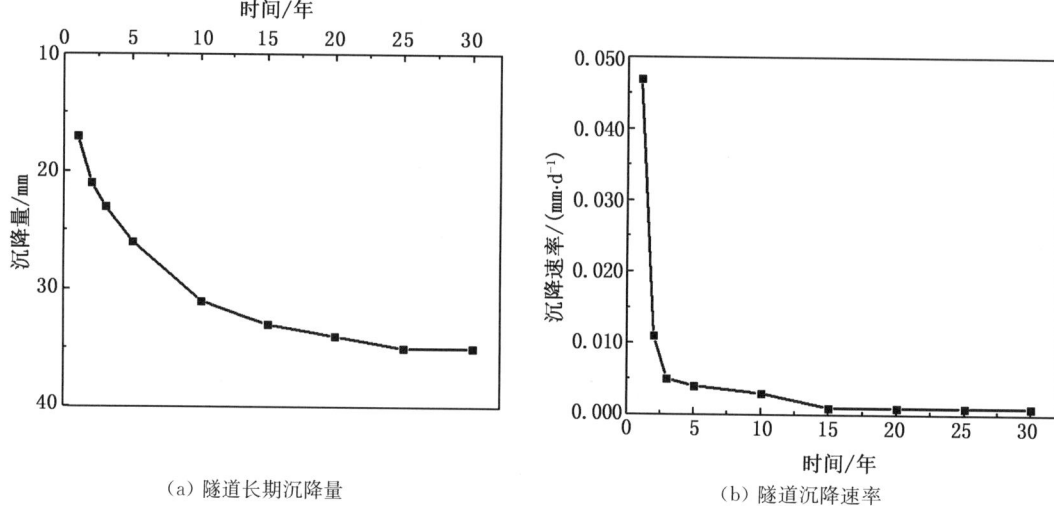

图 1-25　YDK1+936.911 断面未加固隧道沉降图(有限元)

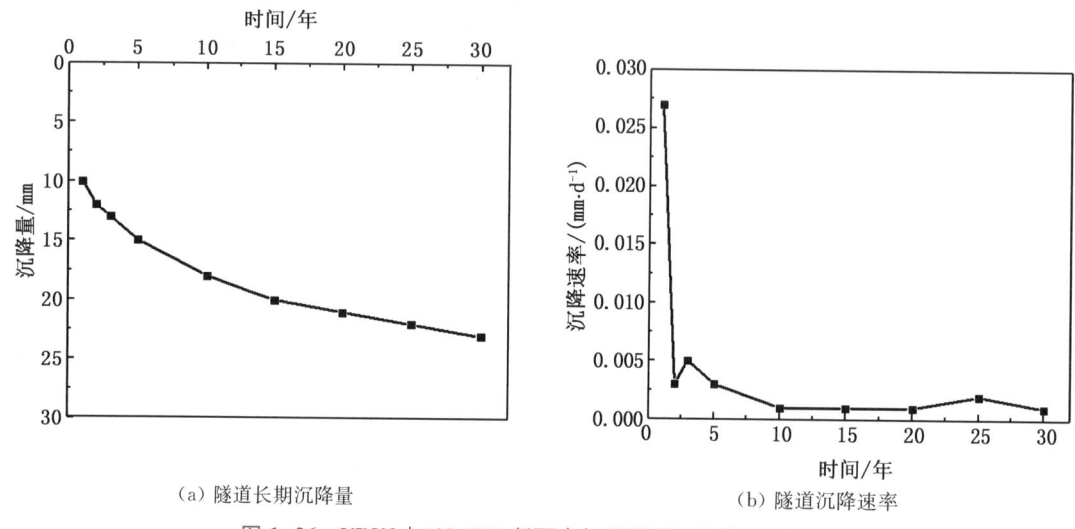

图 1-26　YDK2+123.792 断面未加固隧道沉降图(有限元)

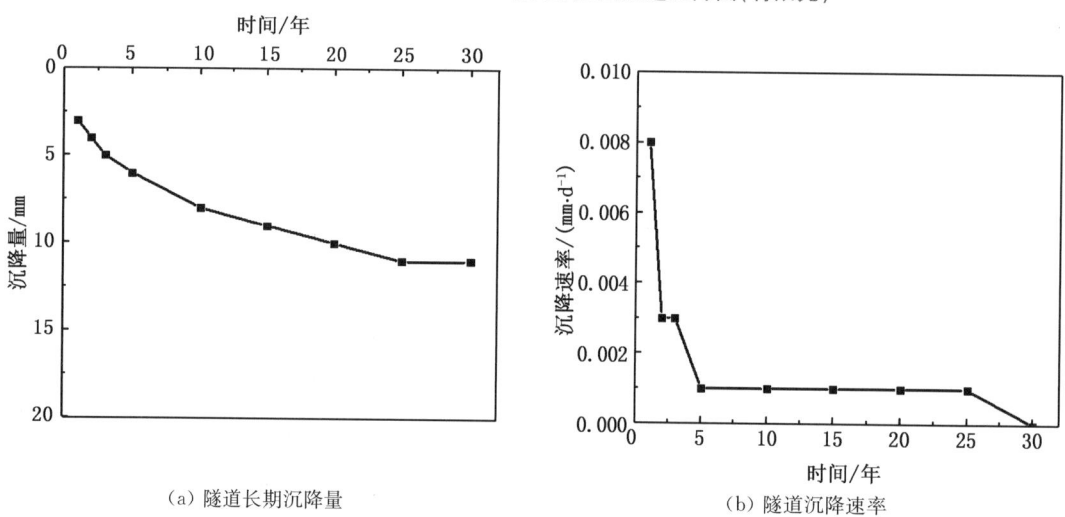

图 1-27　YDK2+350.00 断面未加固隧道沉降图(有限元)

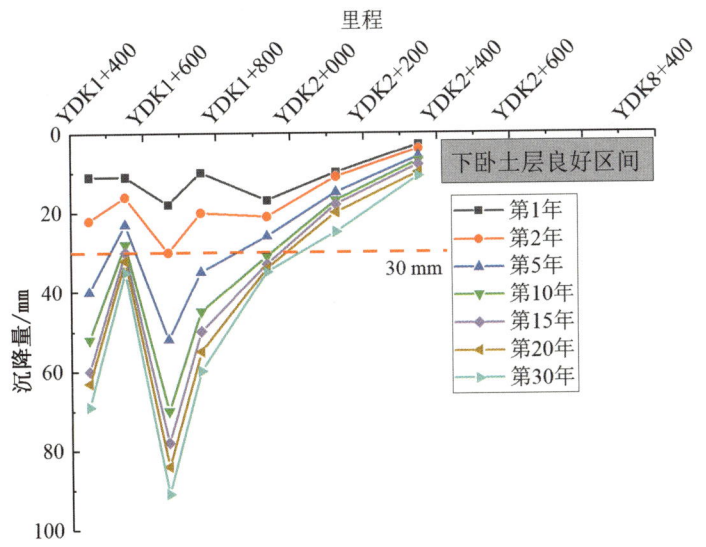

图 1-28 未加固隧道纵向累计沉降图(有限元)

根据上述图表可知：

(1) YDK1+450.651 断面取自车站附近，隧道处于淤泥层中。由有限元数值模拟结果显示，在未采取加固措施时，隧道运营 30 年的累计沉降量为 69 mm，沉降速率为 0.001 mm/d。另外，隧道在运营前 10 年内沉降迅速，随后逐渐趋于收敛。

(2) YDK1+550.00 断面处隧底邻近中粗砂层。在未采取加固措施时，隧道运营 30 年的累计沉降量达 35 mm，沉降速率为 0.001 mm/d。该断面沉降收敛迅速，且在 5 年后趋于稳定。

(3) YDK1+667.794 全断面位于淤泥层中，且隧道底部淤泥层较厚。在未采取加固措施时，隧道运营 30 年的累计沉降量为 91 mm，沉降速率为 0.002 mm/d，尽管在运营第 10 年时沉降速率较小，为 0.01 mm/d，但没有骤减的趋势，隧道沉降持续发展。

(4) YDK1+757.594 全断面位于淤泥层中，但隧道底部淤泥层较薄。在未采取加固措施时，隧道运营 30 年的累计沉降量为 60 mm，沉降速率为 0.001 mm/d，在运营 10 年后隧道沉降逐渐趋于稳定。

(5) YDK1+936.911 和 YDK2+123.792 两个断面均位于粉质黏土层中。在未采取加固措施情况下，隧道沉降收敛较慢，隧道运营 30 年后两断面的累计沉降量分别为 35 mm 和 23 mm，在运营 10 年后沉降均逐渐趋于稳定。

(6) YDK2+350.00 断面位于粉质黏土层与中粗砂层之间，且隧道底部贴近花岗岩全风化带。隧道沉降在运营 10 年后逐渐稳定，此时对应的累计沉降量为 8 mm。

(7) 除 YDK2+123.792 和 YDK2+350.00 断面，其余断面的累计沉降量在 10 年后均超过了控制限值(30 mm)。

由各断面隧道累计沉降量可以看出,全线在30年内的累计沉降量最大可达91 mm,发生在断面YDK1+667.794处,该断面位于淤泥层中,且隧道底部淤泥层较厚;最小累计沉降量为12 mm,发生在断面YDK2+350.00处,该断面隧道底部贴近花岗岩全风化带。从有限元的分析也能看出,全线隧道累计沉降量与隧道所处位置及下卧土层性质有较大关系,其中断面YDK1+667.794所受影响最大,另外,由于受下卧土层性质影响,该断面处形成了一个明显的沉降槽。

对比分析解析解和有限元数值模拟两种方法的沉降计算结果,如图1-29所示。总的来说,运营时间越长,二者的累计沉降量就越接近(但也有个别断面差异较大,比如断面YDK1+667.794和YDK2+123.792)。但是,当采用解析解方法时,隧道累计沉降量收敛速度较快,大体控制在5年内,随后隧道沉降基本趋于稳定;而采用有限元数值模拟方法时,隧道累计沉降量收敛速度较慢,约为10年,且后期沉降还在缓慢发展。

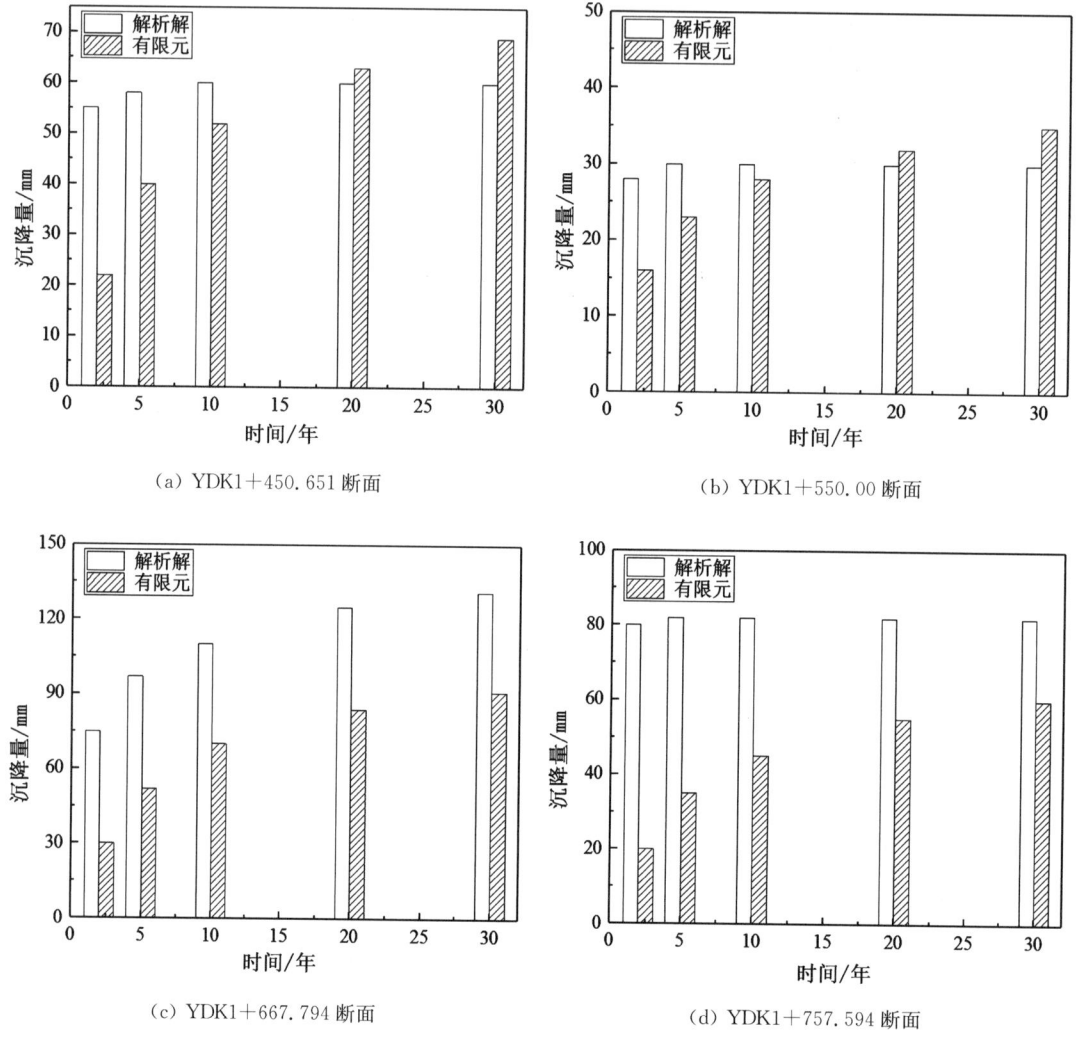

(a) YDK1+450.651断面

(b) YDK1+550.00断面

(c) YDK1+667.794断面

(d) YDK1+757.594断面

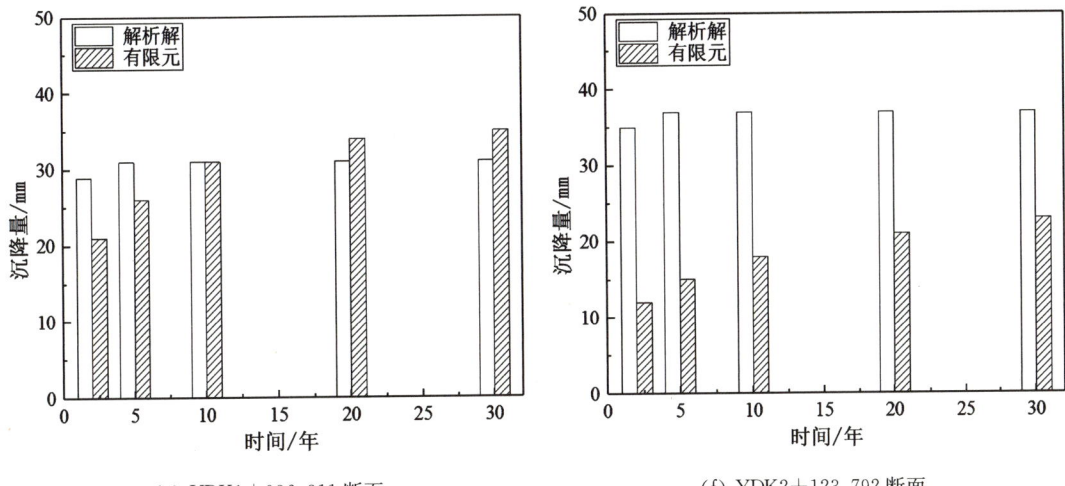

(e) YDK1+936.911 断面　　　　　　　　(f) YDK2+123.792 断面

图 1-29　隧道累计沉降量比较

2. 加固后情况

分别选取 YDK1+450.651、YDK1+550.00、YDK1+667.794 和 YDK1+757.594 这 4 个典型断面进行加固情况下的隧道在不同时间段的沉降量计算,隧道沉降变形如图 1-30—图 1-34 所示。

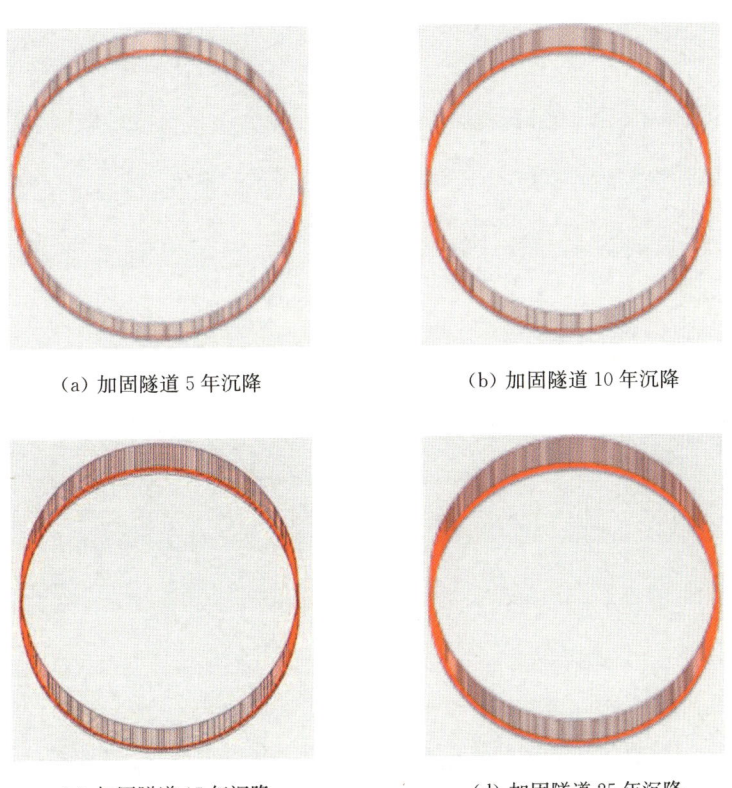

(a) 加固隧道 5 年沉降　　　　　　　　(b) 加固隧道 10 年沉降

(c) 加固隧道 15 年沉降　　　　　　　　(d) 加固隧道 25 年沉降

图 1-30　YDK1+450.651 断面加固隧道累计沉降变形图(有限元)

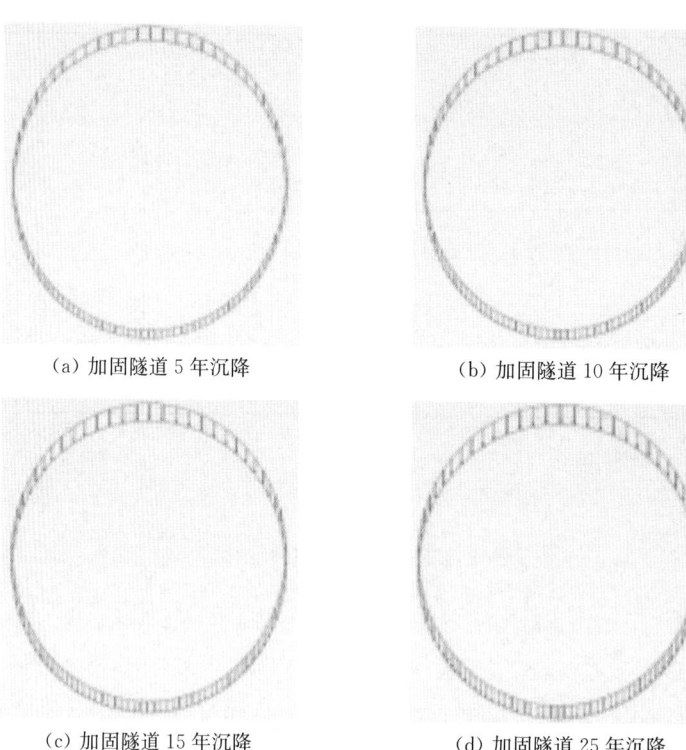

(a) 加固隧道 5 年沉降　　(b) 加固隧道 10 年沉降

(c) 加固隧道 15 年沉降　　(d) 加固隧道 25 年沉降

图 1-31　YDK1+550.00 断面加固隧道累计沉降变形图(有限元)

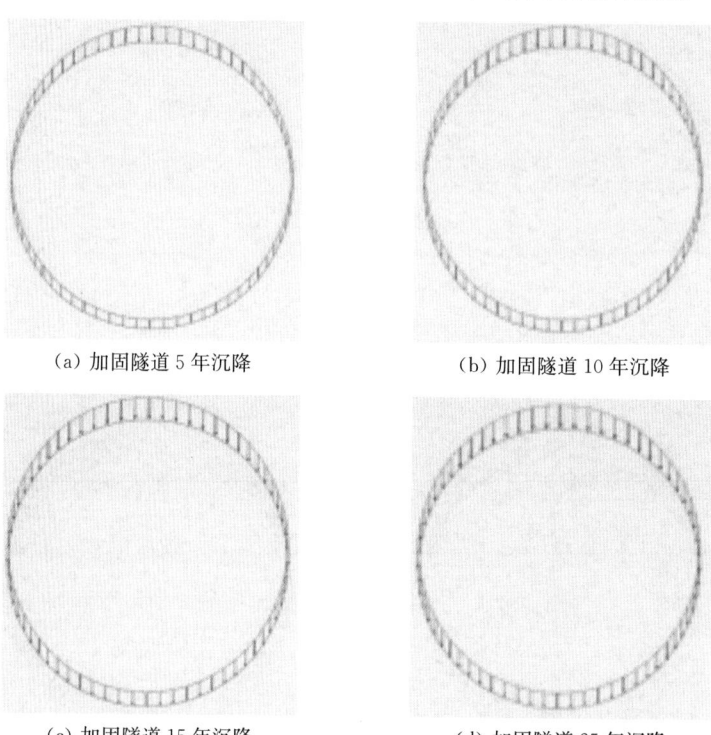

(a) 加固隧道 5 年沉降　　(b) 加固隧道 10 年沉降

(c) 加固隧道 15 年沉降　　(d) 加固隧道 25 年沉降

图 1-32　YDK1+667.794 断面加固隧道累计沉降变形图(有限元)

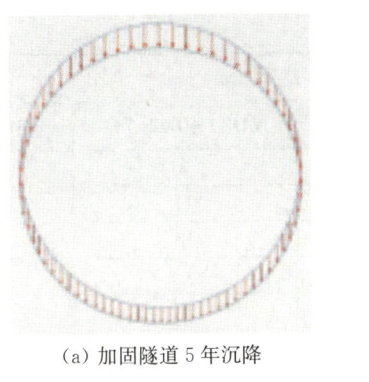
(a) 加固隧道 5 年沉降

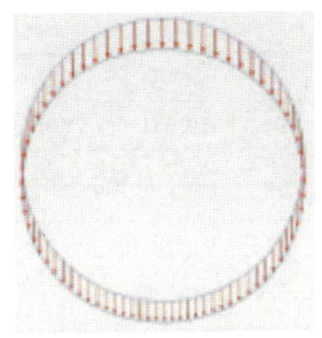
(b) 加固隧道 10 年沉降

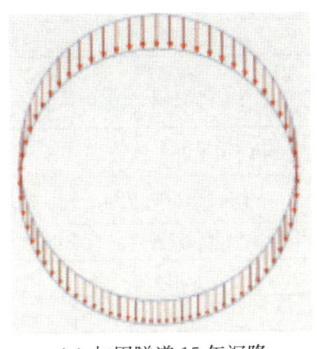
(c) 加固隧道 15 年沉降

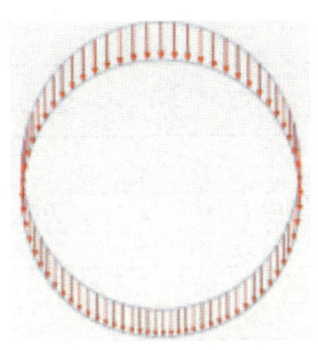
(d) 加固隧道 25 年沉降

图 1-33　YDK1+757.594 断面加固隧道累计沉降变形图(有限元)

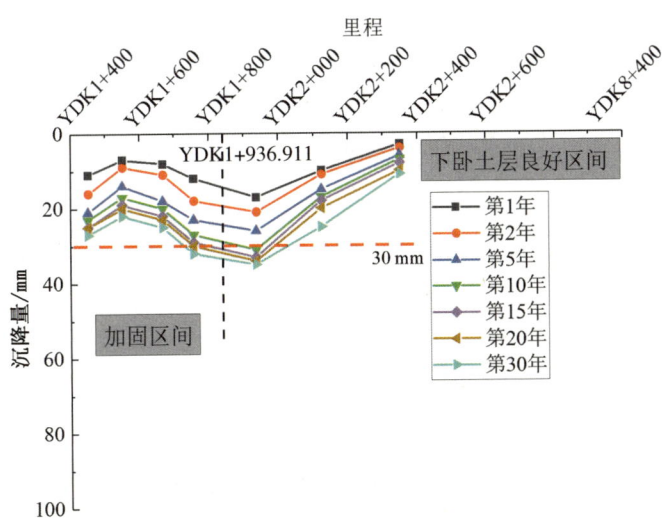

图 1-34　加固后隧道纵向累计沉降图(有限元)

根据计算结果,汇总各断面加固后的隧道累计沉降量及沉降速率见表 1-15 和表 1-16。

表 1-15　各断面加固隧道累计沉降量(有限元)

时间/年	隧道沉降量/mm			
	YDK1+450.651	YDK1+550.00	YDK1+667.794	YDK1+757.594
1	11	7	8	12
2	16	9	11	18
3	18	11	14	22
5	21	14	18	23
10	23	17	20	27
15	25	19	22	29
20	25	20	23	30
25	26	21	24	31
30	27	22	25	32

表 1-16　各断面加固隧道沉降速率(有限元)

时间/年	沉降速率/(mm·d^{-1})			
	YDK1+450.651	YDK1+550.00	YDK1+667.794	YDK1+757.594
1	0.030	0.019	0.022	0.033
2	0.014	0.006	0.008	0.016
3	0.006	0.006	0.008	0.011
5	0.004	0.004	0.006	0.001
10	0.001	0.002	0.001	0.002
15	0.001	0.001	0.001	0.001
20	0	0.001	0.001	0.001
25	0.001	0.001	0.001	0.001
30	0.001	0.001	0.001	0.001

3. 加固前后情况对比

绘制各断面加固前后的隧道累计沉降量及沉降速率图,如图 1-35—图 1-38 所示。

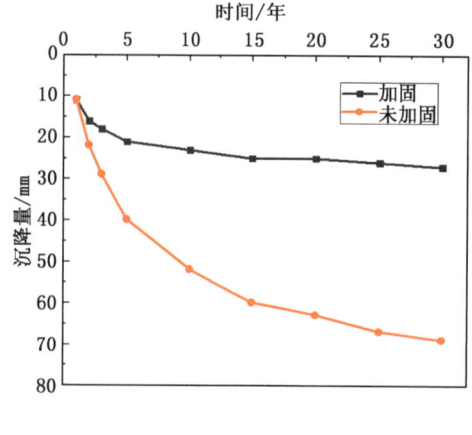
(a) 隧道长期沉降

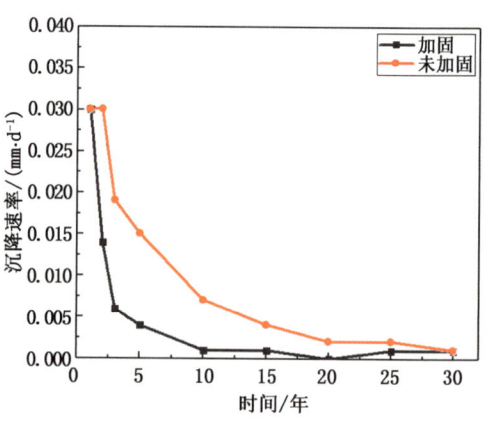
(b) 隧道沉降速率

图 1-35　YDK1+450.651 断面加固前后隧道沉降图(有限元)

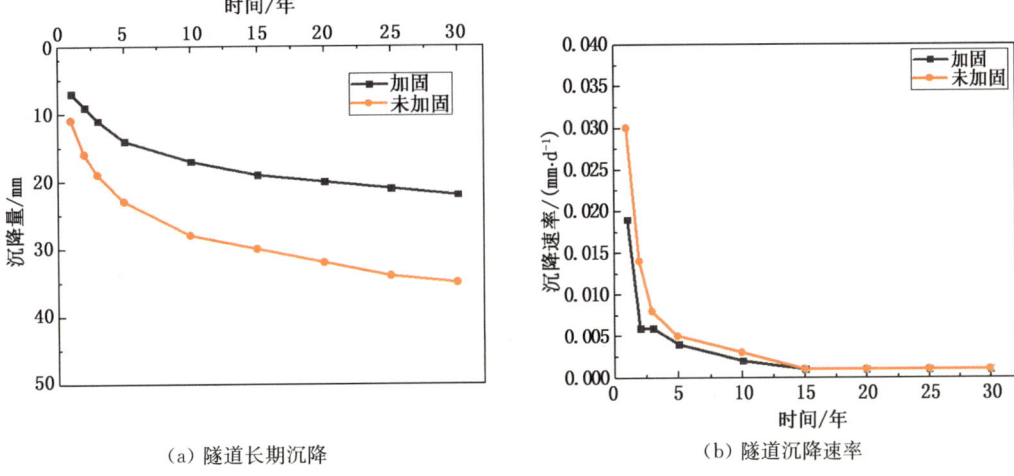

图1-36 YDK1+550.00断面加固前后隧道沉降图(有限元)

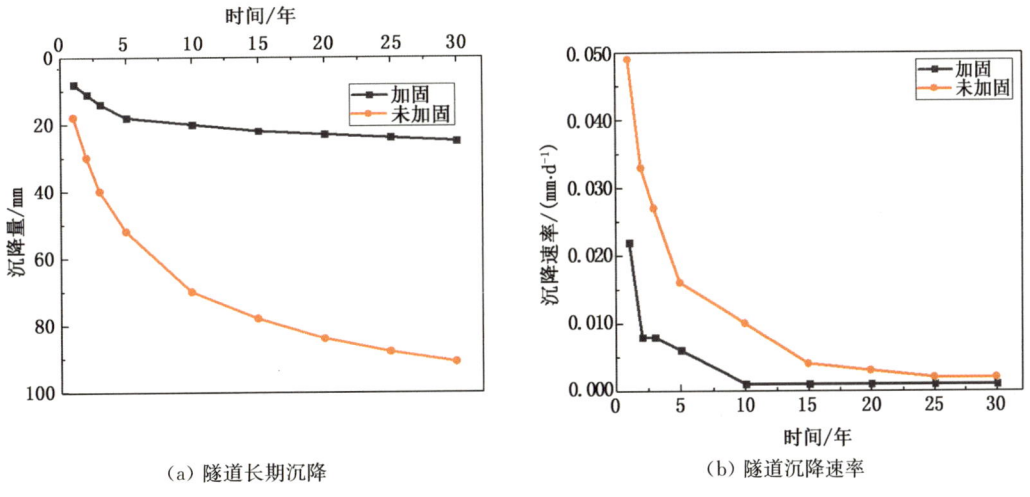

图1-37 YDK1+667.794断面加固前后隧道沉降图(有限元)

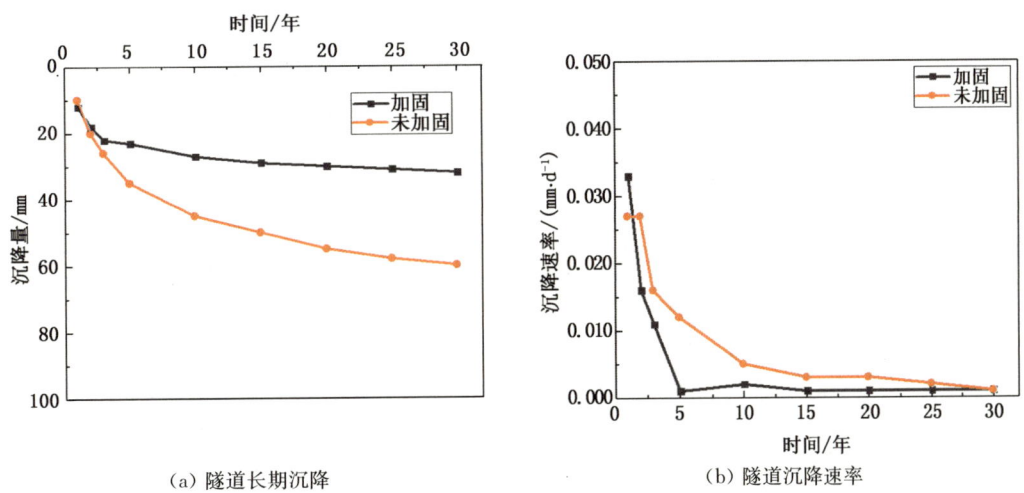

图1-38 YDK1+757.594断面加固前后隧道沉降图(有限元)

根据上述图表可知：

(1) YDK1+450.651 断面在采取加固措施后,隧道运营 30 年的累计沉降量为 27 mm,沉降速率为 0.001 mm/d,与未加固情况相比,隧道最终累计沉降量减小了 42 mm,优化效果为 61%。

(2) YDK1+550.00 断面在采取加固措施后,隧道运营 30 年的累计沉降量达 22 mm,沉降速率为 0.001 mm/d,与未加固情况相比,隧道最终累计沉降量减小了 13 mm,优化效果为 37%。

(3) YDK1+667.794 断面在采取加固措施后,隧道运营 30 年的累计沉降量为 25 mm,沉降速率为 0.001 mm/d,与未加固情况相比,隧道最终累计沉降量减小了 66 mm,优化效果高达 73%。在运营 5 年后,隧道沉降逐渐趋于稳定,此时对应的沉降速率为 0.006 mm/d。

(4) YDK1+757.594 断面在采取加固措施后,隧道运营 30 年的累计沉降量为 32 mm,沉降速率为 0.001 mm/d,与未加固情况相比,隧道最终累计沉降量减小了 28 mm,优化效果为 47%。

(5) 在采取加固措施后,加固区内大部分断面在隧道运营 30 年的累计沉降量未超出控制限值(30 mm)。但是,断面 YDK1+936.911 位于加固区纵向里程以外,累计沉降量在 10 年后超出控制限值(30 mm),说明仍应注意对未加固区段的长期沉降进行观测。

综上所述,在部分软基地区采取加固措施后,隧道长期沉降得到了明显改善,优化效果最大约为 73%,最小约为 37%。另外,未加固断面 YDK1+936.911 隧道底部存在较厚的粉质黏土层,隧道在运营 10 年后仍产生较大沉降。但总体来看,在淤泥质软基地段采取加固措施后,隧道纵向不均匀沉降得到了显著改善。

1.3.4.4 工程类比分析

参考佛山地区类似工程的隧道沉降监测数据,分析实际工程中地基加固措施对软弱地层中盾构隧道长期沉降的影响。

佛山地铁 3 号线某区间采用盾构法施工,该区间主要穿越〈2-1A〉淤泥层、〈2-2〉淤泥质粉细砂、〈2-1B〉淤泥质土、〈2-3〉淤泥质中粗砂,局部穿越〈6H〉花岗岩全风化带、〈7H〉花岗岩强风化带,各土层力学参数见表 1-17。

表 1-17 主要土层力学参数

分层	岩土名称	承载力特征值 f_{ak}/kPa	剪切试验				压缩模量 E_{s1-2}/MPa	变形模量 E_0/MPa
			直接快剪		固结快剪			
			c/kPa	φ/(°)	c/kPa	φ/(°)		
〈2-1A〉	淤泥层	40～60	7～15	4～9	15～19	9～13	1.6～3.4	3～5
〈2-1B〉	淤泥质土层	60～90	4～15	3～12	12～20	8～17	1.7～4.0	3～6
〈2-2〉	淤泥质粉细砂层	100～120	—					6～10

(续表)

| 分层 | 岩土名称 | 承载力特征值 f_{ak}/kPa | 剪切试验 | | | | 压缩模量 $E_{s_{1-2}}$/MPa | 变形模量 E_0/MPa |
| | | | 直接快剪 | | 固结快剪 | | | |
			c/kPa	φ/(°)	c/kPa	φ/(°)		
〈2-3〉	淤泥质中粗砂层	110～160	—	—	—	—	—	15～20
〈6H〉	花岗岩全风化带	250～300	19～25	20～28	25～35	25～38	4.0～12.0	25～40
〈7H〉	花岗岩强风化带	450～650	22～45	18～30	35～45	28～42	4.5～15.0	60～100

由于该区间穿越的地层工程力学性质差异较大,地层承载力总体偏低,普遍具有中～高压缩性,未经处理不能直接作为隧道地基基础持力层,因此,该工程进行了地基加固。根据不同地质情况分别采用以下两种地基加固技术:

(1) 对隧道底部以下软土层或粉细砂层厚度小于 3 m 的区段采用洞内注浆加固,加固范围为隧道拱腰至隧道底部以下 3 m。

(2) 对隧道底部以下软土层厚度大于 3 m 的区段采用地面三轴水泥土搅拌桩加固,三轴水泥土搅拌桩加固体上至隧道顶部以上 3 m,加固底面穿透淤泥质层并进入下部土体 1 m。该区间除过桂畔海及电力隧道处采用洞内加固,其余位置均采用全断面三轴水泥土搅拌桩加固,桩径为 850 mm,间距为 600 mm,按照格栅形布置,格栅单元尺寸为 1.5 m×2.4 m。搅拌桩实桩水泥掺量不小于 22%,空桩水泥掺量不小于 8%,采用 42.5 号普通硅酸盐水泥。

该工程的地质条件及地基加固措施与本项目工程均较为类似,可以为本项目提供一定参考。选取该区间左线 50～60 环管片沉降实测数据进行分析。该区段洞身范围主要为淤泥质中粗砂,隧底为淤泥质土层,属于典型软土富水地层,采用三轴水泥土搅拌桩加固。该区段于 2020 年 1 月 6 日—10 日完成掘进及管片拼装,施工后及时对该环管片进行了管片姿态测量。自管片拼装完成至 2021 年 5 月 14 日的隧道沉降变化情况如图 1-39 所示。

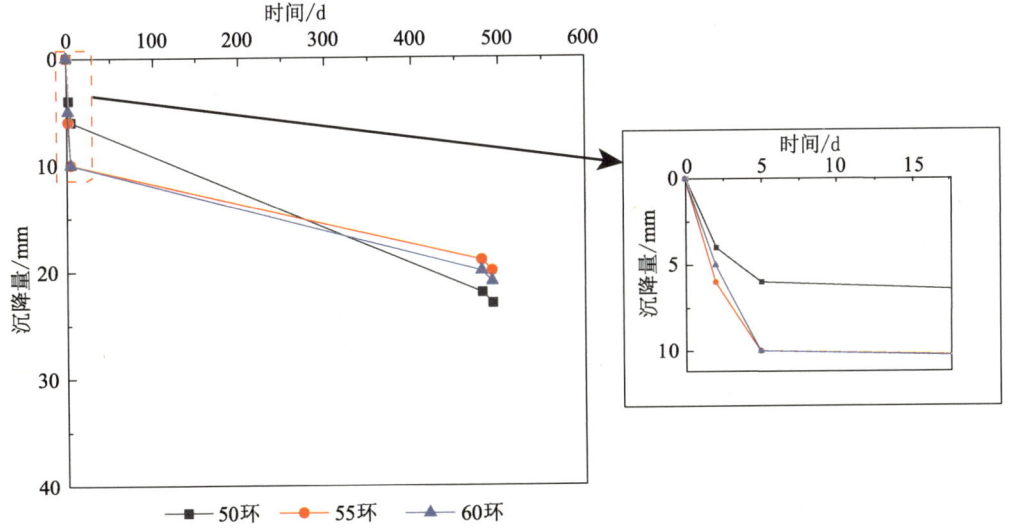

图 1-39 50 环、55 环、60 环管片沉降发展情况

由图 1-39 可知,盾构隧道在施工完成后出现下沉,截至目前,管片最大沉降量约为 25 mm。初期时隧道沉降速率较大,最大可达 3 mm/d;随着时间的推移,沉降速率逐渐减小,现已减至 0.08 mm/d。软土地区一般以沉降速率 0.02 mm/d 作为沉降稳定标准,这说明该区段隧道沉降发展尚未达到稳定状态。此外,该隧道尚未开通运营,后期运营过程中在列车荷载和周边工程活动的影响下,隧道沉降可能会继续发展。因此,软土地区隧道在进行三轴水泥土搅拌桩地基加固后,仍可能在超孔压消散和软土特性的影响下产生沉降,在运营过程中应予以关注。

1.3.5 隧道长期不均匀沉降对曲率半径的影响

软土隧道在运营期会产生较大的沉降和沉降差,改变隧道的初始曲线形态,进而对列车运行安全构成一定威胁。目前,《城市轨道交通结构安全保护技术规范》(CJJ/T 202—2013)规定隧道变形曲率半径不小于 15 000 m。针对地铁隧道曲率半径的计算方法,目前具有代表性的有上海经验法、三点法和四点法等。本节选用三点法进行计算与分析。

参照文献[5],如图 1-40 所示,选取相邻位置的三个点进行曲率半径的计算。其中,S_a,S_b,S_c 分别对应测点 a,b,c 的沉降量,L_a,L_b,L_c 分别是这三个测点对应的里程。如果三个测点(a,b,c)彼此接近,则 ac 可以近似看作圆弧,此时 b 点的曲率半径 R 可以估算为

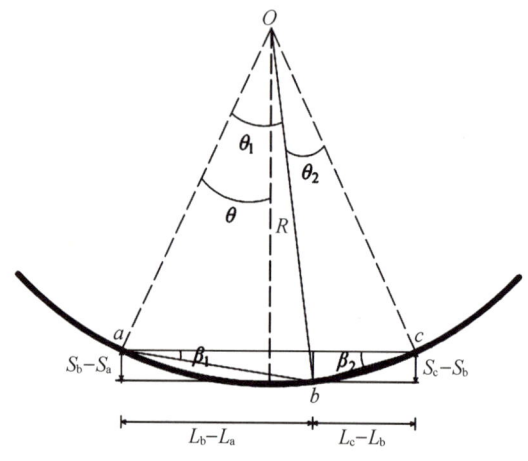

图 1-40 三点法原理图[5]

$$R = \frac{|L_b - L_a| + |L_c - L_b|}{2\sin\theta} = \frac{|L_b - L_a| + |L_c - L_b|}{2\sin\left[\arctan\left(\frac{|S_b - S_a|}{|L_b - L_a|}\right) + \arctan\left(\frac{|S_c - S_b|}{|L_c - L_b|}\right)\right]}$$

(1-20)

在图 1-28 显示的隧道纵向沉降槽内选取若干测点,利用上述三点法计算其曲率半径,结果见表 1-18。

表 1-18 曲率半径计算结果(未加固/加固)

里程/m	隧道最终累计沉降/mm	曲率半径/m
YDK1+400.00	0	—
YDK1+425.00	35/14	**9 292**/23 739
YDK1+450.651	69/27	**14 748**/45 631

(续表)

里程/m	隧道最终累计沉降/mm	曲率半径/m
YDK1+475.00	60/26	33 818/203 804
YDK1+500.00	51/24	36 765/208 333
YDK1+525.00	43/23	39 063/312 500
YDK1+550.00	35/22	32 895/416 666
YDK1+575.00	46/22.5	28 409/625 000
YDK1+600.00	57/23	28 409/625 000
YDK1+625.00	68/23.5	27 174/625 000
YDK1+650.00	80/24	19 484/280 805
YDK1+667.794	91/25	16 156/205 258
YDK1+685.00	83/27	21 508/144 142
YDK1+705.00	75/29	33 088/125 000
YDK1+730.00	68/31	46 142/226 230
YDK1+757.594	60/32	41 505/426 947
YDK1+780.00	57/32.5	50 174/560 150
YDK1+805.00	53/33	72 581/500 000
YDK1+825.00	50/33.5	72 581/500 000
YDK1+850.00	46/34	89 286/500 000
YDK1+875.00	43/34.5	89 286/625 000
YDK1+900.00	39/35	115 347/1 547 775
YDK1+936.911	35	253 806
YDK1+975.00	33.5	317 408
YDK2+000.00	32	208 333
YDK2+025.00	30.5	208 333
YDK2+050.00	29	178 571
YDK2+075.00	27	156 250
YDK2+100.00	25	148 700
YDK2+123.792	23	155 885
YDK2+150.00	21	130 424
YDK2+175.00	18	104 166
YDK2+200.00	15	—

从表 1-18 可以看出,在未采取加固措施情况下,运营期隧道沉降对曲线形态有所影响,其中曲率半径小于 15 000 m 的点有 2 个,计算值分别为 9 292 m 和 14 748 m。在采取加固措施后,曲率半径均大于 15 000 m。

1.3.6 不同加固方案对隧道长期沉降的影响

本节综合考虑隧道长期沉降、结构偏心距和施工经济性等评价标准,研究了强加固区水泥掺量、加固断面形式、强加固区深度、是否设置弱加固区等因素对隧道长期变形和受力的影响,以期对地面加固方案的相关参数进行验证和优化。此外,本节还探究了洞内注浆加固对隧道长期沉降的控制效果。

1.3.6.1 地面加固

1. 不同水泥掺量

根据设计资料可知,软基处理段将隧道拱腰线至淤泥质地层以下 0.5 m 作为强加固区,水泥掺量为 20%,对应的土体压缩模量取 70 MPa;将隧道拱腰线以上至地面作为弱加固区,水泥掺量为 8%,对应的土体压缩模量取 21 MPa。在此基础上,对强加固区的水泥掺量进行调整,从而分析不同水泥掺量对隧道长期沉降的加固效果。假定弱加固区水泥掺量为 8%,拱腰以下加固区水泥掺量分别取 8%、12%、15%、20% 和 25%,对应的无侧限抗压强度和压缩模量详见表 1-19[6]。选取典型断面 YDK1+450.651 和 YDK1+757.594 进行隧道长期沉降及结构内力计算分析,结果如图 1-41、表 1-20 和表 1-21 所示。

表 1-19 水泥土相关参数

拱腰以下加固区水泥掺量/%	无侧限抗压强度/MPa	压缩模量 E_s/MPa
8	0.30	21
12	0.49	35
15	0.63	45
20	1.00	70
25	1.46	100

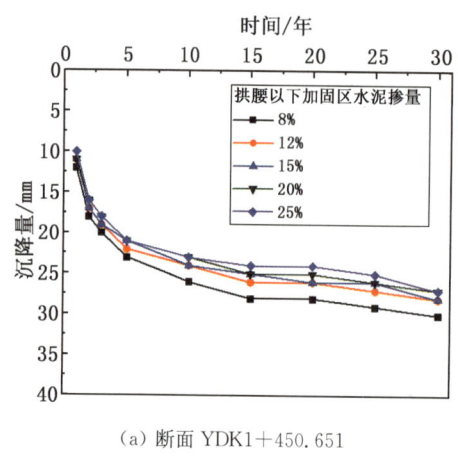
(a) 断面 YDK1+450.651

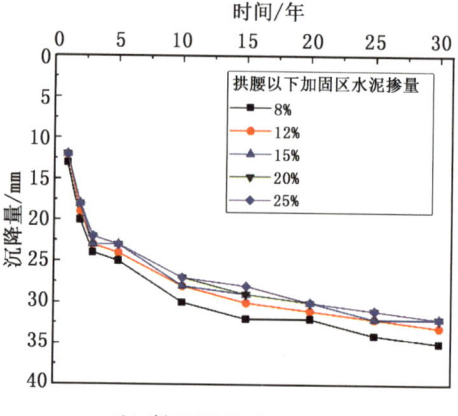
(b) 断面 YDK1+757.594

图 1-41 不同水泥掺量下隧道累计沉降图

表1-20 拱腰以下加固区不同水泥掺量下隧道累计沉降量及内力(YDK1+450.651)

拱腰以下加固区水泥掺量/%	累计沉降量/mm	最大轴力/kN	最大弯矩/(kN·m)		最大正弯矩对应轴力/kN	偏心距/m
			正弯矩	负弯矩		
8	30	−821	142	−139	−642	0.221
12	28	−794	122	−123	−602	0.203
15	28	−780	115	−118	−431	0.267
20	27	−772	110	−111	−432	0.254
25	27	−766	107	−107	−435	0.246

表1-21 拱腰以下加固区不同水泥掺量下隧道累计沉降量及内力(YDK1+757.594)

拱腰以下加固区水泥掺量/%	累计沉降量/mm	最大轴力/kN	最大弯矩/(kN·m)		最大正弯矩对应轴力/kN	偏心距/m
			正弯矩	负弯矩		
8	35	−964	168	−167	−749	0.224
12	33	−943	147	−147	−710	0.208
15	32	−902	139	−134	−493	0.282
20	32	−915	130	−131	−505	0.258
25	32	−907	127	−127	−511	0.248

从以上图表可知,拱腰以下加固区不同水泥掺量对隧道长期沉降的影响较小,当水泥掺量为8%、12%、15%、20%、25%时,断面YDK1+450.651和YDK1+757.594在30年内对应的累计沉降量分别为30 mm、28 mm、28 mm、27 mm、27 mm和35 mm、33 mm、32 mm、32 mm、32 mm。随着拱腰以下加固区水泥掺量的改变,隧道偏心距呈非单调性变化,当水泥掺量为12%时,对应的隧道偏心距最小,两个断面分别为0.203 m和0.208 m。

2. 不同加固形式

根据上述分析结果,在原加固形式(加固形式①:隧道拱腰处至地面为弱加固区,隧道拱腰处向下至淤泥质土层底面以下0.5 m为强加固区)的基础上提出以下加固形式:

(1) 加固形式②:隧道拱腰处至地面无加固,隧道拱腰处向下至淤泥质土层底面以下0.5 m为强加固区。

(2) 加固形式③:隧道拱腰处至地面为弱加固区,隧道拱腰处向下至粉质黏土层底部为强加固区。

(3) 加固形式④：隧道拱腰处至地面无加固，隧道拱腰处向下至粉质黏土层底部为强加固区。

以断面 YDK1+450.651 为例，具体加固形式如图 1-42 所示。

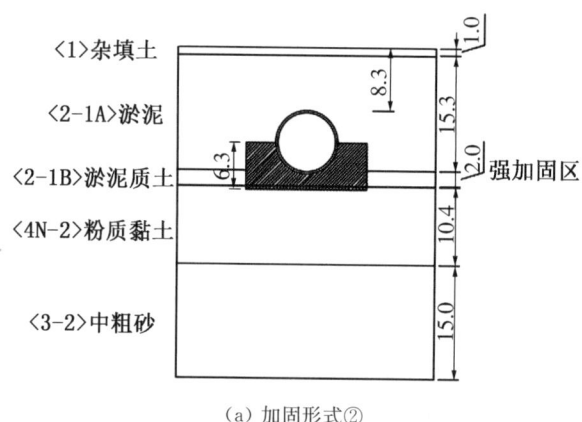

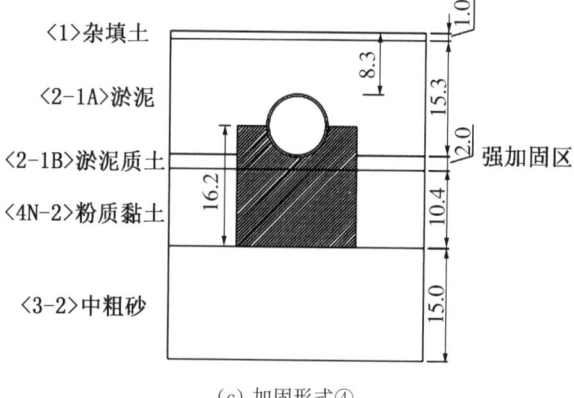

图 1-42　断面 YDK1+450.651 加固形式图(单位：m)

接下来选取典型断面YDK1+450.651和YDK1+757.594,针对加固形式②~④,采用有限元数值模拟分析,结果如图1-43、图1-44和表1-22所示。

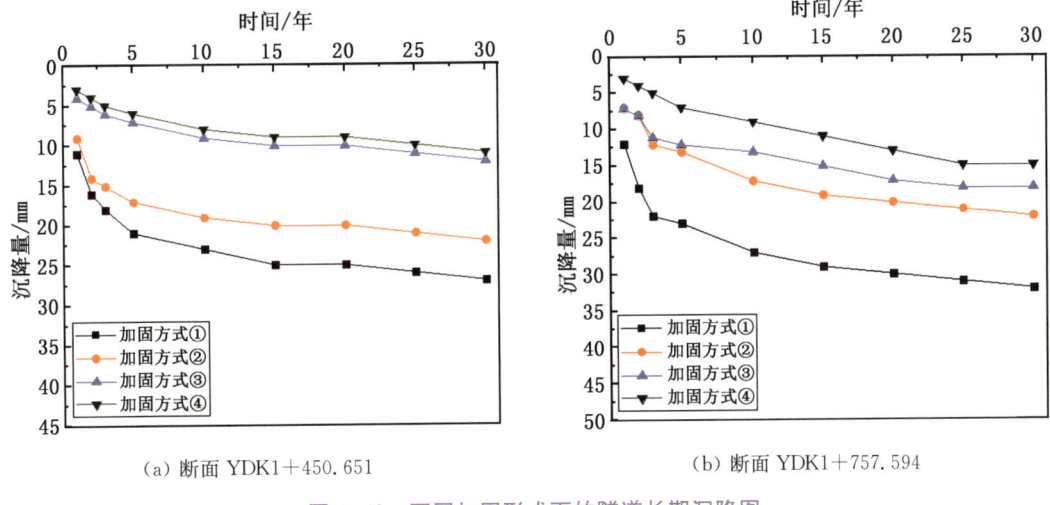

图1-43 不同加固形式下的隧道长期沉降图

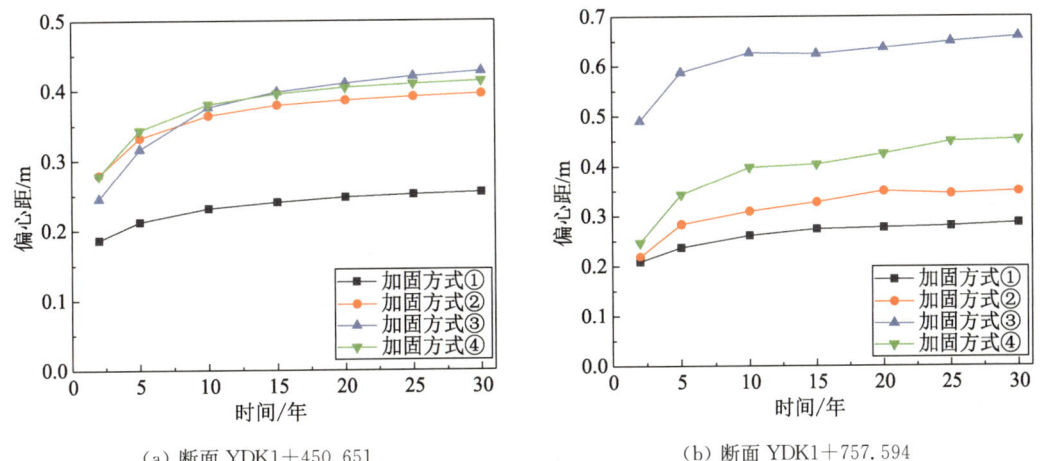

图1-44 不同加固形式下的隧道偏心距

表1-22 同加固形式优化效果

断面		未加固	加固方式①	加固方式②	加固方式③	加固方式④
YDK1+450.651	最终累计沉降量/mm	69	27	22	11	10
	优化效果/%	0	61	68	84	86
YDK1+757.594	最终累计沉降量/mm	60	32	22	18	15
	优化效果/%	0	47	63	70	75

由上述图表可知,对于这4种加固形式,断面YDK1+450.651和YDK1+757.594在30年内的累计沉降量分别为27 mm、22 mm、11 mm、10 mm和32 mm、22 mm、18 mm、15 mm;相较于未加固时分别减少了61%,68%,84%,86%和47%,63%,70%,75%。仅从累计沉降量可以看出,断面加固效果大小关系是:④>③>②>①。以断面YDK1+450.651为例,加固方式②较加固方式①的效果提升了7%;加固方式③较加固方式①的效果提升了23%;加固方式④较加固方式①的效果提升了25%。

但是,从隧道结构偏心距可以看出,加固方式①所产生的偏心距要小于其他三种加固方式。以断面YDK1+450.651为例,加固方式①较加固方式②的偏心距减小了56%;加固方式①较加固方式③的偏心距减小了69%;加固方式①较加固方式④的偏心距减小了63%。综上所述,设置拱腰以上弱加固区能够有效改善结构受力,但对隧道沉降控制会产生一定的不利影响;增大强加固区深度有利于控制隧道沉降,但不利于结构受力。因此,隧道沉降和结构内力之间存在相互制约的关系,应进一步细化分析加固深度变化、弱加固区设置对隧道沉降和偏心距的影响,以确定最佳加固参数。

改变强加固区的加固深度(每级增加2 m),得到隧道累计沉降量和结构内力,如图1-45、表1-23和表1-24所示。可以看出,随着深度的增加,隧道累计沉降量逐渐减小,但偏心距却随之增大。另外,当不考虑弱加固区时,虽然隧道累计变形相较于考虑弱加固时会有所减小,但结构偏心距效果则相反。

因此,结合隧道累计变形和结构受力情况,并考虑工程经济性,认为原加固范围是合理的。

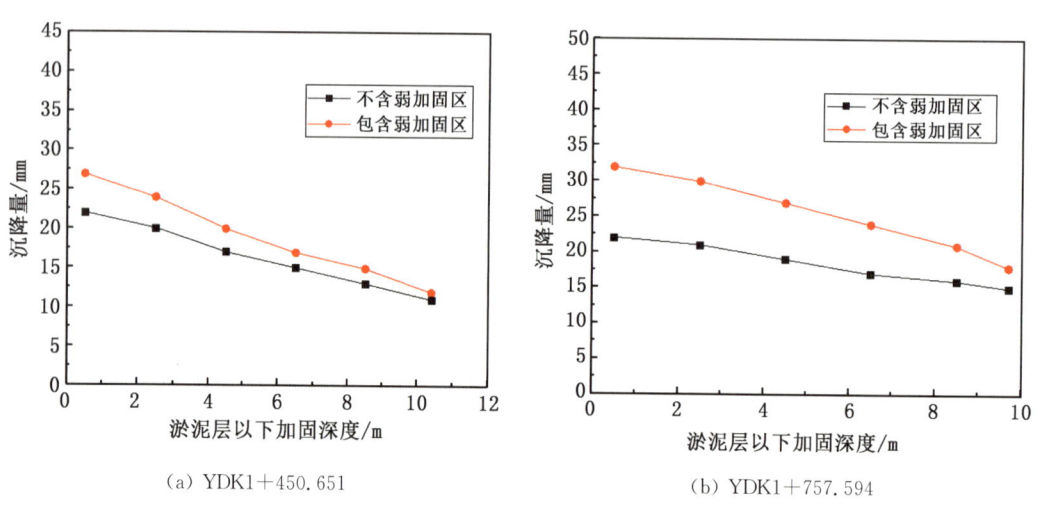

(a) YDK1+450.651　　　(b) YDK1+757.594

图1-45　隧道30年内累计沉降量随加固深度变化关系

表 1-23　不同加固深度下隧道长期沉降量及内力(YDK1+450.651)

淤泥层以下加固深度/m	包含弱加固区		不含弱加固区	
	累计沉降量/mm	偏心距/m	累计沉降量/mm	偏心距/m
0.5	27	0.254	22	0.396
2.5	24	0.327	20	0.399
4.5	20	0.333	17	0.403
6.5	17	0.354	15	0.410
8.5	15	0.383	13	0.412
10.4	12	0.428	11	0.414

表 1-24　不同加固深度下隧道长期沉降量及内力(YDK1+757.594)

淤泥层以下加固深度/m	包含弱加固区		不含弱加固区	
	累计沉降量/mm	偏心距/m	累计沉降量/mm	偏心距/m
0.5	32	0.286	22	0.351
2.5	30	0.354	21	0.399
4.5	27	0.367	19	0.421
6.5	24	0.398	17	0.458
8.5	21	0.473	16	0.444
9.7	18	0.661	15	0.455

1.3.6.2　洞内加固

本节结合洞内注浆数值模拟结果和佛山地铁 3 号线隧道工程项目洞内注浆离心试验结果,对洞内注浆加固效果进行分析。

1. 数值模拟分析

采用 Plaxis 2D 软件计算断面 1(YDK1+450.651)隧道在洞内注浆加固和未加固两种工况下的长期沉降情况,计算模型如图 1-46 所示。模型中土层及管片的本构类型和参数取值参考 1.3.4 节内容。

目前,关于注浆加固的效果已有较多工程实践经验和研究成果。根据深港西部通道深圳侧接线工程的建设经验[7],对于淤泥、淤泥质土等,标贯试验结果显示,采取注浆加固后的承载力可提高至 2 倍以上。上海地铁 2 号线某穿越段隧道注浆现场试验结果显示,在注浆孔 0.3 m 范围内加固后的静力触探试验 P_s 值可增加 1 倍左右,在 0.6 m 范围内可增

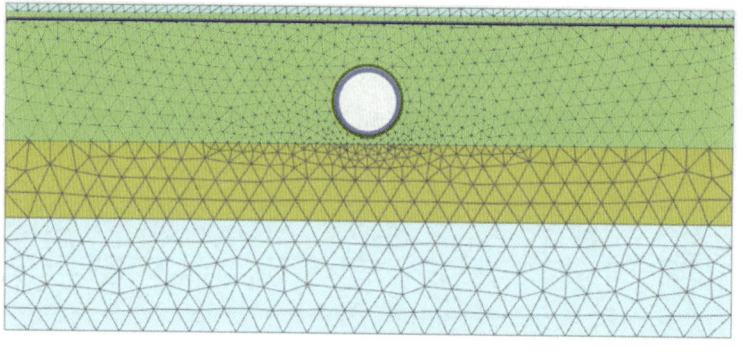

(a) 未加固

(b) 洞内注浆加固

图 1-46　数值模拟计算断面图(YDK1+450.651)

加 60%左右[8]。在上海某越江隧道工程中[9],现场实测基坑深层土体进行注浆加固后,动弹性模量提高 68%~138%,动剪切模量提高 52%~138%。另外,根据注浆加固室内试验的相关研究,采取注浆加固后,土体的黏聚力增加近 1 倍[10],压缩模量可提高 50%以上[11],无侧限抗压强度可提高 40%以上[12]。因此,结合本工程地质条件,假定注浆后土体压缩模量为加固前的 2 倍,黏聚力为加固前的 1.5 倍,加固范围为隧道下半圆向外 3 m 区域。

加固前后隧道长期累计沉降量如图 1-47 所示。洞内注浆加固后,沉降速率有所减缓,最终沉降量约 50 mm,较未加固工况下减小了 28.6%,但在运营 5 年后仍可能超过规范控制限值(30 mm)。相较地面加固而言,洞内注浆加固控制隧道长期沉降的效果较差。

2. 离心模型试验分析

佛山地铁 3 号线隧道工程项目进行洞内注浆离心模型试验,以分析当全断面穿越深厚⟨2-1A⟩淤泥层断面时,洞内加固方案对隧道长期沉降的影响规律。洞内注浆加固方案中,将隧道下半圆向外 3 m 区域作为加固区,如图 1-48 所示。离心试验选取的模型率 n 为 100,洞内加固的试验模型实物如图 1-49 所示,试验结果如图 1-50 所示。

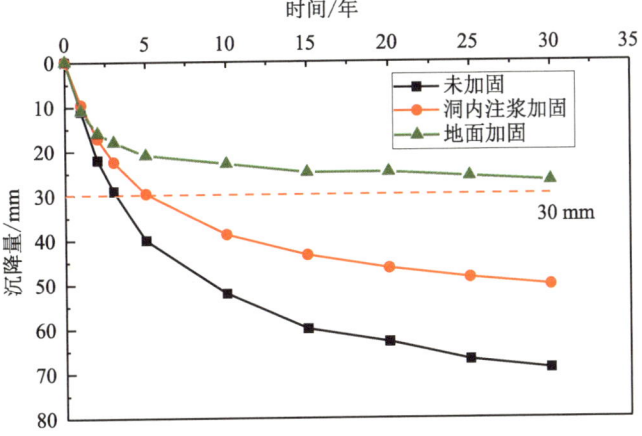

图 1-47　YDK1+450.651 断面加固前后隧道沉降曲线

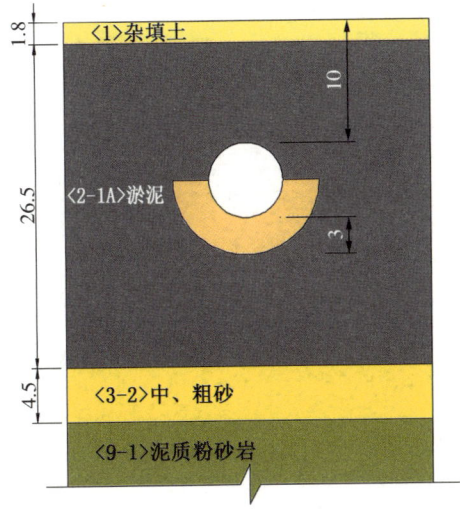

图 1-48　佛山地铁 3 号线洞内注浆加固方案(单位：m)

(a) 加固体

(b) 模型箱

图 1-49　洞内注浆离心模型试验实物

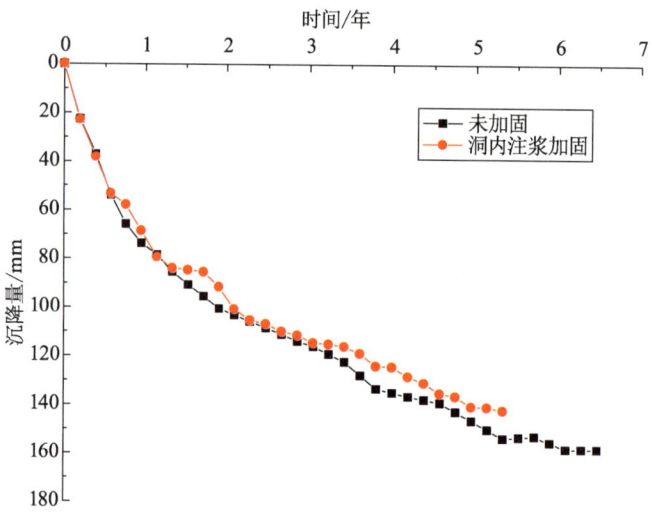

图 1-50　洞内注浆离心模型试验结果

由图 1-50 可知,与未加固工况相比,洞内注浆加固后隧道沉降量略微减小,5 年后沉降量减小了 3.4%。因此,离心试验也表明,洞内注浆加固对隧道长期沉降影响较小,可略微控制长期沉降量,改善效果不佳。

综上所述,数值模拟分析和离心模型试验结果均表明,洞内注浆加固对隧道长期沉降的控制效果不佳,这可能是洞内注浆加固影响范围有限和土体性能改善程度不够所致。此外,洞内注浆会对隧道周边土体产生较大扰动,并引起管片结构内力和变形增大,可能会对隧道结构安全造成不利影响。因此,建议软土地区地基处理时,优先考虑地面加固措施,洞内注浆加固措施仅作为辅助手段。

1.4　主要结论

本章结合广州 18 号线的地质勘查资料,首先,针对软基加固区间施工阶段的监测数据进行了汇总分析。其次,分别从理论分析和有限元数值模拟分析入手,对各典型断面隧道加固与未加固情况下的累计沉降发展规律进行了计算,并对加固区优化形式进行了分析。主要得到以下结论:

(1) 实际工程中,各桩桩身长度满足设计要求;桩身强度均大于或等于 1 MPa。软基加固区间盾构施工时,左右线所引起的地表沉降以及建筑物沉降变形均满足监测预警值要求,安全可控。

(2) 基于固结-蠕变理论,计算了各典型断面在未采取加固措施情况下的隧道累计沉降量。结果发现,隧道沉降的收敛速度较快,基本在 5 年左右趋于稳定。综合分析 7 个典型断面,在未采取加固措施时,隧道运营 30 年内的累计沉降量最大可达 131 mm,最小为 1 mm。

(3) 基于有限元数值模拟分析,各典型断面隧道沉降的收敛速度均较慢,基本在隧道运营 10 年左右趋于稳定。在未采取隧道加固措施时,隧道运营 30 年内的累计沉降量最大可达 91 mm,最小为 11 mm。

(4) 在未采取加固措施时,除 YDK2+123.792 和 YDK2+350.00 断面,其余断面的累计沉降量均在隧道运营 10 年后便超过控制限值(30 mm)。在采取加固措施后,隧道优化效果最小为 37%,最大可达 73%,各加固断面的长期沉降量基本能够满足控制限值要求(30 mm)。另外,断面 YDK1+936.911 位于加固区纵向里程以外,隧道底部存在较厚粉质黏土层,沉降量在隧道运营 10 年后超出控制限值。因此,在后期运营阶段,应密切关注该区域隧道沉降变化情况,并及时采取相应的保护措施。

(5) 在未采取加固措施时,隧道纵向存在一个明显的沉降槽,隧道曲率半径最小可达 9 292 m。在采取加固措施后,沉降槽得到明显改善,隧道曲率半径均大于 15 000 m。

(6) 当调整拱腰以下加固区水泥掺量时,隧道长期沉降优化效果并不明显,但对隧道偏心距有一定影响。对于不同加固范围,虽能使隧道累计沉降量有所减小,但同时也引起隧道偏心距发生显著变化,并且拱腰以上的弱加固区可以有效改善结构的受力。因此,综合考虑结构变形的受力特性和工程经济性,认为原设计方案中的地基加固范围总体合理。

(7) 与地面加固效果相比,洞内注浆对改善隧道长期沉降的效果较差。建议在软基地区优先考虑地面加固措施,洞内注浆加固措施仅作为辅助手段。

参考文献

[1] 魏新江,陈伟军,魏刚,等.盾构隧道施工引起的土体初始超孔隙水压力分布研究[J].岩土力学,2012,33(7):2103.

[2] 曹奕,蒋军,谢康和,等.列车荷载作用下渗漏隧道的长期非线性固结[J].哈尔滨工业大学学报,2015,47(12):50.

[3] 王少媚,夏森炜,蒋军.循环荷载作用下黏弹性地基一维固结性状研究[J].岩土力学,2008,29(2):470.

[4] 中华人民共和国住房和城乡建设部.城市轨道交通工程监测技术规范:GB 50911—2013[S].北京:中国建筑工业出版社,2013.

[5] Zhou S, Xiao J, Di H, et al. Differential settlement remediation for new shield metro tunnel in soft soils using corrective grouting method: case study[J]. Canadian Geotechnical Journal, 2018, 55(12): 1877-1887.

[6] 梁仕华,周锦程,罗祺,等.有机质对水泥固化淤泥土的力学特性影响试验研究[J].广东工业大学学报,2019,36(6):86.

[7] 张长生,陶连金,强小俊,等.注浆加固处理软土地基的试验研究[J].铁道建筑,2012(1):89-92.

[8] 邓指军.双液微扰动加固注浆试验研究[J].地下空间与工程学报,2011,7(S1):1344-1346.

[9] 龚晓南. 地基处理手册[M]. 3版. 北京：中国建筑工业出版社,2008.

[10] 苏波涛. 注浆加固土体试验研究及工程应用[D]. 兰州：兰州理工大学,2017.

[11] 程盼,邹金锋,罗恒,等. 松散填土层中注浆效果检测方法试验研究[J]. 中南大学学报(自然科学版),2013,44(9)：3800-3806.

[12] 王玉平,朱宝龙,陈强. 饱和粘性土劈裂注浆加固室内试验[J]. 西南科技大学学报,2010,25(3)：72-75,88.

2 市域快线隧道变形控制指标及限值研究

2.1 概述

南沙地区软土具有天然含水率高、孔隙比大、压缩性高、渗透性弱、固结系数小、承载力低、触变性强等特点,在这种软土地层中修建地铁会面临诸多问题,比如施工期拼装质量难以保证,运营期存在结构变形及沉降过大、管片裂缝等问题。

该区间采用盾构法施工,衬砌环结构如图2-1和图2-2所示。盾构隧道采用平板型单层钢筋混凝土管片衬砌,管片环外径8.5 m,内径7.7 m,厚度400 mm,环宽1.6 m。衬砌环采用"6+1"分块模式,其中包含标准块4块(B1,B2,B3,B4),连接块2块(L1,L2),封顶块1块(F)。衬砌环形式为通用衬砌环,楔形量为46 mm(双面楔形),衬砌环一般采用错缝拼装,衬砌环的接缝连接包括19个环缝连接螺栓(M30)和14个纵缝连接螺栓(M30)。混凝土管片强度等级不低于C50,抗渗等级不低于P12,钢筋采用HPB300级、HRB400/HRB400E级钢,环纵向螺栓强度等级不低于6.8级。

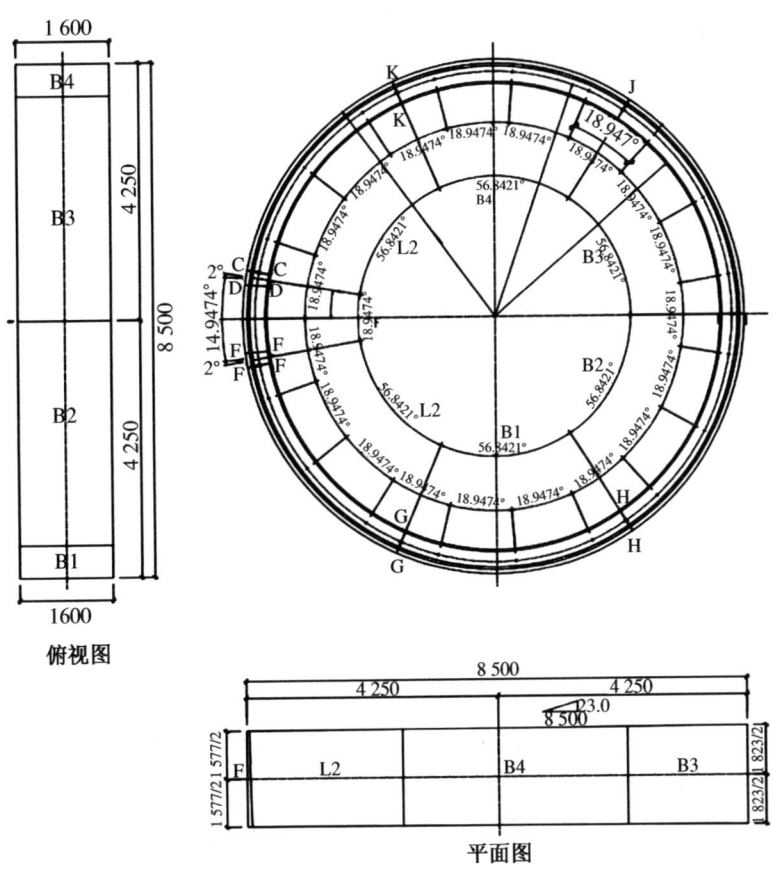

图2-1 衬砌圆环构造图

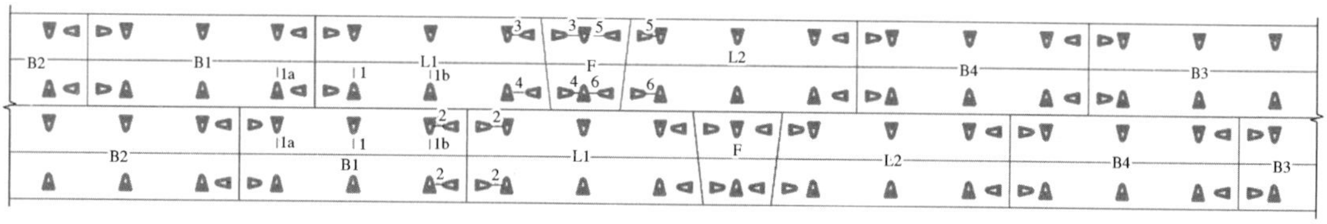

图 2-2 衬砌环内弧面展开图

已有工程经验表明：在地质条件、地面荷载、邻近工程施工等多种因素的共同作用下，软土地区地铁运营期的结构变形严重，沉降量大且呈现明显的不均匀性，横向产生收敛变形。隧道病害与结构变形密切相关，过大的横断面变形会引起管片纵缝张开、纵缝渗漏、螺栓拉流、接缝处混凝土压损、管片开裂等，隧道纵向不均匀沉降及横向变形量一旦超过某一限值，可能引起管片严重压损，极端环境下甚至会导致隧道整体垮塌。因此，运营期需对以上病害进行监控。但接缝张开量(特别是外张)、螺栓应力等很难直接监测，如能建立其与隧道纵向不均匀沉降及横断面变形之间的关系，则可通过易于监测的横断面变形量来综合反映隧道结构安全状态。由于隧道结构变形具有复杂性，目前对于隧道允许变形的控制标准和运营期隧道变形发展规律的认识相对滞后，隧道纵向不均匀沉降及横断面变形规律与隧道结构安全状态的关系及其控制限值仍不明确，亟待开展系统研究。

2.1.1 国内外研究现状

针对隧道结构变形和结构内力之间的关系，王如路等[1]研究了隧道横向变形与混凝土受力、螺栓受力以及接头张开量之间的关系，提出了以隧道直径变化作为隧道横向结构性能发展的判定指标。朱斌[2]研究了隧道横断面变形规律，建立了不同拼装方式下隧道水平直径变形量与接缝最大张开量、最大螺栓应力、最大混凝土应力之间的关系，进而提出隧道横断面变形控制限值。廖少明等[3]对隧道地基沉降的 4 种典型模式进行总结，推导出这种地基沉降模式下的隧道结构内力及纵向变形解析表达式。林楠等[4]分析了不同地基变形工况下管片变形与损伤，得到了整体变形与管片损伤之间的关系。郑永来等[5]基于纵向沉降实测数据，分析了纵向沉降对隧道结构安全性的影响，建立了隧道纵向变形曲率与隧道管片接头环缝张开量之间的关系。

目前，行业标准方面，国家及众多省市如北京、江苏、上海、广州、深圳、杭州等均提出了相关技术规范以确立城市轨道交通结构安全保护指标。

中华人民共和国住房和城乡建设部发布的《城市轨道交通结构安全保护技术规范》(CJJ/T 202—2013)[6]指出，城市轨道交通结构安全控制指标应包括位移、变形、差异沉降、结构裂缝、相对收敛、变形曲率半径、管片接缝张开量、渗漏、附加荷载、振动速度、轨道横向高差、轨间距、道床脱空量等。城市轨道交通结构安全控制指标应符合表 2-1 要求。

表 2-1 城市轨道交通结构安全控制指标

安全控制指标	预警值	控制值	安全控制指标	预警值	控制值
隧道水平位移	<10 mm	<20 mm	轨道横向高差	<2 mm	<4 mm
隧道竖向位移	<10 mm	<20 mm	轨道高差(矢度值)	<2 mm	<4 mm
隧道径向收敛	<10 mm	<20 mm	轨间距	>−2 mm	>−4 mm
隧道变形曲率半径	—	>5 000 m	道床脱空量	<+3 mm	<+6 mm
隧道变形相对曲率	—	<1/2 500	振动速度	—	≤2.5 cm/s
管片接缝张开量	<1 mm	<2 mm	结构裂缝宽度	迎水面<0.1 mm 背水面<0.15 mm	迎水面<0.2 mm 背水面<0.3 mm
隧道结构外壁附加荷载	—	≤20 kPa			
隧道差异沉降	—	<0.04%L_s	车站结构沉降/上浮	<10 mm/<4 mm	<20 mm/<5 mm

注：L_s 为轴向两监测点间距。

江苏省轨道交通工程建设标准《江苏省城市轨道交通工程监测规程》(DGJ32/J 195—2015)[7]同样对轨道交通变形提出了要求,具体见表 2-2。

表 2-2 城市轨道交通既有线隧道结构变形控制值

监测项目	累计值	变化速率
隧道结构沉降	<10 mm	<1 mm/d
隧道结构上浮	<5 mm	<1 mm/d
隧道结构水平位移	<5 mm	<1 mm/d
隧道差异沉降	<0.04%L_s	—
隧道结构变形缝差异沉降	<4 mm	<1 mm/d
隧道变形曲率半径	>15 000 m	—
隧道变形相对曲率	<1/2 500	—
盾构管片接缝张开量	<2 mm	—

注：L_s 为轴向两监测点间距。

虽然国家与各省市均建立了相关规范对隧道结构变形进行控制,然而规范提出的指标大多是参照通缝管片拼装的经验值。而广州南沙地区盾构隧道结构采用的拼装形式为错缝拼装,且管径较大。研究及现场经验表明,管片构造及拼装形式不同,管片的受力性状具有显著差异。因此,需针对广州 18 号线通用管片提出一套合适的变形控制指标以保障盾构隧道长期的运营安全。

2.1.2 研究内容

广州 18 号线是全国首条满足地铁服务水平的全地下 160 km/h 市域快线,施工技术等级要求高。本章针对南沙地区软土特点以及第 1 章中对隧道长期沉降的研究,主要开展以下两点工作:

(1) 隧道纵向不均匀沉降与结构内力关系及沉降限值。

结合广州南沙段地铁盾构隧道管片设计资料及结构特点,参照相关规范,选取曲率半径作为隧道变形控制限值确立指标之一。通过理论分析研究隧道纵向变形曲率半径对管片内力、接缝变形量的影响,并对影响规律进行总结分析。结合相关规范,选取螺栓屈服强度、接缝防水能力等作为控制指标,研究确定隧道纵向变形控制值,并进一步提出南沙段软基盾构隧道不均匀沉降变形控制分级指标。

(2) 隧道横断面变形与结构受力关系及控制限值。

根据南沙段软基隧道结构形式的特点,选取三环管片,利用有限元软件 ABAQUS 建立三维实体模型,分析加卸载不同条件下隧道结构的受力状态。研究隧道竖向荷载和收敛变形、接缝张开量、最大螺栓应力以及混凝土结构损伤之间的关系。并以相关规范中管片接头允许张开量、螺栓屈服强度的安全限值作为控制标准,确定隧道横向变形的控制限值和分级标准。

2.2 隧道纵向不均匀沉降与结构内力关系及沉降限值

目前,在隧道纵向结构变形与内力关系的研究中,根据隧道环向接缝与纵向螺栓简化方法的不同,日本学者提出了两种隧道纵向结构计算理论。一种是以村上博智及小泉淳为代表的梁-弹簧模型;另一种则是以志波由纪夫及川岛一彦为代表的等效刚度连续模型,该模型假设隧道在横向为一匀质圆环,在纵向以刚度等效的方法把由接头连接的隧道等效为具有与隧道等效刚度的均匀连续梁。隧道等效刚度连续模型概念明确,计算相对简单,能直接计算出管片、螺栓及接缝的应力及变形,但模型将整环管片与环缝作为一体进行等效,计算中将环缝影响范围取值为一环管片的宽度,其结果夸大了接缝对隧道纵向的影响,忽略了接缝影响范围以外管片体的作用。因此,等效刚度连续模型仍需改进。

本节以等效刚度模型为基础,采用环缝影响系数考虑环缝作用范围的影响,对等效刚度模型进行修正。该方法是从分析衬砌环向接缝和螺栓的受力变形出发得到等效模型,因此可直接计算得到管片和螺栓的应力。以曲率半径为纵向变形特征值对盾构隧道发生纵向不均匀沉降时的环缝张开量、螺栓受力等进行分析,结合接缝防水能力、螺栓强度的控制要求,研究盾构隧道纵向变形控制值。

2.2.1 盾构隧道纵向结构分析模型的建立

2.2.1.1 模型概述

针对盾构隧道在拉压弯作用下的变形特征,隧道等效刚度改进模型并非对管片和环缝接头逐一分析,而是考虑环缝影响作用的范围,将盾构隧道纵向变形看作由环缝接头作用范围内的管片弯曲变形和环缝接头作用区域外的管片弯曲变形两部分组成。假设两管环中心线内的长度为一个计算单元 l_s,引入环缝影响系数 λ,λl_b 则表示环缝影响范围(l_b 为纵向螺栓长度),$l_s - \lambda l_b$ 表示环缝影响范围外管片作用范围。

假设环向接头螺栓为受拉和受压性能不同的弹簧,受拉时为双线性材料,受压时为完全刚性材料,螺栓受力与变形的关系如图 2-3 所示。k_{j1},k_{j2} 分别表示单个纵向螺栓的弹性刚度和塑性刚度;N_y,δ_y 分别为螺栓处于弹性极限时的拉力和拉伸量。

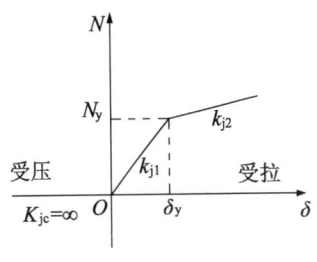

图 2-3 螺栓 N-δ 图

2.2.1.2 基本假定

模型有以下 5 个基本假定:

(1) 截面符合平截面和小变形假定。

(2) 中性轴位置以及管片环截面的应力分布沿隧道轴向不变。

(3) 隧道横向为连续均质的衬砌环,管片在衬砌及环缝上的剪应力及其变形忽略不计,螺栓在环向连续分布,螺栓平均线刚度为 K_{rl}。

$$k_{j1} = \frac{E_b A_b}{l_b}, \quad K_{j1} = n k_{j1}, \quad K_{rl} = \frac{K_{j1}}{2\pi r} \tag{2-1}$$

式中,K_{j1} 为全部纵向螺栓弹性刚度系数;k_{j1} 为单个纵向螺栓弹性刚度系数;n 为环内纵向螺栓数;E_b 为螺栓弹性模量;A_b 为螺栓横截面面积。

(4) 为简化计算,假定螺栓位置形成的圆环半径与环半径近似相等。

(5) 隧道在 λl_b 范围内受压侧的压力由管片单独承担,受拉侧的拉力由螺栓单独承担;$l_s - \lambda l_b$ 在范围内的拉力、压力均由管片单独承担。

2.2.1.3 等效抗压刚度计算

假设当单元所受拉力小于螺栓的总预应力 N_0 时,只有单元的管片段受力变形;当单元所受拉力大于螺栓的总预应力 N_0 时,螺栓和管片共同受拉;当单元受压时,只有管片受力变形,不考虑螺栓的作用,如图 2-4 所示。

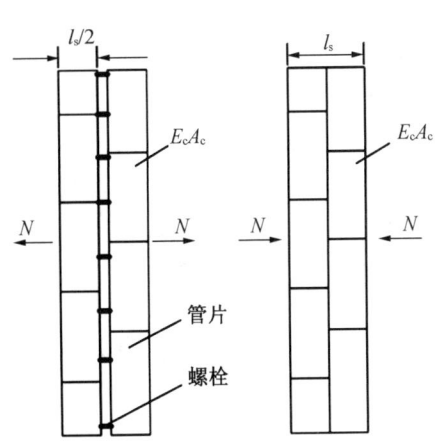

图 2-4 单元管片拉压变形示意

根据变形协调和力的平衡条件可得隧道单元的等效轴向抗拉刚度为

$$\left.\begin{aligned}EA_{eq}^T &= E_c A_c, & N \leqslant N_z \\ EA_{eq}^{T_1} &= \frac{E_c A_c}{1+\dfrac{E_c A_c}{l_s K_{j1} l_b/(\lambda l_b)}}, & N_z < N \leqslant N_j \\ EA_{eq}^{T_2} &= \frac{E_c A_c}{1+\dfrac{E_c A_c}{l_s K_{j2} l_b/(\lambda l_b)}}, & N > N_j \end{aligned}\right\} \quad (2-2)$$

式中，EA_{eq}^T 为等效轴向压缩刚度；$EA_{eq}^{T_1}$ 为等效轴向拉伸弹性刚度；$EA_{eq}^{T_2}$ 为等效轴向拉伸塑性刚度；N_z 为螺栓总预应力；N_j 为隧道弹性极限拉力；E_c 为管片环截面模量；A_c 为管片环截面面积。

2.2.1.4 等效弯曲刚度计算

1. 弹性弯曲刚度及环缝张开量

管片单元受到弯矩 M 作用时，单元转角 θ 由环缝引起的转角 θ_h 和混凝土管片引起的转角 θ_s 两部分组成。假设管段受拉侧最外缘的螺栓所受拉力小于螺栓的弹性极限拉力 P_y，则此时单元处于完全弹性状态，环缝影响范围内、外的应力-应变形式如图 2-5 所示。图中，x，φ 分别为中性轴的位置和角度，其中 $x = r\sin\varphi$。

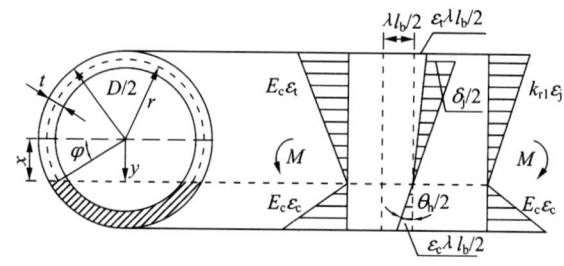

(a) 环缝影响范围内

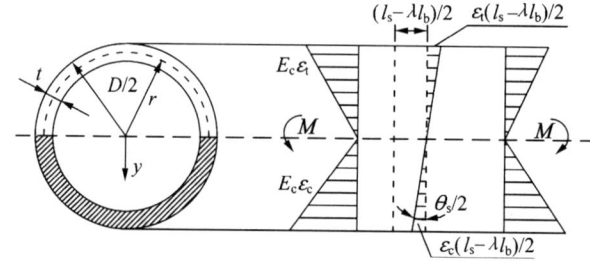

(b) 环缝影响范围外

图 2-5 螺栓处于弹性状态下的应力-应变图

根据管片单元的变形协调条件、力平衡条件及弯矩平衡条件可得

$$\frac{\varepsilon_t(r+x)}{D/2+x} \cdot \frac{\lambda l_b}{2} + \frac{\delta}{2} = (r+x)\frac{\theta_h}{2} \tag{2-3a}$$

$$\varepsilon_c \frac{\lambda l_b}{2} = \left(\frac{D}{2}-x\right)\frac{\theta_h}{2} \tag{2-3b}$$

$$\frac{2E_c\varepsilon_c}{D/2-x}\int_0^{\frac{\pi}{2}-\varphi}(r\cos\alpha-x)rt\,d\alpha = \frac{2E_c\varepsilon_c}{D/2+x}\int_0^{\frac{\pi}{2}+\varphi}(r\cos\alpha+x)rt\,d\alpha \tag{2-4a}$$

$$\frac{2E_c\varepsilon_c}{D/2-x}\int_0^{\frac{\pi}{2}-\varphi}(r\cos\alpha-x)rt\,d\alpha = \frac{2K_{rl}\delta_j}{r+x}\frac{1}{\lambda}\int_0^{\frac{\pi}{2}+\varphi}(r\cos\alpha+x)r\,d\alpha \tag{2-4b}$$

$$\frac{2E_c\varepsilon_c}{D/2-x}\int_0^{\frac{\pi}{2}-\varphi}(r\cos\alpha-x)^2 rt\,d\alpha + \frac{2E_c\varepsilon_c}{D/2+x}\int_0^{\frac{\pi}{2}+\varphi}(r\cos\alpha+x)^2 rt\,d\alpha = M \tag{2-5}$$

式中，r,D,t 分别为盾构隧道的平均半径、外径、管片厚度；x,φ 为中性轴的位置参数；K_{rl} 为接头螺栓的平均线刚度。

联立式(2-2)和式(2-3)，解得中性轴位置满足下列方程：

$$\varphi + \cot\varphi = \pi\left(\frac{1}{2} + \frac{K_{rl}l_b}{E_c t}\right) \tag{2-6}$$

当管片厚度与盾构直径相比较小时，由式(2-2)—式(2-6)解得截面转角 θ_h 为

$$\theta_h = \frac{\lambda l_b}{E_c I_c} \cdot \frac{\cos\varphi + (\varphi+\pi/2)\sin\varphi}{\cos^3\varphi}M \tag{2-7}$$

令隧道环缝作用范围内弹性弯曲刚度等效系数为

$$K_h = \frac{\cos^3\varphi}{\cos\varphi + (\varphi+\pi/2)\sin\varphi} \tag{2-8}$$

因此，环缝引起的转角为

$$\theta_h = \frac{M\lambda l_b}{K_h E_c I_c} \tag{2-9}$$

盾构管片引起的转角为

$$\theta_s = \frac{M(l_s - \lambda l_b)}{E_c I_c} \tag{2-10}$$

等效梁转角为

$$\theta_{eq} = \frac{Ml_s}{EI_{eq}} = \theta_h + \theta_s = \frac{M\lambda l_b}{K_h E_c I_c} + \frac{M(l_s - \lambda l_b)}{E_c I_c} \tag{2-11}$$

则单元弯曲等效刚度为

$$EI_{eq} = E_c I_c \frac{K_h l_s}{K_h(l_s - \lambda l_b) + \lambda l_b} \tag{2-12}$$

纵向刚度有效率为

$$\eta = \frac{EI_{eq}}{E_c I_c} = \frac{K_h l_s}{K_h(l_s - \lambda l_b) + \lambda l_b} \tag{2-13}$$

当管片单元离中性轴距离最远的螺栓开始屈服时,等效梁的环缝作用范围 λl_b 段也开始进入屈服状态,此时等效梁弯矩就是管片单元所能承受的弹性极限弯矩。

离中性轴最远的螺栓发生的变形为

$$\delta_j = \frac{M \lambda_b}{E_c I_c} \cdot \frac{\cos \varphi + (\varphi + \pi/2)\sin \varphi}{\cos^3 \varphi}(r + x) \tag{2-14}$$

螺栓开始屈服时,满足

$$\delta_j = \frac{N_y}{k_{jl} l_b / (\lambda l_b)} \tag{2-15}$$

可得隧道弹性极限弯矩为

$$M_y = \frac{N_y E_c I_c \cos^3 \varphi}{r(1 + \sin \varphi) l_b k_{jl} \left[\cos \varphi + \left(\varphi + \frac{\pi}{2}\right)\sin \varphi\right]} \tag{2-16}$$

式中,I_c 为单元截面惯性矩;N_y 为单个螺栓弹性极限拉力。

假定管段轴向连续均匀,当管片单元发生弯曲变形时,单元等效弯矩与曲率之间的关系如下:

$$k = \frac{\theta_{eq}}{\lambda l_b} = \frac{M}{EI_{eq}} \tag{2-17}$$

在纯拉情况下,环缝变形为

$$\delta_{j1} = \frac{N l_s}{E A_{eq}^{T_1}} \tag{2-18}$$

在纯弯情况下,环缝变形为

$$\delta_{j2} = \frac{M \lambda_b}{E_c I_c} \cdot \frac{\cos \varphi + (\varphi + \pi/2)\sin \varphi}{\cos^3 \varphi} \cdot \frac{D}{2}(1 + \sin \varphi) \tag{2-19}$$

因此,弹性范围内在纵向轴力和弯矩共同作用下的环缝张开量为

$$\delta = \delta_{j1} + \delta_{j2} = \frac{N l_s}{E A_{eq}^{T_1}} + \frac{M \lambda_b}{E_c I_c} \cdot \frac{\cos \varphi + (\varphi + \pi/2)\sin \varphi}{\cos^3 \varphi} \cdot \frac{D}{2}(1 + \sin \varphi) \tag{2-20}$$

2. 塑性弯曲刚度及环缝张开量

当隧道单元两侧的弯矩大于弹性极限弯矩 M_y 时,距离中性轴最远的接头螺栓进入塑性状态,随着弯矩的增大,其他螺栓将依次表现出塑性性状,图 2-6 所示为部分接头螺栓进入塑性状态时的应力-应变关系,z,ϕ 表示单元中接头螺栓变形达到螺栓弹性极限变形的位置,$z = r\sin\phi$。

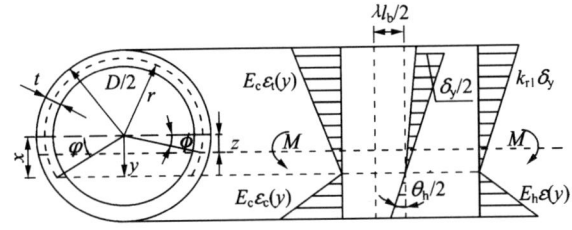

图 2-6 部分螺栓处于塑性状态下的应力-应变图

根据变形协调条件和力平衡方程得

$$(1-R_1)(\cos\varphi + \varphi\sin\varphi) - \frac{\pi}{2}(1+R_1)\sin\varphi + (R_1 - R_2)\left[\cos\phi + \left(\frac{\pi}{2} + \phi\right)\sin\phi\right] = 0 \tag{2-21}$$

其中,$R_1 = \dfrac{1}{1 + E_c A_c \lambda / l_s K_{j1}}$,$R_2 = \dfrac{1}{1 + E_c A_c \lambda / l_s K_{j2}}$。

环缝最大变形值为

$$\delta_{\max} = \left(1 + \frac{1-R_2}{1-R_1} \cdot \frac{1+\sin\phi}{\sin\varphi - \sin\phi}\right)\delta_y \tag{2-22}$$

环缝弹性极限变形为

$$\delta_y = \frac{Nl_s}{EA_{eq}^{T_1}} + \frac{M\lambda l_b}{E_c I_c} \cdot \frac{\cos\varphi + (\varphi + \pi/2)\sin\varphi}{\cos^3\varphi} \cdot \frac{D}{2}(1 + \sin\varphi) \tag{2-23}$$

且有

$$\delta_{\max} = \left(\frac{N_y - N_0}{E_b} + \frac{N_u - N_y}{E_b \alpha}\right)\lambda l_b \tag{2-24}$$

式中,N_0 为螺栓的预拉力;N_y 为螺栓屈服应力;N_u 为螺栓极限应力;α 为弹塑性刚度比。

隧道纵向变形曲率为

$$k = \frac{\theta}{\lambda l_b} = \frac{\delta_y}{(1-R_1)r(\sin\varphi - \sin\phi)\lambda l_b} \tag{2-25}$$

通过上述推导,可以建立隧道纵向变形曲率与接缝张开量、螺栓内力及隧道极限弯矩之间的关系。根据隧道临界状态的变形限值,建立隧道纵向变形曲率半径与环缝张开量和螺栓内力之间的关系,对隧道纵向变形性质进行评价。

2.2.2 隧道纵向变形计算结果及分析

通过查阅相关规范资料,确定盾构隧道纵向变形控制限值确立标准如下:

(1) 临界曲率半径:参照《上海市地铁沿线建筑施工保护地铁技术管理暂行规定》,隧道变形曲线的曲率半径 $R \geqslant 15\,000$ m。本节选取曲率半径 $15\,000$ m 作为隧道变形控制限值确立标准之一。

(2) 螺栓应力:螺栓屈服应力和破坏应力对应环缝变形的两个重要临界状态。当管片最外侧的螺栓达到屈服时,隧道极限弹性弯矩对应的隧道曲率半径为 ρ_0;当管片最外侧的螺栓达到极限状态时,管片变形的极限曲率半径为 $\rho_{\min}$。当隧道曲率半径 $\rho > \rho_0$ 时,所有螺栓处于弹性状态;当 $\rho_{\min} < \rho < \rho_0$ 时,管片最外侧的螺栓处于塑性状态,但未达极限应力状态;当 $\rho < \rho_{\min}$ 时,管片最外侧的螺栓达到极限应力状态,螺栓破坏。

(3) 环缝张开量:基于国内各主要盾构法隧道防水设计指标,选取环向接缝张开量 2 mm 与 6 mm 作为隧道变形控制限值。当接缝张开量达 2 mm 时,隧道存在渗漏风险;当接缝张开达 6 mm 或以上时,隧道存在较大的渗漏风险。

广州 18 号线结构计算参数见表 2-3。

表 2-3 广州 18 号线结构计算参数

外径/m	内径/m	环宽/m	混凝土弹性模量/GPa	螺栓圆心角/(°)	螺栓直径/mm
8.5	7.7	1.6	34.5	84.8	30

螺栓个数	螺栓弹性模量/kPa	螺栓屈服应力/kPa	螺栓极限应力/kPa	弹塑性刚度比	螺栓预应力/kPa
16	2.0×10^8	4.8×10^5	6.0×10^5	0.01	5.0×10^4

根据表 2-3 所列的广州 18 号线盾构管片计算参数及盾构隧道变形控制限值确立标准,得到计算结果见表 2-4。

(1) 当曲率半径为限值 $15\,000$ m 时,环缝张开量为 0.9 mm,螺栓处于弹性阶段,可认为结构安全可靠。

(2) 当曲率半径达 $7\,832$ m 时,环缝张开量虽仅为 1.6 mm,但螺栓屈服,结构安全受到一定影响,需对管片安全状态进行分析,并采取相应措施以防止进一步恶化。另外,结合本书第 1 章研究结果,在未采取地基加固措施时,断面 YDK1+425.00 处的曲率半径为 $7\,652$ m,此时螺栓已达屈服,实际采取地基加固措施后,该断面处的曲率半径为 $16\,032$ m,已满足限值要求。

(3) 当曲率半径为 $3\,048$ m 时,环缝张开量达 2 mm,管片可能会出现渗漏现象,须密切注意接缝防水状态,必要时进行防水治理。

（4）当曲率半径为 2 125 m 时，环缝张开量达限值 6 mm，且螺栓已处于塑性阶段，管片很可能会出现渗漏现象，结构安全存在不稳定性，需进行严密监控，并及时采取保护措施。

（5）当曲率半径达 334 m 时，螺栓处于塑性极限状态，环缝张开量达到 38.1 mm，结构承载能力部分丧失，处于极不安全状态。

表 2-4 计算结果

曲率半径/m	张开量/mm	临界状态
15 000	0.9	曲率半径为 15 000 m
7 832	1.6	螺栓达屈服应力
3 048	2.0	环缝张开量为 2 mm
2 125	6.0	环缝张开量为 6 mm
334	38.1	螺栓达极限应力

2.2.3 盾构隧道纵向不均匀沉降与车速的关系

盾构隧道轨道结构刚度较大，对下部基础的变形较为敏感，当盾构隧道发生纵向不均匀沉降时，会导致轨道结构产生跟随性变形。轨道结构不均匀沉降将恶化轮轨动力作用，导致轮轨系统的剧烈振动，降低行车平稳性，影响旅客乘车的舒适性，严重时可危及行车安全。为避免过大的纵向不均匀沉降影响列车舒适度，本节计算获得了不同车速下的曲率半径限值。

参考《市域铁路设计规范》(T/CRS C0101—2017)，列车的竖向加速度与曲率半径、行车速度有关，计算公式为

$$R = \frac{V^2}{a} \tag{2-26}$$

式中，R 为曲率半径(m)；V 为行车速度(km/h)；a 为列车竖向加速度(m/s^2)。

由于市域铁路的竖向加速度限值为 0.15～0.4 m/s^2，一般条件采用 0.25 m/s^2，困难条件下采用 0.4 m/s^2。由于隧道变形曲率半径限值为较为极端的情况，故参考困难条件下的竖向加速度限值 0.4 m/s^2，并在考虑一定的余量后取整作为标准。

由表 2-5 可知，当隧道变形曲率半径大于 5 000 m 时，列车无须减速，可以 160 km/h 的车速通过；当隧道变形曲率半径处于 4 000～5 000 m 时，列车速度不应大于 140 km/h；当隧道变形曲率半径处于 3 000～4 000 m 时，列车速度不应大于 120 km/h；当隧道变形曲率半径处于 2 000～3 000 m 时，列车速度不应大于 100 km/h；当隧道变形曲率半径处于 1 500～2 000 m 时，列车速度不应大于 80 km/h；当隧道变形曲率半径处于 1 000～1 500 m 时，列车速度不应大于 60 km/h；当隧道变形曲率半径处于 500～1 000 m 时，列车速度不应大于 40 km/h。

表 2-5 隧道变形曲率半径与行车速度的关系

行车速度/(km·h^{-1})		160	140	120	100	80	60	40
变形曲率半径/m	计算值	4 938	3 781	2 778	1 929	1 235	694	309
	取整值	5 000	4 000	3 000	2 000	1 500	1 000	500
取整后竖向加速度/(m·s^{-2})		0.40	0.38	0.37	0.38	0.33	0.28	0.25

2.2.4 纵向变形安全等级划分

结合 2.2.2 节与 2.2.3 节中的结构变形与列车舒适度计算结果，选取曲率半径作为隧道纵向变形控制指标，建立隧道纵向变形安全等级评定方法及列车运行建议，见表 2-6。

表 2-6 隧道纵向变形安全等级评定方法及列车运行建议

等级评定	曲率半径/m	结构状态	运行建议
Ⅰ	>7 900	结构状态好：环缝张开量≤1.6 mm，结构连接的密封件完整；环缝螺栓处于弹性变形阶段	列车无须限速
Ⅱ-1	5 000~7 900	结构状态良好：1.6 mm<环缝张开量≤2 mm，结构连接的密封件完整；环缝螺栓处于塑性变形阶段	列车无须限速；注意环缝螺栓受力状态
Ⅱ-2	4 000~5 000		列车速度不应大于 140 km/h；注意环缝螺栓受力状态
Ⅱ-3	3 100~4 000		列车速度不应大于 120 km/h；注意环缝螺栓受力状态
Ⅲ	2 200~3 100	结构状态退化：2 mm<环缝张开量≤6 mm，结构连接出现水珠、滴漏；环缝螺栓处于塑性变形阶段	列车速度不应大于 100 km/h；注意环缝螺栓受力状态及结构防水情况
Ⅳ	<2 200	结构状态劣化：环缝张开量>6 mm，隧道面临防水失效风险；环缝螺栓处于塑性变形阶段	列车速度不应大于 80 km/h，并及时制订封闭维修计划

2.3 隧道横断面变形与结构受力关系及控制限值

基于广州 18 号线盾构隧道管片结构设计特点，采用大型有限元软件 ABAQUS 建立包含三环管片、钢筋和连接螺栓的错缝拼装盾构隧道结构三维精细化有限元模型（图 2-7），该模型考虑了管片接头三维非线性接触关系，能够较为真实地反映盾构隧道结构变形特性。

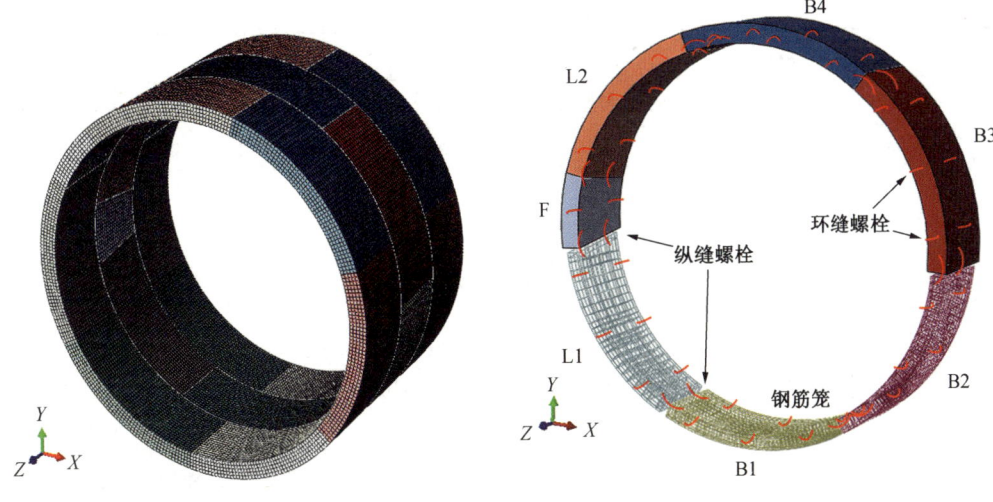

图 2-7 三维精细化有限元模型概览　　图 2-8 单环管片模型示意

2.3.1 模型建立

模型忽略防水密封垫及沟槽的影响,认为管片接头面为光滑平面,不考虑螺栓手孔对结构受力的影响,能够在保证计算结果准确性的前提下简化计算过程,提高计算效率。为真实反映管片混凝土的受力行为,管片采用 C3D8 三维实体单元进行模拟。接头螺栓主要承受拉力和剪力,采用可考虑剪切作用的 B31 梁单元进行模拟。钢筋采用 T3D2 桁架单元进行模拟。采用内置区域的方式将钢筋桁架单元与螺栓单元嵌入管片实体单元中。单环管片有限元模型如图 2-8 所示。

2.3.1.1 本构模型及材料参数

1. 混凝土塑性损伤本构

为更好地模拟盾构隧道管片的开裂和损伤,更加真实地反映管片结构力学特性,采用混凝土塑性损伤本构描述混凝土非线性应力-应变关系,塑性损伤本构相关参数见表 2-7。广州地铁盾构隧道管片混凝土强度等级为 C50,有限元模型中混凝土其他参数设置如下:弹性模量 $E=34.5\text{ GPa}$,泊松比 $\mu=0.2$,剪胀角 $\psi=38°$,流动势偏移量 $\kappa=0.1$,双轴与单轴抗压强度比 $f_{b0}/f_{c0}=1.16$,不变量应力比 $K_c=0.6667$,黏滞系数 $\nu=0.00001$。

表 2-7　C50 混凝土单轴受压、受拉应力-应变关系及损伤因子

单轴受压			单轴受拉		
应力 σ_c/Pa	非弹性应变 $\tilde{\varepsilon}_c^{in}$	损伤因子 d_c	应力 σ_t/Pa	开裂应变 $\tilde{\varepsilon}_t^{ck}$	损伤因子 d_t
26 620 217	0	0	3 268 020	0	0
38 066 433	0.000 660 275	0.211 338	3 109 367	0.000 029 387	0.133 267
34 625 299	0.001 104 221	0.312 774	2 745 121	0.000 069 313	0.271 586
28 376 167	0.001 628 189	0.423 653	2 287 534	0.000 111 903	0.392 993

(续表)

单轴受压			单轴受拉		
应力 σ_c/Pa	非弹性应变 $\tilde{\varepsilon}_c^{in}$	损伤因子 d_c	应力 σ_t/Pa	开裂应变 $\tilde{\varepsilon}_t^{ck}$	损伤因子 d_t
22 753 855	0.002 134 148	0.516 989	1 927 084	0.000 151 719	0.484 189
18 442 766	0.002 602 565	0.589 848	1 657 959	0.000 188 927	0.552 458
15 246 282	0.003 039 052	0.646 097	1 298 162	0.000 258 249	0.645 788
12 861 371	0.003 452 257	0.689 987	921 384	0.000 387 097	0.747 787
9 641 356	0.004 234 078	0.752 972	609 247	0.000 632 153	0.836 385
6 270 598	0.005 708 696	0.825 654	388 633	0.001 110 578	0.900 559
3 604 483	0.008 535 932	0.890 875	244 346	0.002 058 286	0.941 891
1 803 351	0.014 837 140	0.941 205	152 767	0.003 945 412	0.966 776
			95 320	0.007 705 455	0.981 214
			59 528	0.015 181 170	0.989 422
			37 369	0.029 965 64	0.994 034
			17 378	0.095 309 68	0.997 719

2. 螺栓、钢筋三折线弹塑性本构

根据《混凝土结构设计规范》(GB 50010—2010)附录C.1,假定螺栓、钢筋单调加载应力-应变本构关系曲线一致,如图2-9所示,采用三折线来表征材料弹塑性特征,以模拟螺栓、钢筋在加载中出现的屈服、硬化及软化现象。各阶段应力-应变关系表达式如下:

$$\sigma_s = \begin{cases} E_s \varepsilon_s, & \varepsilon_s \leqslant \varepsilon_y, \\ f_y, & \varepsilon_y < \varepsilon_s \leqslant \varepsilon_{uy}, \\ f_y + k(\varepsilon_s - \varepsilon_{uy}), & \varepsilon_{uy} < \varepsilon_s \leqslant \varepsilon_u, \\ 0, & \varepsilon_s > \varepsilon_u \end{cases} \quad (2-27)$$

式中,E_s 为弹性模量;σ_s 为应力;ε_s 为应变;f_y 为屈服强度代表值;ε_y 为与 f_y 对应的屈服应变;ε_{uy} 为材料硬化阶段起点;ε_u 为与 f_{st} 相对应的峰值应变;k 为材料硬化段斜率。

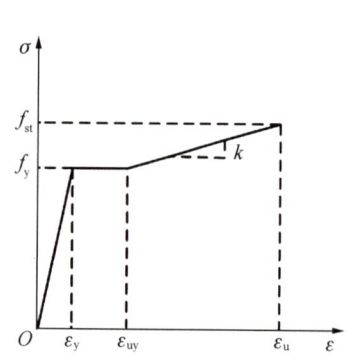

(a) 螺栓、钢筋单调加载应力-应变曲线

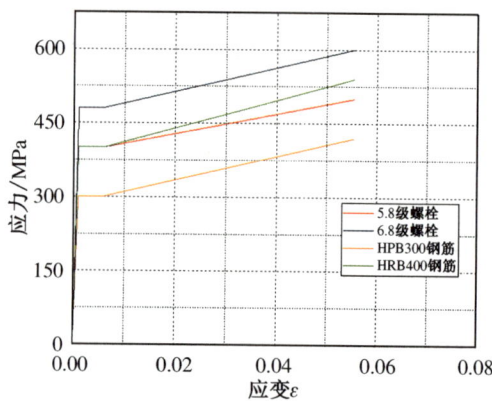

(b) 5.8级及6.8级螺栓、HPB300及HRB400钢筋应力-应变曲线

图 2-9 螺栓、钢筋应力-应变曲线

广州 18 号线盾构隧道管片环、纵缝连接螺栓均为机械性能等级不低于 6.8 级的钢螺栓,模型中采用 6.8 级螺栓,管片主筋采用 HRB400 钢筋,分布筋、箍筋采用 HPB300 钢筋,各材料物理力学参数见表 2-8。材料屈服硬化后弹性模量折减为初始值的 0.01 倍。

表 2-8　钢筋、螺栓材料物理力学参数

材料	弹性模量 E/GPa	泊松比 μ	屈服强度 f_y/MPa	抗拉强度 f_{st}/MPa
6.8 级螺栓	200	0.3	480	600
HPB300 钢筋	210	0.3	300	420
HRB400 钢筋	200	0.3	400	540

2.3.1.2　接触关系

由于有限元模型中管片、钢筋、接头螺栓等分别建模,需要建立管片-管片、管片-钢筋、管片-接头螺栓等接触面相互作用关系,以实现应力和位移的连续,使得模型作为一个力学整体进行受力承载。其中,法向接触行为采用"硬接触",当两个接触面相互接触时,接触压力可以是任何值,当两个接触面相互分离时,接触压力为零;切向接触采用库仑摩擦模型,对于三维接触问题,当每个接触面间的等效剪应力超过临界剪应力 τ_{crit} 时,接触面间发生相对滑移。

2.3.1.3　边界条件

隧道上部荷载和水平荷载比值的改变是引起隧道收敛变形增大的主要原因。为模拟加固区盾构隧道的真实受荷变形,以 YDK1+667.794 断面为参考,隧道顶部埋深 12.5 m,平均土重度取 17 kN/m³,侧土压力系数取 0.75,土体抗力系数取 6 000 kPa/m[1]。

在 ABAQUS 中对三环管片模型逐步施加竖向和水平向的表面力至正常荷载水平,如图 2-10 所示。为研究加载及卸载引起的收敛变形与结构性能状态(混凝土应力、螺栓受力、纵缝张开)的发展规律,通过在管片模型处于正常荷载水平后继续逐级增大竖向荷载,模拟不同程度的超载情况;通过在管片模型处于正常荷载水平后逐级减小水平荷载,模拟不同程度的卸载情况,加卸载曲线如图 2-11 所示。

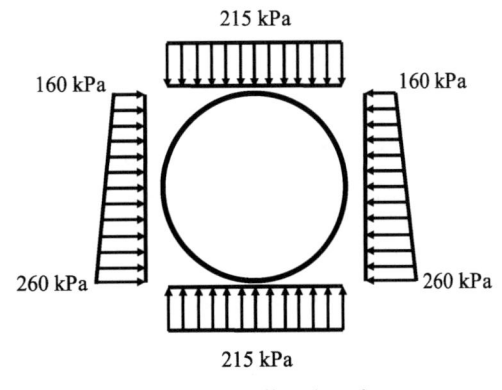

图 2-10　荷载分布示意

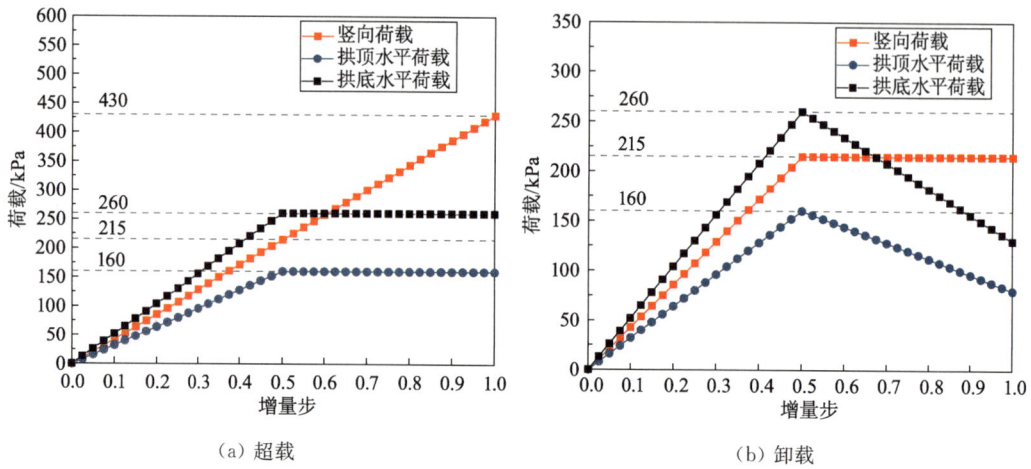

(a) 超载 (b) 卸载

图 2-11 数值模拟加卸载曲线

ABAQUS中每0.05增量步施加竖向荷载及水平荷载,直至0.5增量步,对应盾构隧道正常埋深处的荷载水平,此时竖向荷载大小为215 kPa,水平荷载分布为拱顶至拱底呈线性增大,上、下两端分别为160 kPa和260 kPa,采用弹簧模拟土体抗力。对于超载工况,加载至正常埋深荷载水平后保持水平方向荷载不变,继续以同一幅度施加竖向荷载至430 kPa;对于卸载工况,将计算段面加载至设计荷载水平后,保持竖向荷载不变,将水平荷载逐渐减小至设计荷载的1/2。管片模型荷载施加情况如图2-12所示。

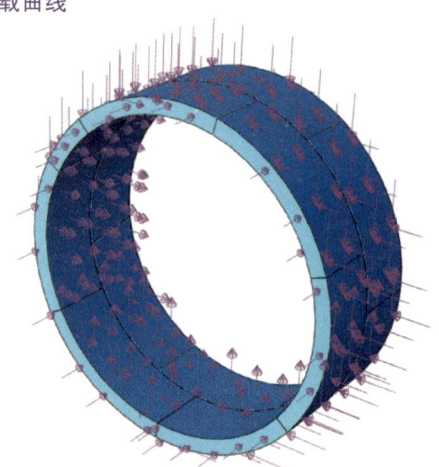

图 2-12 荷载条件设置示意

2.3.2 盾构隧道结构安全评估指标

隧道在运营期常常因受到上部堆载和卸载作用而发生"横鸭蛋"和"竖鸭蛋"变形,影响其结构变形受力性能,故以超载和卸载工况下的盾构隧道为研究对象,通过查阅相关规范资料,确定盾构隧道变形控制限值确立标准如下:

(1) 当纵向接头受拉侧张开量大于6 mm时,将无法保证接头的防水要求。因此,将纵缝张开量6 mm作为一类分类依据,计算不同横向收敛变形下的隧道纵缝张开量。

(2) 当螺栓的拉应力超过其屈服强度时,会导致接头张角显著增大,接头变形速率加快,从而引起接头破坏。因此,将螺栓是否屈服作为结构安全分级依据。

2.3.3 计算结果及分析

1. 隧道横向收敛变形-竖向荷载

为方便后续表示说明,这里定义隧道竖向加载及卸载时的拱腰收敛变形为正。加载及卸载工况下中环横向收敛变形与竖向荷载变化如图 2-13 所示。在对管片结构逐渐加载至正常埋深荷载水平的过程中，盾构隧道结构横向收敛变形随外部荷载近似呈线性增长，达到正常埋深荷载水平时的横向收敛变形约为 1.7 mm(0.4‰)。

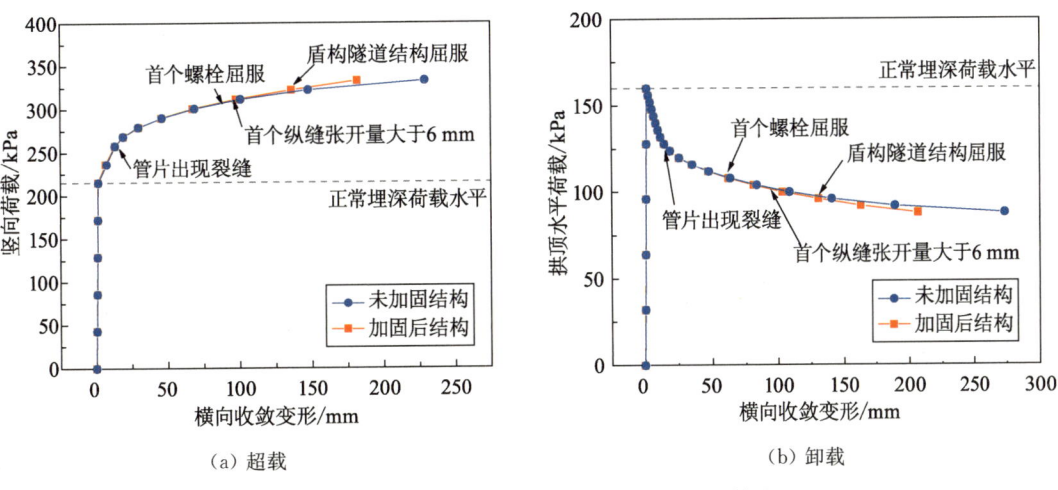

图 2-13 中环横向收敛变形-竖向荷载变化计算结果

对于超载工况，当竖向荷载超出设计荷载(215 kPa)后，隧道结构收敛变形发展进入非线性阶段；当竖向荷载达到 268.75 kPa 时，管片出现裂缝；当竖向荷载达到 322.5 kPa 时，对应横向收敛变形约为 138.3 mm(35.9‰)，荷载-收敛变形曲率平缓，盾构隧道结构出现屈服；计算结束时，竖向荷载为 333.25 kPa，横向收敛变形达到 190.4 mm(49.5‰)。

对于卸载工况，当拱顶水平荷载达到设计荷载(160 kPa)后，隧道结构收敛变形发展进入非线性阶段；当拱顶水平荷载卸载至 128 kPa 时，管片出现裂缝；当拱顶水平荷载卸载至 96 kPa 时，对应横向收敛变形约为 131.1 mm(34.1‰)，荷载-收敛变形曲率平缓，盾构隧道结构出现屈服；计算结束时，拱顶水平荷载卸载至 88 kPa，横向收敛变形达到 207.3 mm(53.8‰)。

对于超载工况，当横向收敛变形较小时，有无加固对横向收敛变形发展趋势影响较小；随着横向收敛变形的增大，有无加固对横向收敛变形发展趋势影响逐渐增大。当竖向荷载为 333.25 kPa 时，加固后结构的横向收敛变形为 190.4 mm(49.5‰)，较无加固结构的横向收敛变形 229.4 mm(59.6‰)减小 39 mm。出现上述现象的原因是加固提升了土体的抗力系数，当收敛变形较大时，土体可提供更大的抗力，使得隧道变形较小。

对于卸载工况，当横向收敛变形较小时，有无加固对横向收敛变形发展趋势影响较小；随着横向收敛变形的增大，有无加固对横向收敛变形发展趋势影响逐渐增大。当拱顶水平荷载卸载为 88 kPa 时，加固后结构的横向收敛变形为 207.3 mm(53.8‰)，较无加固结构的横向收敛变形 273.9 mm(71.1‰)减小 66.6 mm。相比于超载工况，卸载工况下加固对结构承载性能的提升效果更加显著。

综上所述,在相同荷载条件下,地基加固可减小隧道横向收敛变形。此外,由于当横向收敛变形较大时,土体可提供更大的抗力,有无加固对隧道变形影响更显著。

2. 隧道收敛变形-接缝最大张开量

由上述分析可知,管片结构加载至正常荷载水平时收敛变形较小,故仅绘制出进一步超载及卸载后的管片位移云图,如图 2-14 和图 2-15 所示。由位移云图(位移放大 5 倍)可知,当管片处于正常荷载水平时,拱腰和拱顶处管片位移较大。由于 B2 与 B3 标准块之间的纵缝位于右侧拱腰处,因此两种工况下的右侧拱腰处接缝张开量均较大。

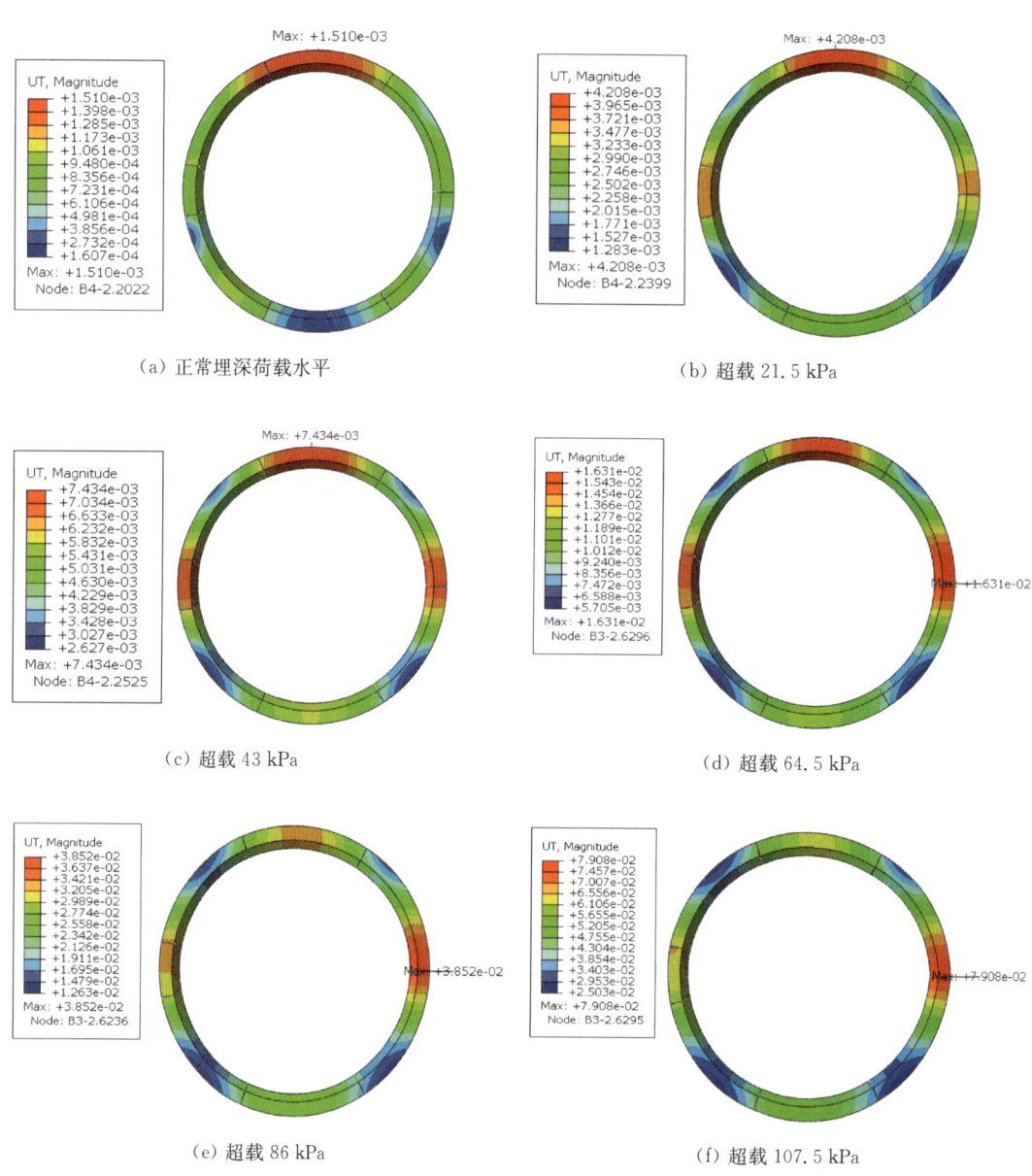

(a) 正常埋深荷载水平 (b) 超载 21.5 kPa

(c) 超载 43 kPa (d) 超载 64.5 kPa

(e) 超载 86 kPa (f) 超载 107.5 kPa

(g) 超载 118.25 kPa(计算结束)

图 2-14　超载工况下不同超载量的管片变形情况(放大 5 倍)

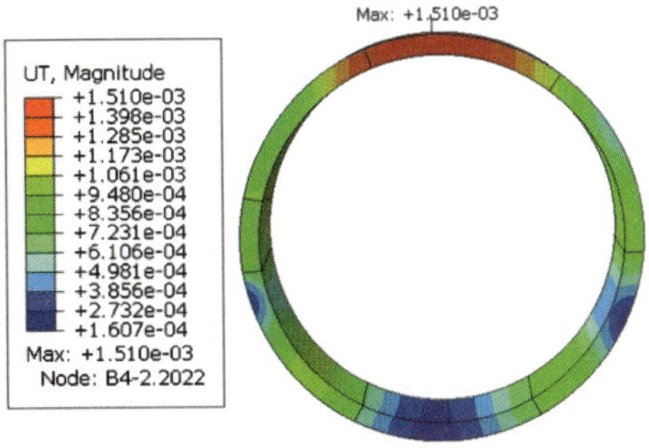

(a) 正常埋深荷载水平

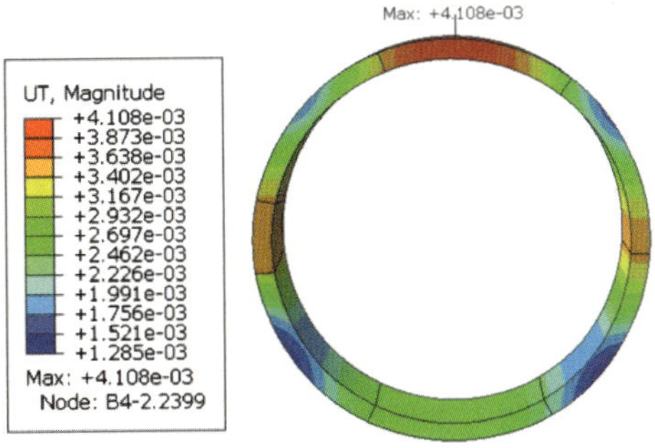

(b) 卸载 16 kPa

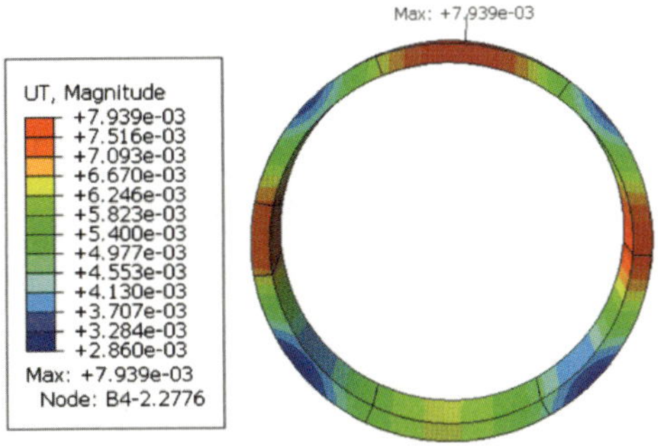

(c) 卸载 32 kPa

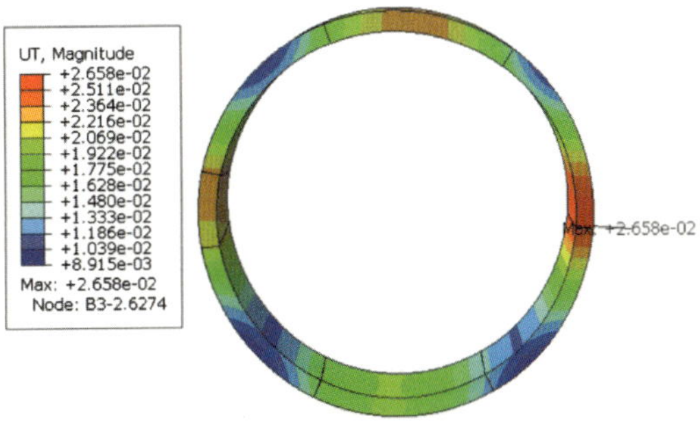

(d) 卸载 48 kPa

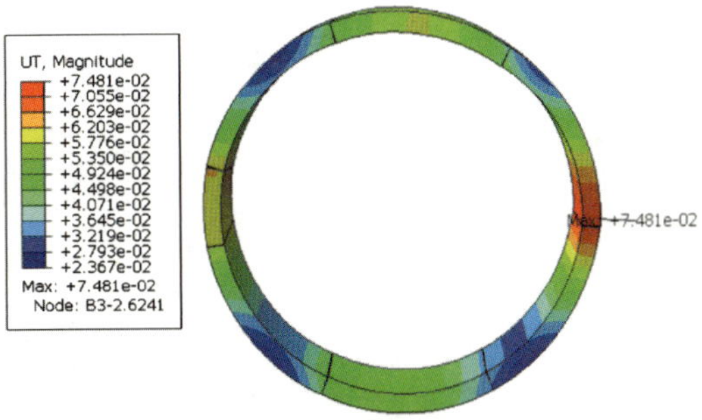

(e) 卸载 64 kPa

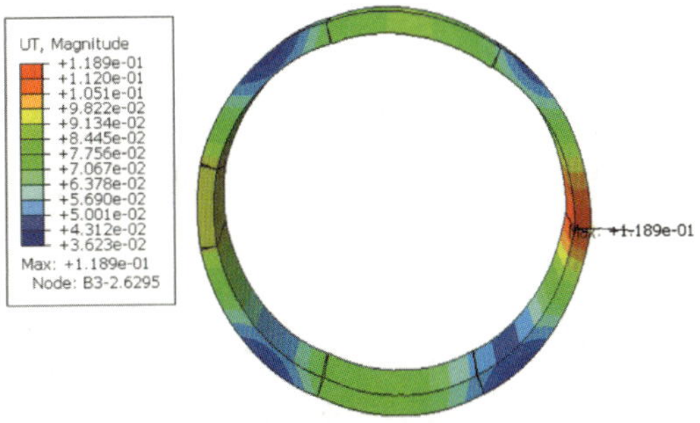

(f) 卸载 72 kPa(计算结束)

图 2-15　卸载工况下不同卸载量的管片变形情况(放大 5 倍)

整理计算结果如图 2-16 所示，选取接缝张开量最大的右侧拱腰接缝（即 D 缝）展开分析，可见两种工况下的接缝张开量与椭圆度呈现出较好的线性相关关系。对于超载工况：当 D 缝张开量达 6 mm 时，其横向收敛变形为 98 mm（25.5‰）；当 D 缝张开量达 12 mm 时，横向收敛变形约为 166 mm（43.1‰）。对于卸载工况：当 D 缝张开量达 6 mm 时，其横向收敛变形为 92.3 mm（24.0‰）；当 D 缝张开量达 12 mm 时，其横向收敛变形约为 155.8 mm（40.5‰）。

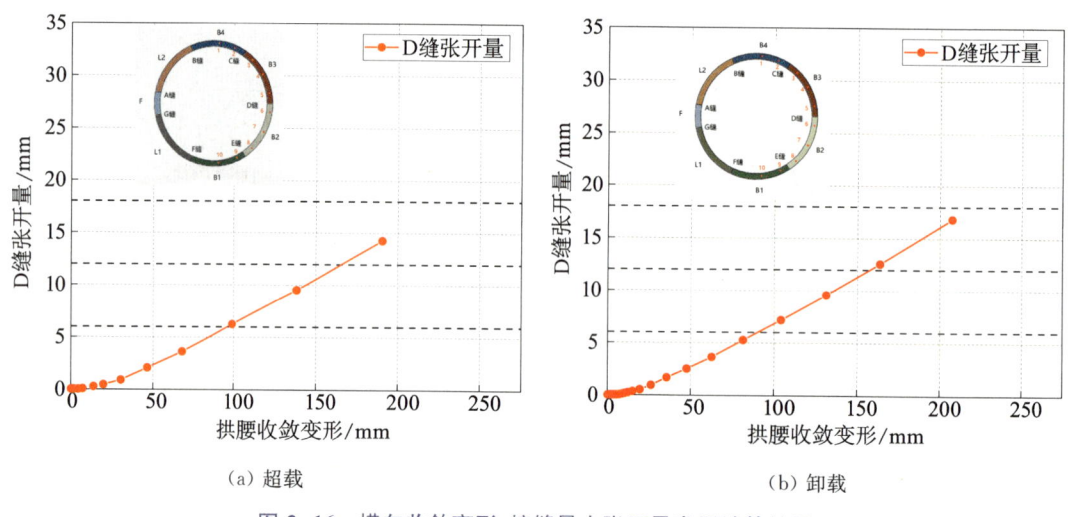

图 2-16 横向收敛变形-接缝最大张开量发展计算结果

3. 隧道收敛变形-纵缝螺栓应力

整理计算结果如图 2-17 所示，选取 7 个纵缝螺栓应力进行分析。当管片结构逐渐加载至正常荷载水平时，位于左侧拱腰的封顶块 F 与连接块 L1 间纵缝（G 缝）的螺栓应力较大。对于超载工况，竖向荷载逐渐增加后出现结构内力的重分布，G 缝螺栓应力相对减

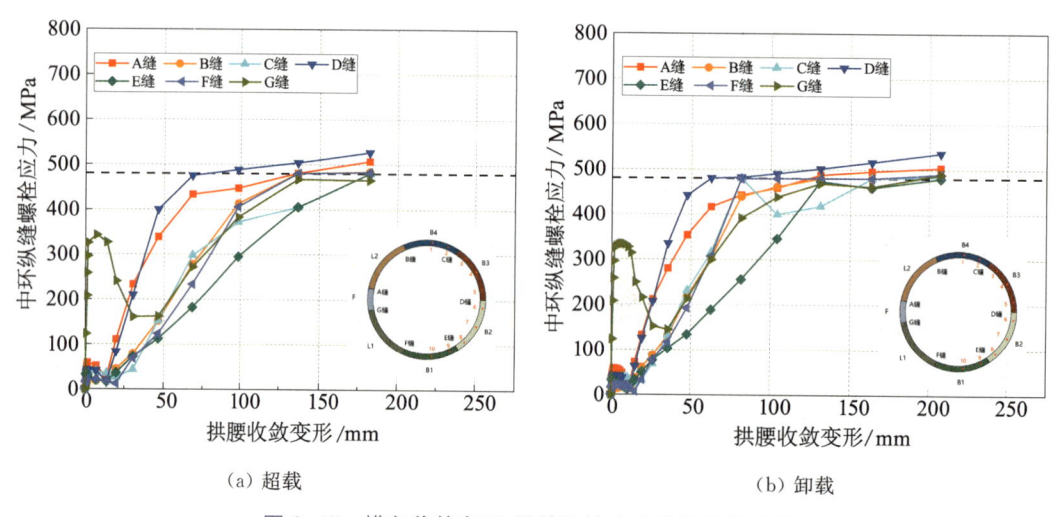

图 2-17 横向收敛变形-纵缝螺栓应力发展计算结果

小,A,D缝螺栓应力急剧增大;当首个纵缝螺栓(D缝)应力达到屈服强度480 MPa时,横向收敛变形约为84 mm(21.8‰);当横向收敛变形为136.6 mm(35.5‰)时,超过半数纵缝(A,B,D,F缝)螺栓屈服。随着拱腰收敛变形逐渐增大,多数螺栓进入塑性硬化阶段,应力不断增长。对于卸载工况,螺栓应力呈现出先减小后增大的趋势;当首个纵缝螺栓(D缝)应力达到屈服强度480 MPa时,横向收敛变形为62.6 mm(16.3‰);当横向收敛变形为131.1 mm(34.1‰)时,超过半数纵缝(A,B,D,F缝)螺栓屈服。随着拱腰收敛变形逐渐增大,多数螺栓进入塑性硬化阶段,应力不断增长。两种工况下纵缝螺栓最大值均发生在隧道拱腰位置。

4. 隧道收敛变形-环缝螺栓应力

整理计算结果如图2-18所示,选取中环与上环(Z轴前进方向)间10个环缝螺栓的应力发展进行分析。对于超载工况,当横向收敛变形为98.5 mm(25.6‰)时,4号、6号环缝螺栓应力达到屈服强度480 MPa;当横向收敛变形为182.4 mm(47.4‰)时,1,2,4,5,6,8号螺栓应力达到屈服强度480 MPa。对于卸载工况,当横向收敛变形为104.0 mm(27.0‰)时,6号、9号环缝螺栓应力达到屈服强度480 MPa;当横向收敛变形为207.3 mm(53.8‰)时,1,2,4,6,8,9号环缝螺栓应力达到屈服强度480 MPa。比较两种工况可知,环缝螺栓应力最大值多发生在右侧拱腰处。

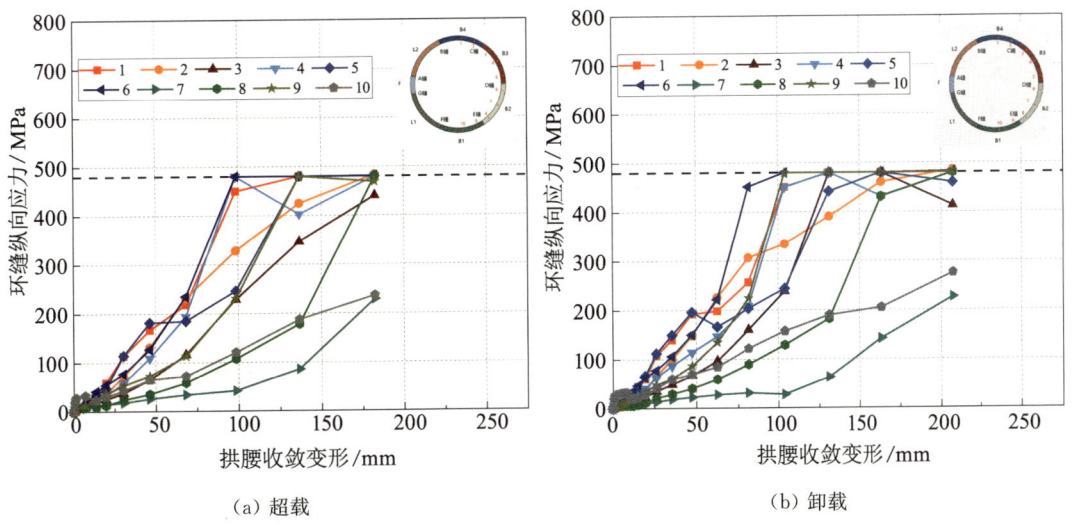

(a) 超载　　　　　　　　　　　　(b) 卸载

图2-18 横向收敛变形-环缝螺栓应力发展计算结果

5. 隧道结构损伤开裂过程

图2-19和图2-20为不同工况下隧道结构由正常埋深荷载水平加卸载至极限破坏状态这一过程中的受拉损伤云图。当混凝土拉应变达到其2倍峰值拉应变时,混凝土会产生可见裂缝。由混凝土塑性损伤本构关系计算可知,混凝土2倍峰值拉应变对应的受拉损伤因子为0.55,因此图中仅显示受拉损伤因子超过0.55的混凝土区域。

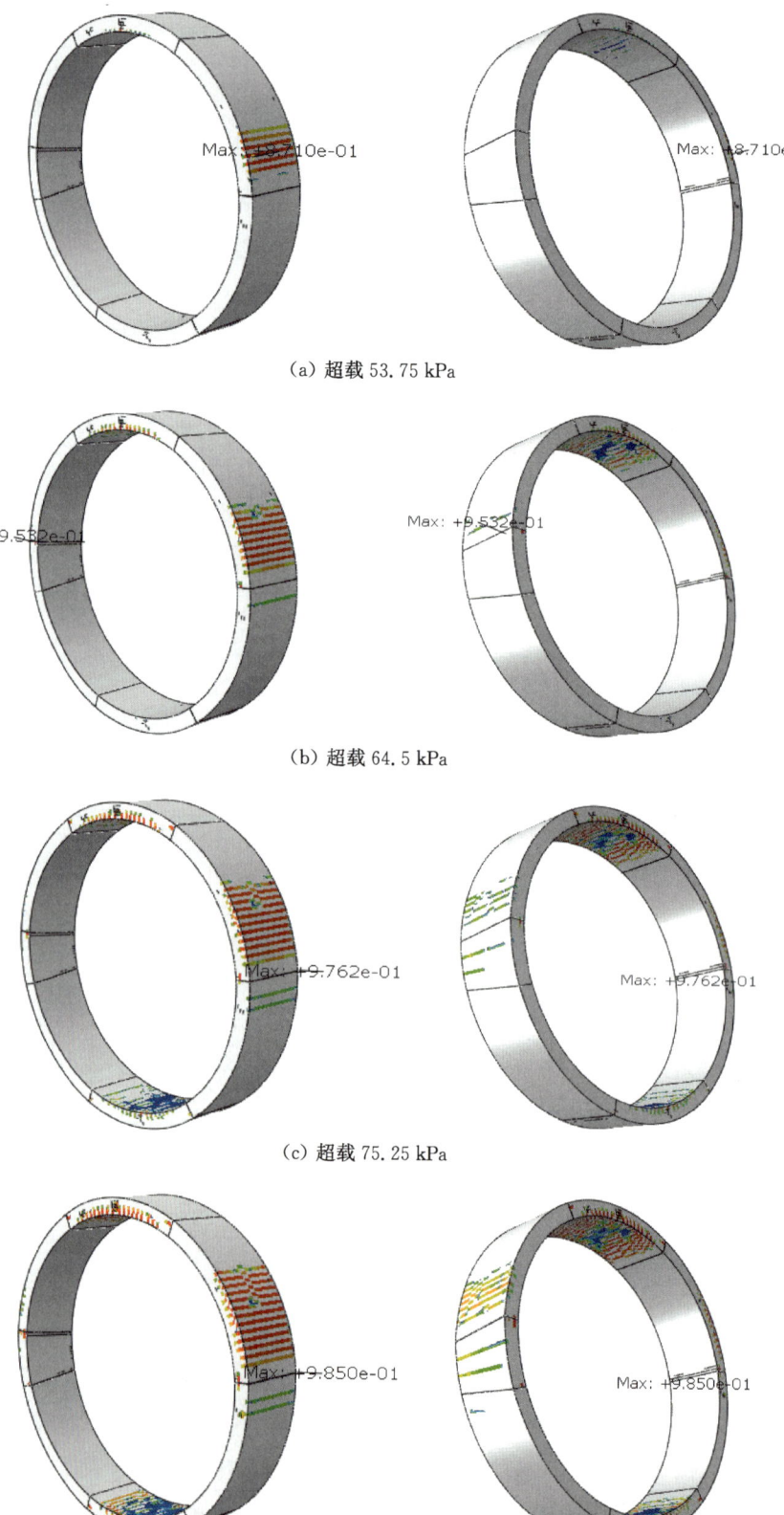

(a) 超载 53.75 kPa

(b) 超载 64.5 kPa

(c) 超载 75.25 kPa

(d) 超载 86 kPa

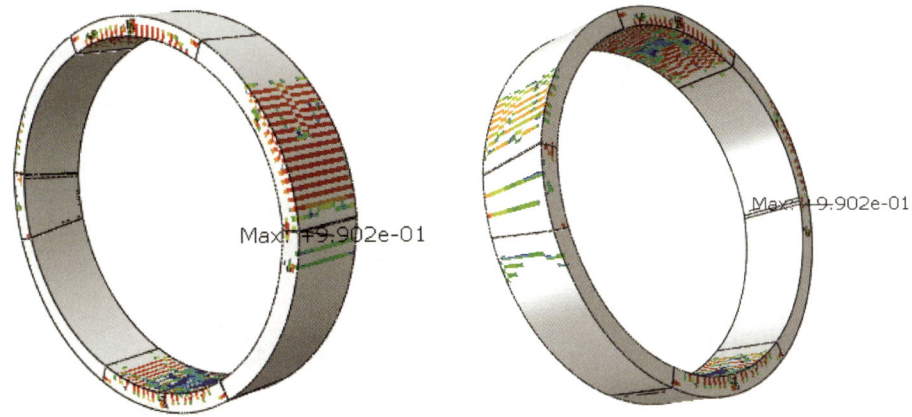

(e) 超载 96.75 kPa

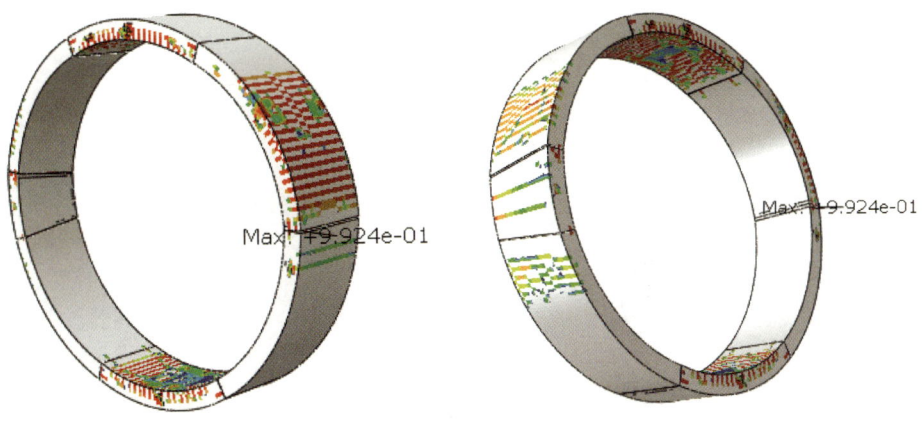

(f) 超载 107.5 kPa

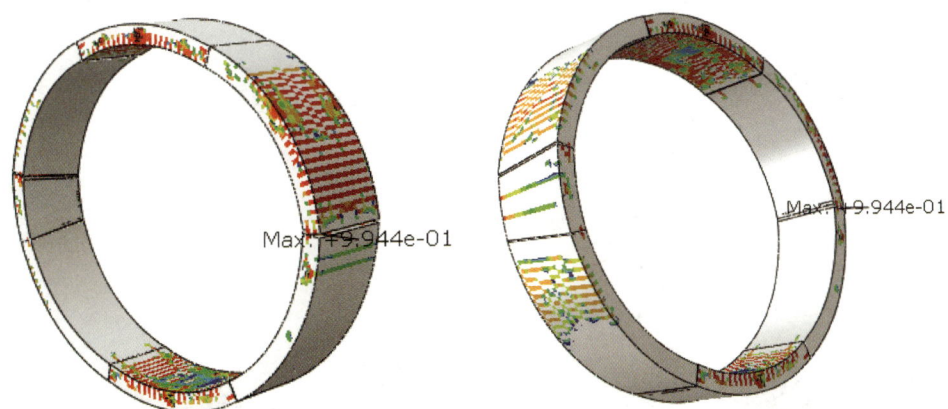

(g) 超载 118.25 kPa(计算结束)

图 2-19 超载工况下隧道结构损伤云图

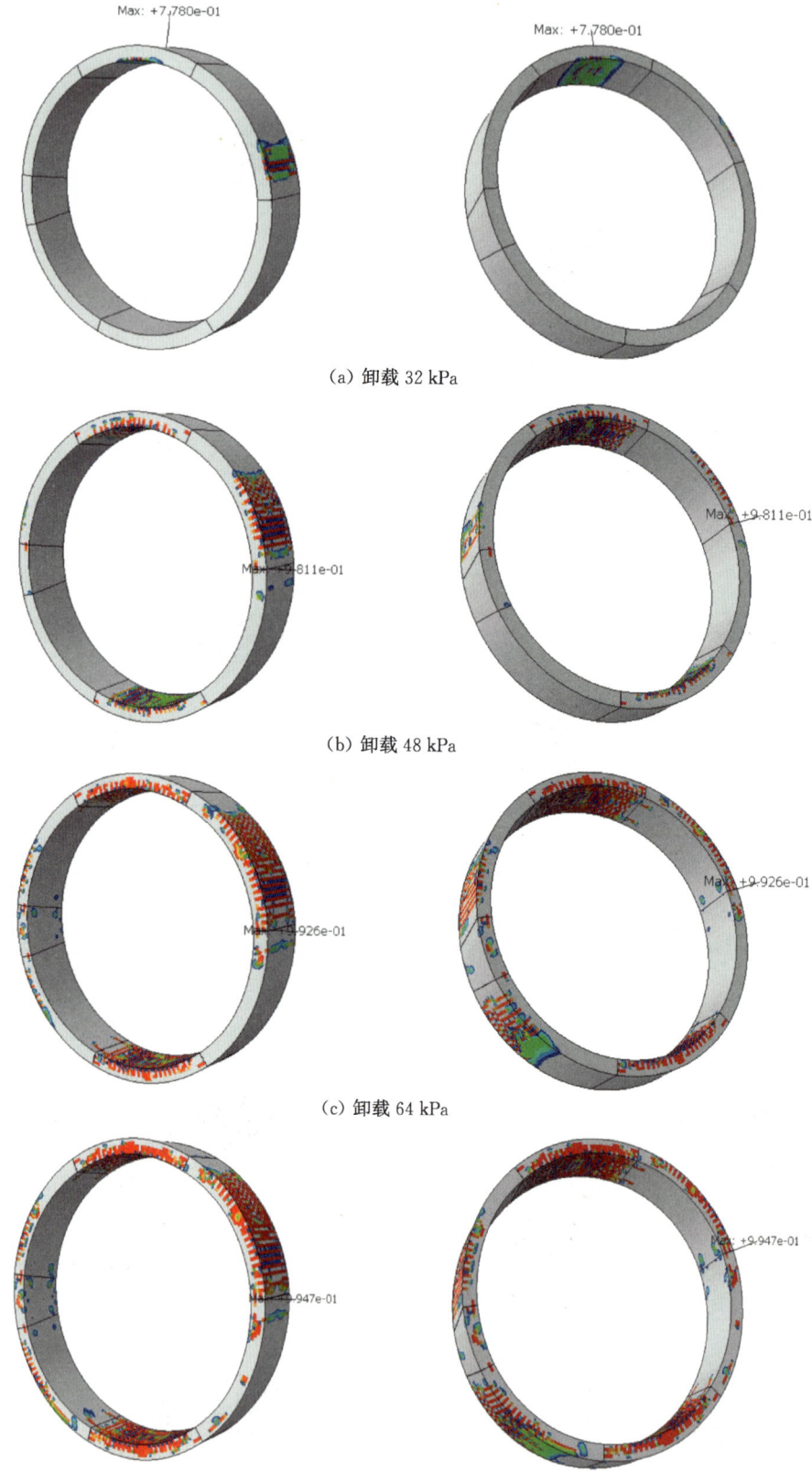

(a) 卸载 32 kPa

(b) 卸载 48 kPa

(c) 卸载 64 kPa

(d) 卸载 72 kPa(计算结束)

图 2-20 卸载工况下隧道结构损伤云图

由图可知,隧道结构裂缝均主要分布在拱顶、拱底以及拱腰附近,封顶块所在区域受拉损伤发展不明显。当超载/卸载量达到53.75/32 kPa时,管片开始出现裂缝,对应的横向收敛变形分别为19.7 mm(5.1‰)(超载)、14.9 mm(3.9‰)(卸载);当超载/卸载量达到64.5/48 kPa时,管片拱顶处受拉损伤区域沿纵向贯通,对应的横向收敛变形分别为30.4 mm(7.9‰)(超载)、47.6 mm(12.4‰)(卸载);随着超载/卸载量进一步增大,混凝土损伤区域沿环向扩大、损伤程度加深。可见两种工况下管片结构受拉损伤发展规律一致,但卸载工况下损伤开裂情况更严重,结构发生受拉破坏时对应的卸载量和横向收敛变形更小。

隧道结构受拉损伤发展过程中,受拉损伤因子最大值主要位于纵缝接头。对于超载工况,当超载量为64.5 kPa时,受拉损伤因子最大值位于A缝,当超载量由75.25 kPa增至118.25 kPa(计算结束)时,受拉损伤因子最大值位于D缝接头,D缝螺栓应力由399.8 MPa增至527.0 MPa[图2-21(a)]。对于卸载工况,当卸载量为48 kPa时,受拉损伤因子最大值位于D缝接头,对应D缝螺栓应力442.3 MPa为纵缝螺栓最大应力值;当卸载量由48 kPa增至64 kPa时,受拉损伤因子最大值位于D缝接头,D缝螺栓应力由442.3 MPa增至501.6 MPa[图2-21(b)]。通过对比可知,随着加载/卸载量不断增大,螺栓应力和受拉损伤发展速率呈一定正相关性。当结构处于极限破坏状态时,由图可知,D缝处已出现损伤区域连通,表明接头发生开裂破坏。

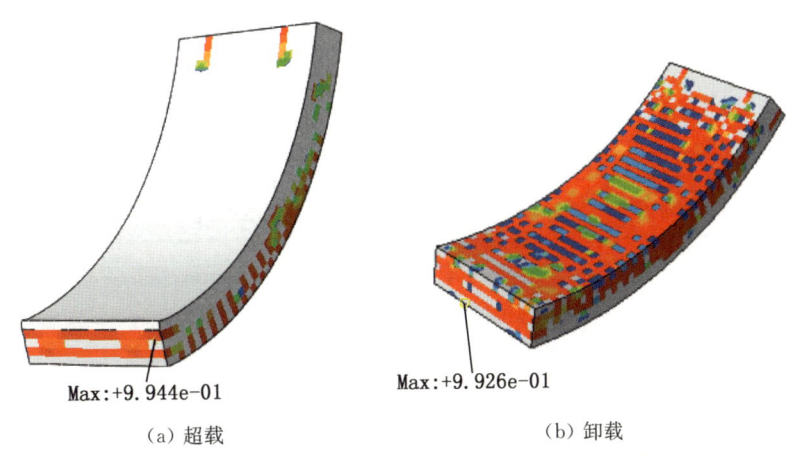

(a) 超载　　　　　　　　　(b) 卸载

图 2-21　极限破坏状态 D 缝接头受拉损伤云图

分别总结超载工况和卸载工况下隧道结构性能随拱腰收敛变形的发展过程。

对于超载工况,当拱腰收敛变形为84 mm(21.8‰)时,纵缝螺栓出现屈服;当拱腰收敛变形为98 mm(25.5‰)时,隧道最大纵缝张开量达到防水控制标准6 mm;当拱腰收敛变形为98.5 mm(25.6‰)时,环缝螺栓出现屈服;计算结束时,对应的拱腰收敛变形为182.4 mm(47.4‰)。

对于卸载工况,当拱腰收敛变形为62.6 mm(16.3‰)时,纵缝螺栓出现屈服;当拱腰收敛变形为92.3 mm(24.0‰)时,最大纵缝张开量达到防水控制标准6 mm;当拱腰收敛变形为 104 mm(27.0‰)时,环缝螺栓出现屈服;计算结束时,对应的拱腰收敛变形为 207.3 mm(53.8‰)。

2.3.4 横向变形安全等级划分

汇总超载工况与卸载工况下隧道结构性能随拱腰收敛变形的发展,见表 2-9。

表 2-9 超载工况与卸载工况下结构性能随拱腰收敛变形的发展

结构状态	超载工况 拱腰收敛变形/mm	卸载工况 拱腰收敛变形/mm
螺栓处于弹性变形状态	0~84(0~21.8‰)	0~62.6(0~16.3‰)
螺栓处于塑性变形状态	>84(>21.8‰)	>62.6(>16.3‰)
纵缝张开量<6 mm	0~98(0~25.5‰)	0~92.3(0~24.0‰)
纵缝张开量 6~12 mm	98~166(25.5‰~43.1‰)	92.3~155.8(24.0‰~40.5‰)
纵缝张开量>12 mm	>166(>43.1‰)	>155.8(>40.5‰)

由上表对比可知,两种工况下纵缝张开量与拱腰收敛变形的发展规律可视为一致,且与结构屈服时所对应的收敛变形值相近。螺栓应力方面,加载工况下的纵缝螺栓应力较大,当管片结构发生屈服时,半数纵缝螺栓应力达到屈服强度。为方便实际操作,确立统一的更为严格的横向变形安全等级划分方法,见表 2-10 和表 2-11。

表 2-10 盾构隧道横向变形安全等级评定(椭圆度表示)

等级评定	椭圆度	结构状态
Ⅰ	<13‰	结构安全性好:纵缝张开量≤2 mm,结构连接的密封件完整;纵缝螺栓处于弹性变形阶段
Ⅱ	13‰~19‰	结构安全性良好:2 mm<纵缝张开量≤4.7 mm,结构连接出现渗水;纵缝螺栓处于弹性变形阶段
Ⅲ	19‰~23‰	结构安全性退化:4.7 mm<纵缝张开量≤6 mm,结构连接出现渗水;纵缝螺栓处于塑性变形阶段
Ⅳ	23‰~34‰	结构安全性劣化:6 mm<纵缝张开量≤9.7 mm,结构连接出现水珠、滴漏;纵缝螺栓处于塑性变形阶段
Ⅴ	>34‰	结构安全性恶化:纵缝张开量>9.7 mm,渗漏水严重;纵缝螺栓处于塑性变形阶段;隧道结构处于屈服状态

表 2-11 盾构隧道横向变形安全等级评定（拱腰收敛变形表示）

等级评定	拱腰收敛变形 /mm	结构状态
Ⅰ	<50	结构安全性好：纵缝张开量≤2 mm，结构连接的密封件完整；纵缝螺栓处于弹性变形阶段
Ⅱ	50～75	结构安全性良好：2 mm<纵缝张开量≤4.7 mm，结构连接出现渗水；纵缝螺栓处于弹性变形阶段
Ⅲ	75～90	结构安全性退化：4.7 mm<纵缝张开量≤6 mm，结构连接出现渗水；纵缝螺栓处于塑性变形阶段
Ⅳ	90～130	结构安全性劣化：6 mm<纵缝张开量≤9.7 mm，结构连接出现水珠、滴漏；纵缝螺栓处于塑性变形阶段
Ⅴ	>130	结构安全性恶化：纵缝张开量>9.7 mm，渗漏水严重；纵缝螺栓处于塑性变形阶段；隧道结构处于屈服状态

2.4 主要结论

本章结合广州 18 号线的设计资料以及第 1 章中的沉降分析结果，分别从理论和数值模拟的角度对盾构隧道变形与结构受力的关系展开研究，得出以下主要结论：

(1) 通过理论计算模型，研究了隧道不同曲率半径对管片内力、接缝变形量的影响规律，并建立了隧道纵向变形安全等级评定方法。

① 当曲率半径达限值 15 000 m 时，环缝张开量为 0.9 mm，螺栓处于弹性阶段，可认为结构安全可靠。

② 当曲率半径达 7 832 m 时，环缝张开量虽仅为 1.6 mm，但螺栓屈服，结构安全受到一定影响，需对管片安全状态进行分析，并采取相应措施防止进一步恶化。

③ 当曲率半径为 3 048 m 时，环缝张开量达 2 mm，管片可能会出现渗漏现象，需密切注意接缝防水状态，必要时进行防水治理。

④ 当曲率半径为 2 125 m 时，环缝张开量达限值 6 mm，且螺栓已处于塑性阶段，管片很可能会出现渗漏现象，结构安全存在不稳定性，需进行严密监控，并及时采取保护措施。

⑤ 当曲率半径达 334 m 时，螺栓处于塑性极限状态，环缝张开量达到 38.1 mm，结构承载能力部分丧失，处于极不安全状态。

(2) 建立三维精细化有限元模型，对超载工况及卸载工况下加固区盾构隧道横向收敛变形及结构性能发展规律展开了研究，确立了盾构隧道超载工况及卸载工况下横向收敛变形与结构性能状态的关系。

① 对于超载工况,当拱腰收敛变形达到 84 mm(21.8‰)时,纵缝螺栓出现屈服;当拱腰收敛变形为 98 mm(25.5‰)时,隧道最大纵缝张开量达到防水控制标准 6 mm;当拱腰收敛变形为 98.5 mm(25.6‰)时,环缝螺栓出现屈服;计算结束时,对应的拱腰收敛变形为 182.4 mm(47.4‰)。

② 对于卸载工况,当拱腰收敛变形达到 62.6 mm(16.3‰)时,纵缝螺栓出现屈服;当拱腰收敛变形为 92.3 mm(24.0‰)时,最大纵缝张开量达到防水控制标准 6 mm;当拱腰收敛变形为 104 mm(27.0‰)时,环缝螺栓出现屈服;计算结束时,对应的拱腰收敛变形为 207.3 mm(53.8‰)。

③ 在相同荷载条件下,地基加固可减小隧道横向收敛变形。由于横向收敛变形较大时,土体可提供更大的抗力,因此,是否有加固对隧道变形影响更显著。

(3) 基于加固区盾构隧道横向收敛变形与结构性能状态的关系,进一步提出了盾构隧道横向变形安全等级评定方法。

参考文献

[1] 王如路,张冬梅. 超载作用下软土盾构隧道横向变形机理及控制指标研究[J]. 岩土工程学报, 2013, 35(6): 1092-1101.

[2] 朱斌. 软土盾构隧道横断面变形规律及控制限值研究[J]. 铁道工程学报, 2014, 31(9): 71-76.

[3] 廖少明,白廷辉,彭芳乐,等. 盾构隧道纵向沉降模式及其结构响应[J]. 地下空间与工程学报, 2006, 2(4): 765-769.

[4] 林楠,李攀,谢雄耀. 盾构隧道结构病害及其机理研究[J]. 地下空间与工程学报, 2015, 11(s2): 802-809.

[5] 郑永来,韩文星,童琪华,等. 软土地铁隧道纵向不均匀沉降导致的管片接头环缝开裂研究[J]. 岩石力学与工程学报, 2005, 24(24): 4552-4558.

[6] 中华人民共和国住房和城乡建设部. 城市轨道交通结构安全保护技术规范: CJJ/T 202—2013[S]. 北京: 中国建筑工业出版社, 2014.

[7] 江苏省住房和城乡建设厅. 江苏省城市轨道交通工程监测规程: DGJ32/J 195—2015[S]. 南京: 江苏凤凰科学技术出版社, 2016.

3 邻近市域快线的基坑工程管控研究

3.1 概述

3.1.1 研究现状及发展趋势

随着轨道交通建设规模的扩大,不可避免地出现了大量周边工程活动,例如既有隧道上方、旁侧基坑开挖、降水、地表堆载等。这些因素均会不同程度地导致轨道交通隧道产生结构变形,严重时甚至会引起隧道结构损坏直至破坏。学者们在此方面开展了一些研究工作[1-5]。

盾构隧道上方基坑开挖过程中,隧道逐步上浮,当基坑开挖至底部时,竖向位移达到最大值;随着基坑回筑及上部结构施工,隧道竖向位移可得到适量恢复;基坑底部与盾构隧道顶部净距增加,盾构隧道结构位移、拱顶与拱底竖向位移差及水平收敛均逐步减小,当净距大于$3H$(H为基坑深度)时,上方基坑施工对盾构隧道的影响逐步趋于微弱;当基坑加载强度为卸载强度的2倍时,盾构隧道竖向位移可恢复至最初状态。

受旁侧基坑开挖卸荷的影响,隧道沿侧向产生不均匀沉降,最大位移发生在隧道中间环(基坑开挖边线中心位置对应的隧道环);隧道沿侧向会产生以错台为主的张开和错开,其最大值出现在侧向位移曲线的反弯点位置;受横椭圆化变形的影响,隧道的环向拉应力会有一个较明显的增大,最大值出现在隧道远离基坑一端腰部外侧的位置。

关于降水对隧道沉降的影响,研究表明,随着降水深度增加,隧道结构的沉降呈线性增大。邻近隧道打桩对隧道结构的内力和变形也存在一定影响,管片位移最大值发生在与桩基施工相对应的剖面上;随着桩基距离增加,管片沉降和最大水平位移减小;管片以发生水平位移为主,沉降约为水平位移的0.5倍。

隧道在地面堆载作用下,沿纵向和横向都会产生较大的变形。在纵向上,隧道变形分为基本不受堆载影响的区域Ⅰ和受堆载影响的变形区域Ⅱ,区域Ⅱ的长度约为地面堆载长度的2倍;在区域Ⅱ中隧道产生了接近高斯曲线形态的不均匀沉降,从而引发隧道环缝接头的张开以及沿竖向的错开。同时由于受隧道横向上椭圆化变形的影响,隧道结构在侧向也会产生不均匀沉降,导致隧道环缝接头的张开以及沿侧向的错开。在横向上,隧道会产生横椭圆化变形,从而导致隧道顶部、底部内侧以及腰部外侧的环向拉应力增大。

另外,部分学者针对轨道交通邻近工程活动管控及结构安全性问题展开了研究,例如:谢弘帅[6]以上海地铁M8线某车站建设为背景,从运营车站结构容许变形、紧贴运营车站基坑施工变形计算方法、施工中变形控制等角度出发,研究了紧贴运营地铁车站基坑施工变形控制和运营地铁车站保护方法等;林楠[7]针对上海软土地区的地铁隧道结构,建立了定量化的地铁结构安全评估指标体系,实现了对地铁结构安全状态的定量化评价和对地铁隧道周边施工的科学管理;张少夏[8]结合上海轨道交通7号线某车站,分别从承压水、地基加固和开挖等方面分析了保护区范围内基坑工程的影响因素,并针对不同情况提出了相应的解决方法。

综合来看,各地轨道交通安全管理条例规定了轨道交通控制保护区范围,并通过监测数据及规定施工控制指标来评估轨道交通结构安全。但是,现有规定仍未涉及针对沿线工程活动的管控技术体系,鉴于在周边建筑活动对隧道结构影响的研究上已有不少探索,开展沿线施工活动管控指标的研究具有可行性。

3.1.2 研究内容

本章以南沙深厚软基隧道工程为背景,主要针对轨道交通沿线基坑开挖提出管控建议。研究内容包括以下两点:

(1) 基坑开挖对隧道结构变形的影响因素分析。
(2) 基于隧道结构变形限值要求提出沿线基坑开挖管控指标及其控制保护建议。

3.2 基坑开挖对轨道交通隧道结构变形的影响

本节通过总结大量基坑工程案例,研究轨道交通隧道周边基坑工程活动对结构变形的影响。按照开挖基坑与既有隧道的相对位置关系,其可分为隧道上方开挖基坑和旁侧开挖基坑。通过对不同地质条件下的基坑施工控制措施进行统计归纳,并对基坑开挖宽度和深度、隧道顶部埋深以及二者之间的距离等因素与隧道结构变形之间的关系进行相应分析,为进一步探讨基坑开挖对邻近隧道结构变形的影响提供参考依据。

3.2.1 变形控制标准

在既有隧道变形控制方面,上海市在1994年提出了《上海市地铁沿线建筑施工保护地铁技术管理暂行规定》(简称《上海暂规》)[9],规定地铁结构设施绝对沉降量及水平位移量应控制在20 mm以内(包括各种加卸载的最终位移量),该控制值在中国沿海软土地区得到了广泛借鉴和应用。近年来,相关规范又相继提出变形控制标准,如:《城市轨道交通结构安全保护技术规范》(GJJ/T 202—2013)[10]提出了隧道水平位移和竖向位移10 mm的预警值和20 mm的控制值;《城市轨道交通既有结构保护技术规范》(DBJ/T 15-120—2017)[11]规定隧道水平位移和竖向位移控制值为15 mm。严格的变形控制标准对施工前的隧道变形预判及相应保护措施的设置提出了更高的技术要求。

3.2.2 上方基坑

3.2.2.1 工程案例调研

上方基坑施工常常会引起下卧隧道结构发生隆起变形,这主要是因为基坑开挖引起坑底土体发生回弹变形,导致隧道应力状态发生变化,隧道结构产生竖向位移。除了基坑开挖深度和宽度、隧道埋深外,基坑围护方案、地基加固类型等也会对隧道的隆起变形产生影响。为了分析上方基坑施工引起的下卧隧道变形及各因素对变形的影响,通过文献调研对国内38个工程案例进行了归纳总结,详见表3-1。

表3-1中列出了影响隧道变形的主要因素以及各工程的隧道隆起值。工程主要位于广州、上海、南京、杭州等地区,涉及的土层类型主要包括软土(案例1~25)、砂性土(案例26~31)和岩质土(案例32~38)。接下来将针对土层类型、施工控制措施(基坑围护方案、地基加固类型、基坑开挖方式)、隧顶埋深、基坑开挖深度、基坑开挖宽度等进行统计分析。

1. 土层类型

针对上述38个工程案例进行统计,如图3-1所示,主要涉及软土、砂性土以及岩质土。其中25个工程场地为软土,约占65.8%,以上海和杭州地区为主;6个工程场地为砂性土,约占15.8%;7个工程场地为岩质土,约占18.4%,以广州地区为主。软土具有强度低、压缩性高、流变性大等特点,基坑施工时隧道结构易产生较大变形;而粉砂土层具有强度高、压缩模量大、渗透系数大等特点,基坑施工对隧道结构的影响相对较小,但降水施工对其影响相对较大;岩质土具备较好的承载能力,工程性质较好。

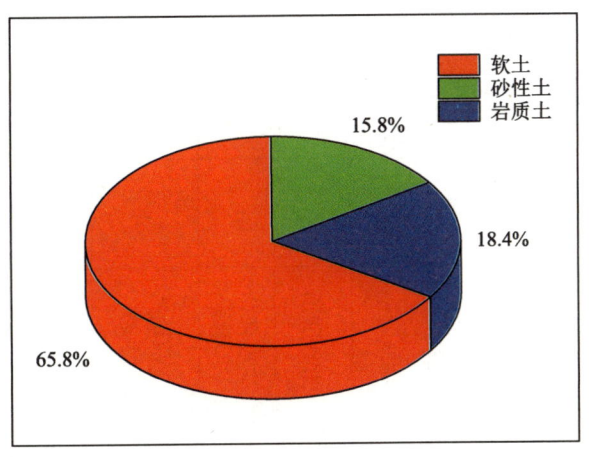

图3-1 上方基坑土层类型百分比

2. 施工控制措施

工程地质条件是引起施工控制措施差异性较大的主要原因之一,本节将按照工程所处的土层类型分别进行总结,主要内容包括地基加固类型、基坑围护方案以及基坑开挖方式,见表3-2。

表 3-1 既有隧道上方基坑开挖工程案例

土层类型	工程名称	下方线路	隧顶埋深 h/m	基坑深度 H/m	基坑宽度 W/m	竖向间距 Δh/m	最大隆起变形 S/mm	地基加固类型	基坑围护方案	基坑开挖方式	地下水控制（止水帷幕）
软土	1. 上海新金桥广场基坑	上海地铁1号线	9.0	5.0	130	4.0	15.9	三轴水泥土搅拌桩	SMW工法桩	分区；压载	—
软土	2. 上海世纪大道杨高路立交	上海地铁2号线	14.4	7.4	100	6.9	13.0	振冲双液注浆；抗拔桩	地连墙	分块跳挖；压载	—
软土	3. 上海市南京路下沉广场	上海地铁1号线	7.0	3.8	100	3.0	6.3	旋喷桩；抗拔桩	重力式搅拌桩挡墙	—	—
软土	4. 上海外滩通道上行线	南线隧道	18.1	11.0	50	7.1	6.9	MJS；抗拔桩	钻孔咬合桩	分区抽条开挖；压载	—
软土	5. 上海外滩通道下行线	北线隧道	16.4	11.0	50	5.4	7.5	MJS；抗拔桩	钻孔咬合桩	分区抽条开挖；压载	—
软土	6. 上海东方路立交隧道	上海地铁2号线	9.3	6.5	50	2.8	12.3	高压旋喷桩	SMW工法桩	分区分层；压载	—
软土	7. 上海东西通道主线	上海地铁2号线	14.2	15.5	150	2.8	14.7	三轴水泥土搅拌桩；隔离桩；抗拔桩	SMW工法桩	分块分层跳仓	—
软土	8. 上海东西通道右转匝道	上海地铁2号线	9.5	7.3	68	2.2	11.6	三轴水泥土搅拌桩；隔离桩；抗拔桩	SMW工法桩	分块分层跳仓	—
软土	9. 上海东西通道银东下立交	上海地铁2号线	15.2	8.2	70	7.0	7.6	三轴水泥土搅拌桩；隔离桩；抗拔桩	SMW工法桩	分块分层跳仓	—
软土	10. 上海8号线淮海路北风井	上海地铁1号线	16.6	9.1	50	7.6	6.5	三轴水泥土搅拌桩满堂；抗拔桩	地连墙；SMW工法桩	分区分块；分层压载	—

(续表)

土层类型	工程名称	下方线路	隧顶埋深 h/m	基坑深度 H/m	基坑宽度 W/m	竖向间距 Δh/m	最大隆起变形 S/mm	地基加固类型	基坑围护方案	基坑开挖方式	地下水控制（止水帷幕）
软土	11. 上海某基坑	上海地铁11号线	11.8	8.0	79	4.2	13.3	三轴水泥土搅拌桩；抗拔桩	钻孔灌注桩；SMW工法桩	分条放坡	—
软土	12. 上海雅居乐广场	上海地铁1号线	8.6	5.0	110	3.6	8.7	三轴水泥土搅拌桩满堂；抗拔桩	地连墙；SMW工法桩	分块开挖	—
软土	13. 上海浦东段越江隧道基坑	上海地铁2号线	14.2	10.2	102	4.0	14.2	三轴水泥土搅拌桩	SMW工法桩	分层跳仓	—
软土	14. 上海人民路隧道基坑	上海地铁10号线	16.8	10.6	100	8.9	13.3	三轴水泥土搅拌桩；抗拔桩	地连墙	分层分段抽条分块	—
软土	15. 上海9号线杨高中路站	电力隧道	9.2	6.5	70	2.7	2.0	旋喷桩；MJS	钻孔灌注桩	分区分块	—
软土	16. 南京龙蟠路隧道西段基坑	南京地铁1号线	10.2	7.9	38	2.2	5.5	高压旋喷满堂加固	钻孔咬合桩	抽条开挖	高压旋喷桩
软土	17. 南京站前广场西出口基坑	南京地铁1号线	9.3	7.6	40	1.7	8.0	深层搅拌桩；抗拔桩	钻孔灌注桩；咬合桩	跳仓开挖	—
软土	18. 杭州铁路东站西广场	杭州地铁1号线	16.3	9.6	200	6.7	8.8	高压旋喷桩	钻孔灌注桩	分层分块	深井降水
软土	19. 杭州延安路某地下通道	杭州地铁1号线	12.0	8.2	15	3.9	4.9	水泥土搅拌桩；抗拔桩	钻孔灌注桩	分块	—
软土	20. 杭州某地下通道	杭州地铁1号线	15.9	8.0	30	7.9	5.9	高压旋喷桩；钻孔灌注桩；抗拔桩	高压旋喷桩；钻孔灌注桩	—	—

(续表)

土层类型	工程名称	下方线路	隧顶埋深 h/m	基坑深度 H/m	基坑宽度 W/m	竖向间距 Δh/m	最大隆起变形 S/mm	地基加固类型	基坑围护方案	基坑开挖方式	地下水控制（止水帷幕）
软土	21. 杭州九沙河河通道基坑	杭州地铁1号线	13.4	6.4	100	3.0	5.4	三轴水泥土搅拌桩;抗拔桩	—	放坡开挖;分层分块	—
软土	22. 深圳双界河某基坑	深圳地铁11号线	18.8	13.5	114	5.3	23.5	抗拔桩	钻孔灌注桩	降水;放坡;分层分块	—
软土	23. 天津西站北广场通道	天津地铁1号线	10.0	4.0	100	4.8	9.3	三轴水泥土搅拌桩满堂;抗浮桩	钻孔灌注桩	分层分幅	—
软土	24. 天津西站交通枢纽下沉隧道	天津地铁1号线	5.1	4.8	100	0.3	11.3	三轴水泥土搅拌桩满堂;抗浮桩	SMW工法桩	分块;正载	—
软土	25. 某沿海地区地下快速路	—	13.1	9.1	100	4.0	3.8	MJS门式;三轴水泥土搅拌桩满堂,抽条;抗拔桩	SMW工法桩,封堵墙	跳仓	—
砂性土	26. 杭州绿洲下沉式广场	杭州地铁1号线	8.5	5.3	100	3.2	5.6	三轴水泥土搅拌桩;抗拔桩	挂网喷锚	放坡;分段分层	深井降水
砂性土	27. 南京地铁3号线明挖基坑	南京地铁1号线	11.0	10.0	100	1.0	2.6	—	钻孔灌注桩	—	—
砂性土	28. 宁芜南京南隧道工程	南京地铁1号线	19.5	13.0	50	6.5	0.5	—	钻孔灌注桩	—	—
砂性土	29. 珠海广场某基坑	—	29.1	24.3	211	5.0	17.0	排桩	钻孔灌注桩	—	—

(续表)

土层类型	工程名称	下方线路	隧顶埋深 h/m	基坑深度 H/m	基坑宽度 W/m	竖向间距 $\Delta h/m$	最大隆起变形 S /mm	地基加固类型	基坑围护方案	基坑开挖方式	地下水控制（止水帷幕）
砂性土	30. 深圳桂庙路基坑	深圳地铁11号线	22.5	14.0	100	8.5	7.8	—	钻孔灌注桩	分层	高压旋喷桩
砂性土	31. 广州农贸园基坑	广州地铁3号线	10.8	6.0	100	4.8	3.0	搅拌桩	钻孔灌注桩；旋喷桩；喷锚	—	—
岩质土	32. 广州南站北广场地铁3号线	广州地铁1号线	12.1	10.0	30	2.1	2.8	—	喷锚围护	分层	—
岩质土	33. 广州花城大道隧道	广州地铁5号线	11.0	8.0	43	3.0	2.4	—	喷锚围护	分层	—
岩质土	34. 广州东风广场五期工程1节点	广州地铁5号线	17.8	10.8	60	7.0	2.4	—	喷锚围护	分层	—
岩质土	35. 广州东风广场五期工程2节点	广州地铁5号线	20.8	14.7	48	6.1	4.1	—	喷锚围护	分层	—
岩质土	36. 广州猎德大道工程	广州地铁3号线	10.1	7.3	52	2.8	3.2	—	—	分层	—
岩质土	37. 深圳机场卫星厅基坑工程	深圳地铁11号线	2.0	1.6	125	0.3	6.5	钻孔桩	—	分层	深井降水；搅拌桩
岩质土	38. 昆明地铁3号线线西山公园站	公路隧道	27.5	18.5	250	8.84	12.2	袖阀管注浆	锚索；抗滑桩；土钉墙	分层	—

表3-2 上方基坑开挖施工控制措施汇总

施工控制措施	地基加固类型	基坑围护方案	基坑开挖方式
软土地区	高压旋喷桩、三轴水泥土搅拌桩	地连墙、钻孔咬合桩、钻孔灌注桩、止水帷幕＋钻孔桩、SMW工法桩	分层分区、跳仓、抽条
砂性土地区	—	钻孔灌注桩、护坡＋喷锚	分层、放坡开挖
岩质土地区	—	喷锚	分层

1) 软土地区

软土地区常用的地基加固措施为高压旋喷桩和三轴水泥土搅拌桩。通过统计25个软土地区上方基坑开挖工程案例发现,三轴水泥土搅拌桩的应用更为普遍,约占62.5%(图3-2)。

采用水泥土搅拌桩加固地基时,常将基坑坑底及隧道两侧进行强加固,形成"门式"加固体(图3-3),基坑范围内水泥掺量减半进行弱加固,加固时应保证与隧道保持一定间距。搅拌桩加固时,为了减小施工对隧道变形的影响,需先对隧道上方进行加固,待达到一定强度后再进行隧

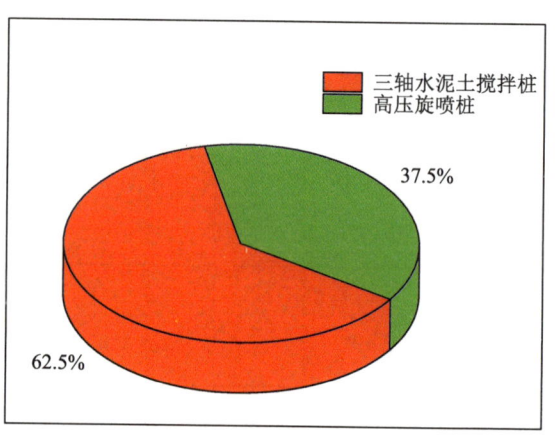

图3-2 软土地区地基加固措施百分比(上方基坑工程)

道两侧的深层搅拌桩加固,深层加固时选择由远及近的方法(相对于隧道),如图3-4所示。而对于一些开挖面积较大且较深的基坑,施工时需要设置抗拔措施,利用上部结构桩基或抗浮桩与结构底板(或垫层)连接在一起形成"板凳桩",进而形成"门式抗拔结构"。

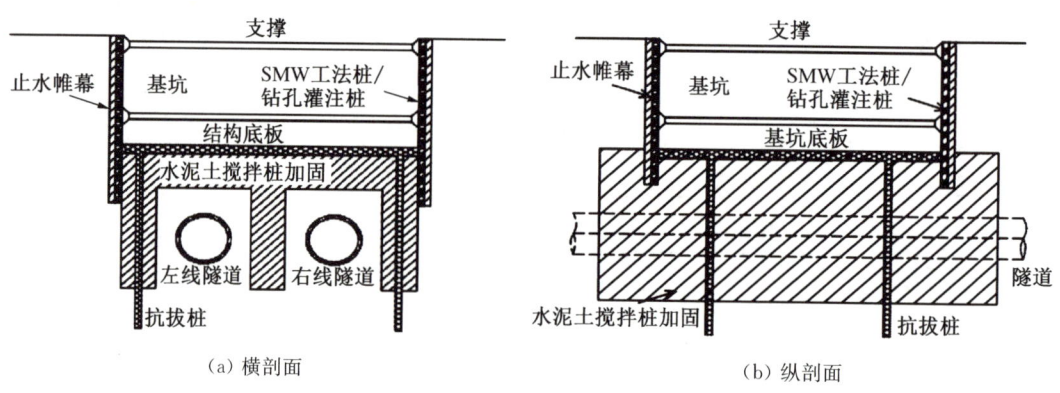

(a) 横剖面 (b) 纵剖面

图3-3 地基加固与基坑围护体系(上方基坑工程)

常用的基坑围护结构包括地连墙、钻孔咬合桩、钻孔灌注桩、止水帷幕＋钻孔桩、SMW工法桩等,如图3-5所示。在统计案例范围内,SMW工法桩应用较广,约占

42.3%,其次为止水帷幕+钻孔桩结合方案,约占 26.9%。在施加基坑围护结构时,需与下卧隧道保持一定间距,以免施工破坏隧道结构。围护结构顶部设置冠梁,混凝土支撑与钢支撑相结合,由于空间限制,围护结构的插入深度一般较浅,所以横向支撑的竖向间距应逐渐减小。

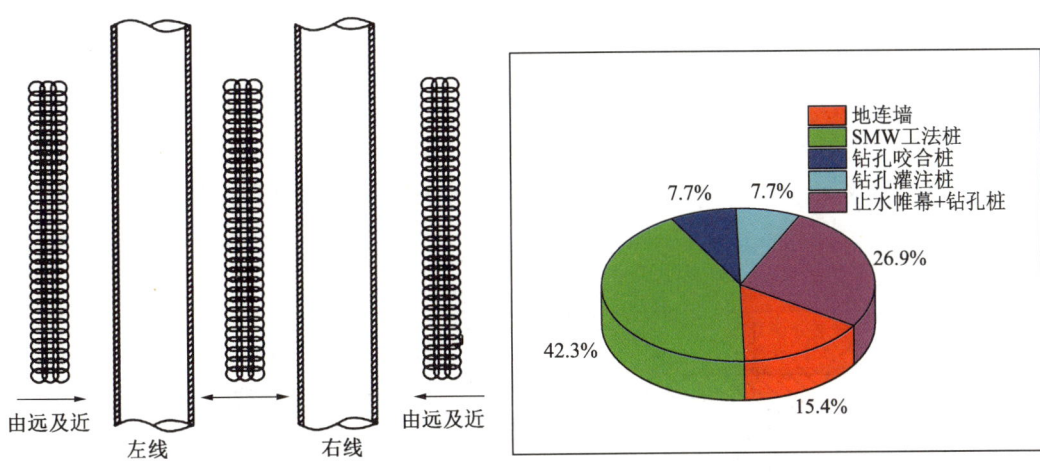

图 3-4 深层搅拌桩加固方向   图 3-5 基坑围护方案百分比

结合表 3-1,对于软土地区基坑开挖,需考虑时空效应,根据"分层、分区、对称、限时"原则进行竖向分层、水平分区,必要时可通过分割墙化大坑为小坑,形成"跳仓开挖"或"抽条开挖",分区大小需考虑开挖效率的影响。边开挖边支撑,开挖至坑底后快速施作混凝土垫层,垫层内布置钢筋网片并添加早强剂,分区开挖示意如图 3-6 所示。

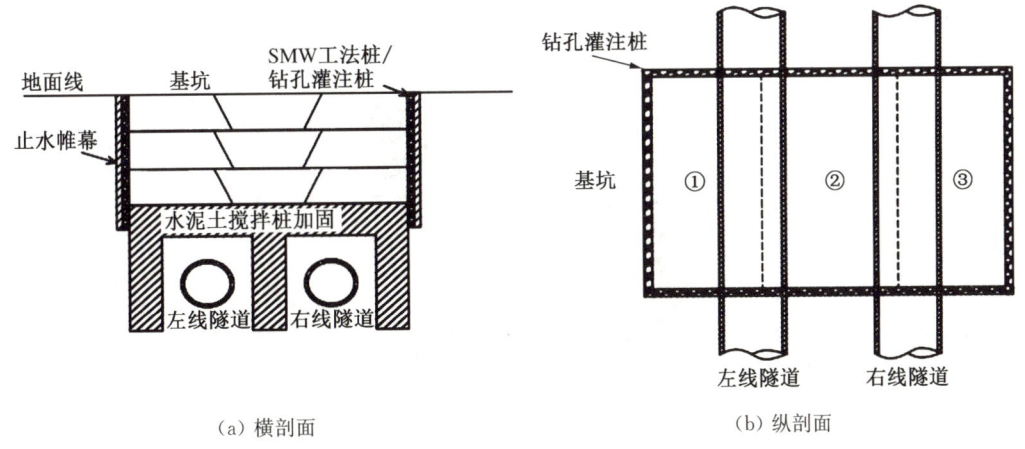

图 3-6 上方基坑分区开挖示意

除以上施工控制措施外,还应考虑施加一些辅助措施限制下卧隧道结构上浮,例如隧道周边注浆加固、基坑底板堆载反压等。整个基坑工程的施工顺序为地基加固—设置基坑围护结构—分层分区开挖—浇筑垫层及底板并进行堆载反压。

2) 砂性土地区

通过统计 6 个砂性土地区的上方基坑开挖工程案例发现,由于其土层性质较好,因此地基加固较为简单,基坑围护结构多采用钻孔灌注桩,边坡围护多采用护坡＋喷锚围护,基本不设置抗拔桩,在基坑降水条件下分层放坡开挖。地基加固与基坑开挖示意如图 3-7 所示。

3) 岩质土地区

通过统计 7 个岩质土地区的上方基坑开挖工程案例发现,对于穿越岩层的地铁隧道,当上方基坑开挖时,由于隧道修筑于围岩之中,地基的抗力较大,基坑边坡稳定性强,隧道变形的控制措施则较为简单,往往不需进行地基加固,且基坑围护结构也多以喷锚围护为主,相应的分层分区放坡开挖示意如图 3-8 所示。

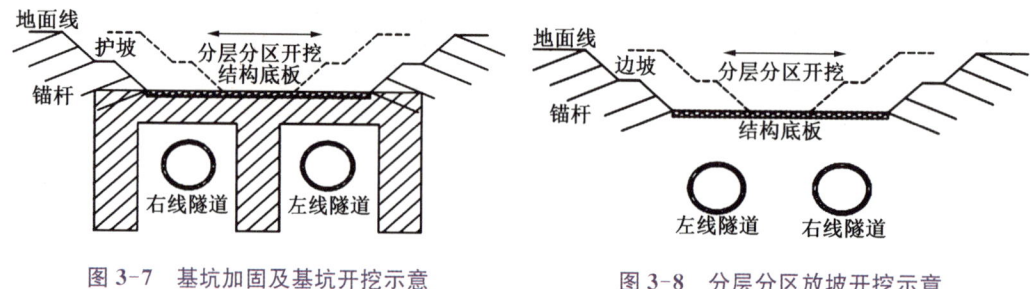

图 3-7　基坑加固及基坑开挖示意　　　　图 3-8　分层分区放坡开挖示意

3. 隧顶埋深 h

图 3-9 针对 25 个软土地区上方基坑开挖工程的隧顶埋深进行统计分类,发现隧顶埋深主要集中在 5～20 m 范围内(大于 1 倍洞径),其中 5～10 m 范围内的有 3 个,占 12%;10～15 m 范围内的有 13 个,占 52%;15～20 m 范围内的有 8 个,占 32%;大于 20 m 的仅 1 个。

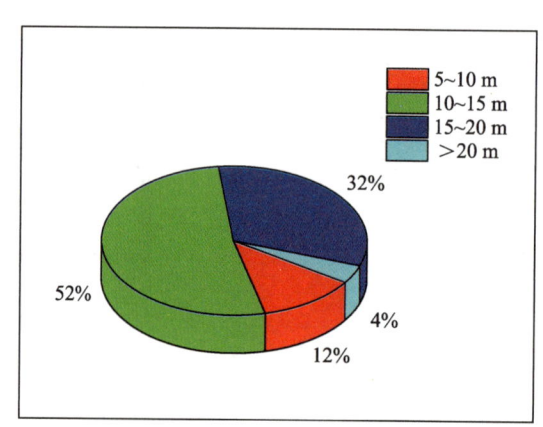

图 3-9　软土地区隧顶埋深百分比(上方基坑工程)

隧道的最大隆起变形 S 与隧道顶部埋深 h 密切相关。从图 3-10 中可以看出,软土地区的比例系数(S/h)变化范围为 0.3‰～1.9‰,均值为 1.1‰;砂性土地区的比例系数

(S/h)变化范围为 0.03‰~0.6‰,均值为 0.3‰;岩质土地区的比例系数(S/h)变化范围为 0.15‰~0.45‰,均值为 0.3‰。由此可见,软土地区的比例系数(S/h)变化范围远大于砂性土和岩质土地区。

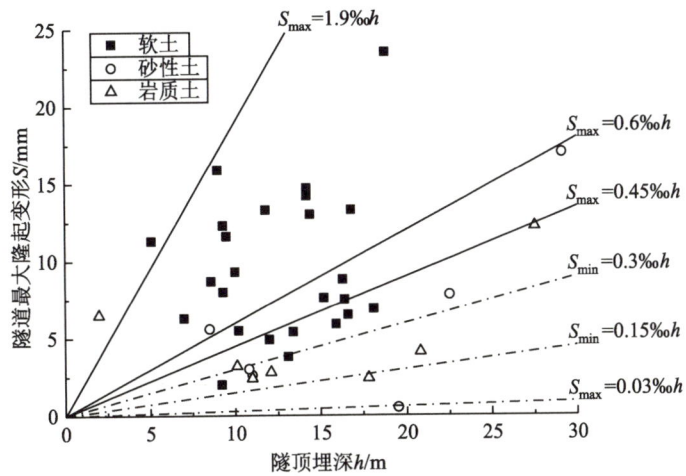

图 3-10　隧道最大隆起变形与隧顶埋深的关系(上方基坑工程)

4. 基坑开挖深度 H

图 3-11 针对 25 个软土地区上方基坑开挖工程的开挖深度进行统计,发现开挖深度主要集中在 15 m 范围以内。其中开挖深度未超过 5 m 的有 5 个,占 20%;在 5~10 m 范围内的有 14 个,占 56%;在 10~15 m 范围内的有 5 个,占 20%;在 15~20 m 范围内的仅 1 个。由此可见,软土地区隧道上方基坑开挖深度一般不超过 15 m。

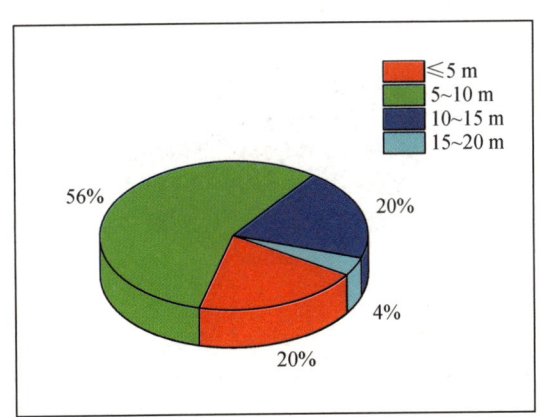

图 3-11　软土地区基坑开挖深度百分比(上方基坑工程)

下卧隧道的最大隆起变形 S 与基坑开挖深度 H 密切相关。从图 3-12 中可以看出,软土地区的比例系数(S/H)变化范围为 0.4‰~2.8‰,均值为 1.6‰;砂性土地区的比例系数(S/H)变化范围为 0.05‰~1.1‰,均值为 0.6‰;岩质土地区的比例系数(S/H)变化范围为 0.22‰~0.66‰,均值为 0.4‰。由此可见,软土地区的比例系数(S/H)变化范围最大,砂性土地区次之,岩质土地区最小。

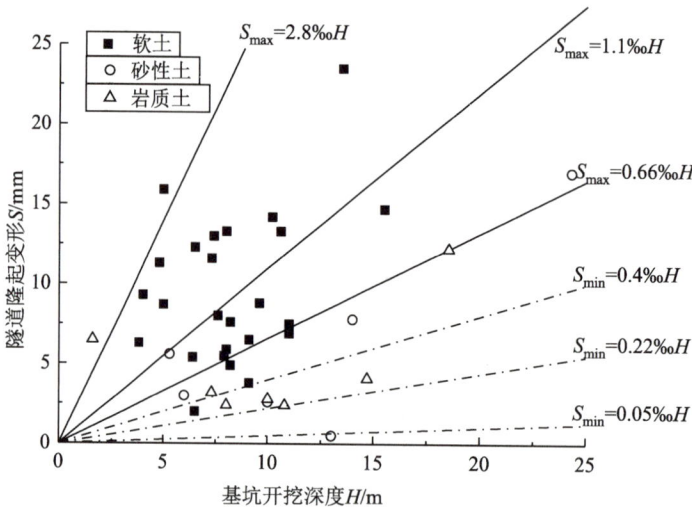

图 3-12 隧道最大隆起变形与基坑开挖深度的关系(上方基坑工程)

5. 基坑开挖宽度 W

图 3-13 对 25 个软土地区上方基坑开挖工程的开挖宽度进行了分类,具体如下:基坑开挖宽度未超过 50 m 的有 4 个,占 16%;在 50~100 m 范围内的有 8 个,占 32%;在 100~150 m 范围内的有 12 个,占 48%;开挖宽度超过 150 m 的工程仅 1 个。

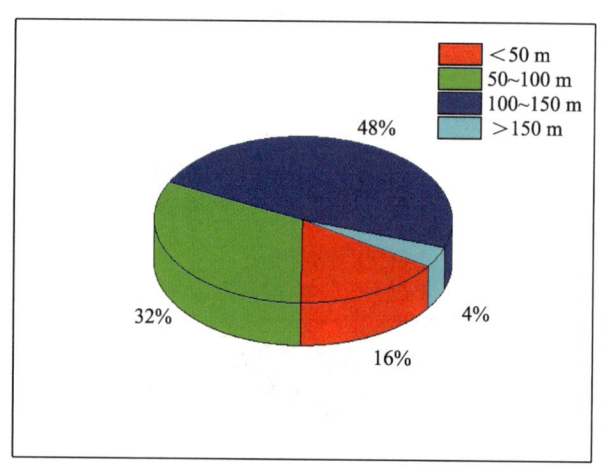

图 3-13 软土地区基坑开挖宽度百分比(上方基坑工程)

图 3-14 为隧道最大隆起变形 S 与基坑开挖宽度 W 的关系。从图中可以看出,软土地区的比例系数(S/W)变化范围为 0.03‰~0.25‰,均值为 0.1‰;砂性土地区的比例系数(S/W)变化范围为 0.02‰~0.17‰,均值为 0.07‰;岩质土地区的比例系数(S/W)变化范围为 0.05‰~0.12‰,均值为 0.07‰。由此可见,隧道隆起变形受基坑开挖宽度影

响较小,但软土地区隧道变形受基坑开挖宽度的影响程度要大于砂性土和岩质土地区。

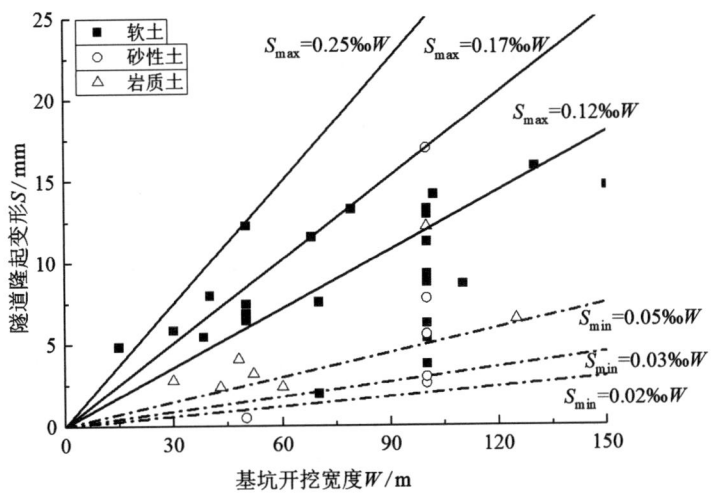

图 3-14 隧道最大隆起变形与基坑开挖宽度的关系(上方基坑工程)

3.2.2.2 主要影响因素分析

对于上方基坑,影响隧道最大隆起变形 S 的主要因素包括基坑开挖深度 H、隧顶埋深 h 和基坑开挖宽度 W,见表 3-3。

表 3-3 上方基坑开挖对隧道结构影响分析

比例系数	软土地区		砂性土地区		岩质土地区	
	变化范围	均值	变化范围	均值	变化范围	均值
S/H	0.4‰~2.8‰	1.6‰	0.05‰~1.1‰	0.6‰	0.22‰~0.66‰	0.4‰
S/h	0.3‰~1.9‰	1.1‰	0.03‰~0.6‰	0.3‰	0.15‰~0.45‰	0.3‰
S/W	0.03‰~0.25‰	0.1‰	0.02‰~0.17‰	0.07‰	0.05‰~0.12‰	0.07‰

从上表可以看出,各因素对隧道最大隆起变形的影响大小依次是:基坑开挖深度 H、隧顶埋深 h、基坑开挖宽度 W。采用基坑开挖深度 H 与隧顶埋深 h 的比值(H/h)作为上方基坑开挖卸荷比 N。图 3-15 给出了隧道最大隆起变形 S 与卸荷比 N 之间的关系,隧道隆起变形会随卸荷比的增大而增大。从图中可以看出,卸荷比 N 大多集中在 0.4~0.9。此外,软土地区的 S/N 变化范围为 3~27.5,均值为 15.3;砂性土地区的 S/N 变化范围为 0.8~20.3,均值为 10.6;岩质土地区的 S/N 变化范围为 3.3~18.3,均值为 10.8。软土地区的卸荷比远大于砂性土和岩质土地区,说明随着卸荷比的增大,软土地区隧道隆起变形增加速率加快。因此,将卸荷比 N 作为上方基坑开挖时影响隧道隆起变形的最主要因素。

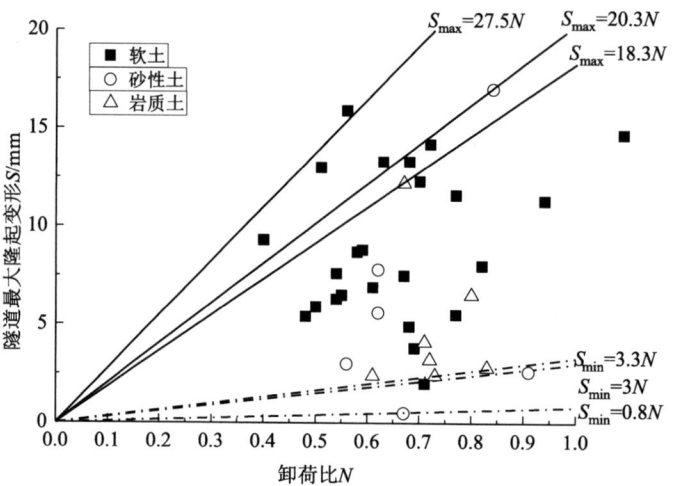

图 3-15　隧道最大隆起变形与卸荷比的关系(上方基坑工程)

3.2.2.3　隧道隆起变形预测

假设 f_1 是与基坑开挖支护方式有关的变量, f_2 是与施工保护措施有关的变量。在此基础上建立隧道最大隆起变形 S 的预测函数。

$$S = f_1 N \lg W + f_2 \tag{3-1}$$

从图 3-16 可以看出, f_1 为预测曲线的斜率, 表示隧道隆起变形的快慢; f_2 为预测曲线的截距, 其变化范围表示施工保护措施对隧道隆起变形的影响程度。由图可知, 软土地区对于基坑开挖支护方式要求最高 ($f_1 = 12$), 砂性土地区次之 ($f_1 = 6$), 岩质土地区最低 ($f_1 = 3.5$)。另外, 施工保护措施对隧道隆起变形的影响程度依次是: 软土地区 ($\Delta f_2 = 14$)、砂性土地区 ($\Delta f_2 = 10$)、岩质土地区 ($\Delta f_2 = 3$)。

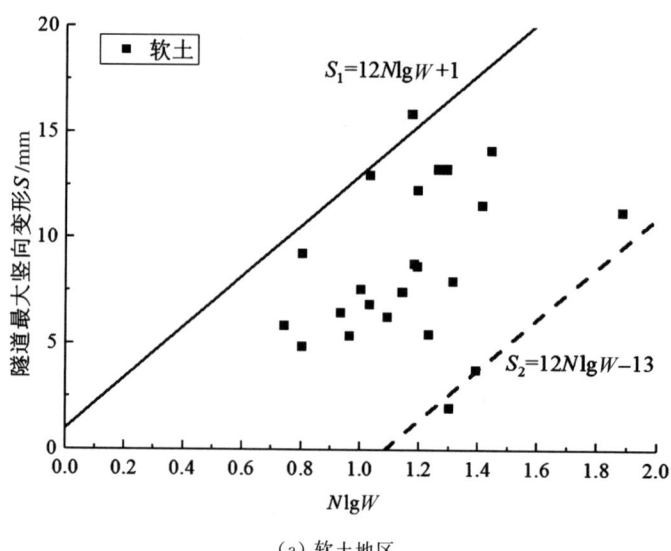

(a) 软土地区

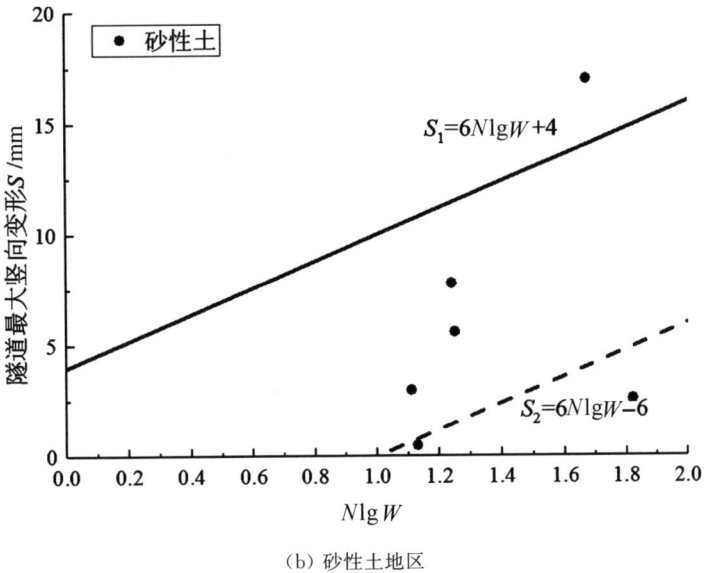

(b) 砂性土地区

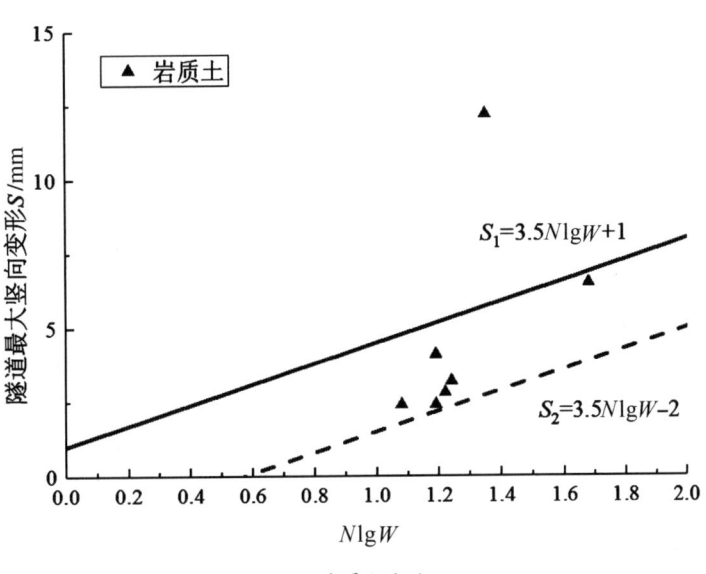

(c) 岩质土地区

图 3-16 隧道最大隆起变形 S 预测值(上方基坑工程)

根据前述归纳总结,上方基坑工程调研以软土地区居多,因此,接下来将以该地区作为分析对象。选取图 3-16(a)中变形预测函数 ($S_{\max}=12N\lg W+5$) 进行分析,将隧道结构竖向变形限值 10 mm、15 mm 和 20 mm 作为依据,得出对应卸荷比参数,表 3-4 列举了部分示例。

表 3-4　卸荷比参考示例

基坑宽度 W/m	卸荷比 N		
	隧道变形限值 10 mm	隧道变形限值 15 mm	隧道变形限值 20 mm
50	0.44	0.69	0.93
100	0.38	0.6	0.79
150	0.34	0.54	0.73
200	0.33	0.51	0.69

3.2.3 旁侧基坑

3.2.3.1 工程案例调研

表 3-5 总结了 35 个旁侧基坑开挖工程案例,主要涉及广州、上海、杭州、苏州等地区,土层类型主要包括软土(案例 1~23)、砂性土(案例 24~29)和岩质土(案例 30~35)。在基坑开挖过程中,旁侧土体的卸荷作用导致基坑围护结构产生相应变形,从而使得邻近隧道随着土体一同产生变形。坑外既有隧道受现场土质条件、基坑开挖深度、基坑与隧道的水平间距、围护形式等诸多因素的影响,使得隧道结构变形产生较大的差异。

1. 土层类型

图 3-17 对 35 个旁侧基坑开挖工程案例进行了土层分类统计。其中 23 个位于软土地区,约占 66%,以上海和杭州地区为主;6 个位于砂性土地区,约占 17%;6 个位于岩质土地区,约占 17%。

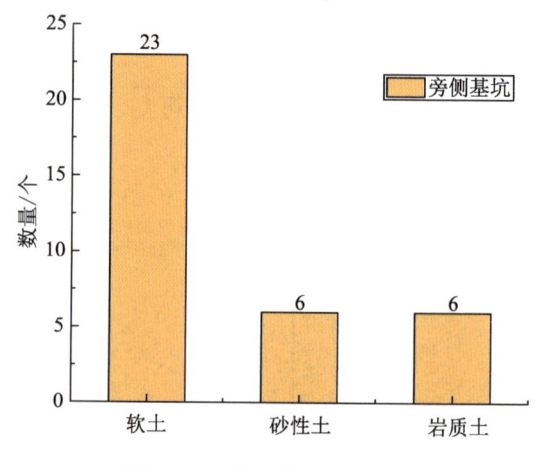

图 3-17　旁侧基坑土层类型

2. 施工控制措施

旁侧基坑施工控制措施主要包括坑内被动区土体加固、基坑围护结构以及基坑开挖方式。由表 3-5 和图 3-18 可知,软土地区土体性质较差,坑内被动区土体加固方法以水泥土搅拌桩和高压旋喷法为主;砂性土地区则以水泥土搅拌桩为主;岩质土地区由于土质较好,一般无须采取土体加固措施。土体加固的平面布置形式有满堂式、裙边式、抽条式等,如图 3-19 所示。被动区土体加固的竖向布置包括坑底加固、坑底和坑底以上同时加固,如图 3-20 所示。常用的基坑围护结构包括地连墙、钻孔灌注桩、SMW 工法桩、水泥土搅拌桩等,并通过施加隔离桩来减小基坑施工对周边环境的影响,如图 3-20 所示。对于旁侧基坑,开挖方式大多采用分层分区分段开挖、边开挖边支撑的方式。由表 3-5 大致可以看出,对于基坑地下水控制方案,当基坑开挖深度小于 15 m 时,止水帷幕大多为水泥土

表 3-5 既有隧道旁侧基坑开挖工程案例

土层类型	工程名称	邻近线路	隧顶埋深 h/m	基坑深度 H/m	基坑宽度 W/m	水平间距 l/m	隧道最大变形 S 竖向变形 S_v/mm	隧道最大变形 S 水平变形 S_h/mm	被动区土体加固措施	基坑围护方案	开挖方式	地下水控制(止水帷幕)
软土	1. 上海某基坑	上海地铁4号线	16	11.4	214	3.9	7.3	13.5	三轴水泥土搅拌桩	地连墙;排桩	—	三轴水泥土搅拌桩
软土	2. 上海杨浦某深基坑	上海地铁2号线	6.0	16.4	—	15.0	20.0	11.2	三轴水泥土搅拌桩	—	—	—
软土	3. 上海某基坑	上海某车站	12.5	16.4	54	19.0	−9.6	5.8	旋喷桩	地连墙;钻孔灌注桩;SMW工法桩隔离桩	分区	SMW工法桩
软土	4. 上海世博绿谷深大基坑	越江隧道	10.0	18.5	200	10.0	9.6	7.0	水泥土搅拌桩	地连墙	分区	地连墙
软土	5. 新建嘉禾望岗站	既有嘉禾望岗站	16.0	16.0	23	0	5.6	3.7	—	地连墙	分区	地连墙
软土	6. 上海大宁商业中心	上海地铁1号线	12.0	6.5	200	5.5	—	4.0	水泥土搅拌桩	重力墙+排桩	分区分段;盆式	—
软土	7. 上海某基坑	上海地铁1号线	15.5	15.0	200	10.0	24.0	28.0	三轴水泥土搅拌桩	地连墙;钻孔灌注桩	分区分层	—
软土	8. 上海南京路某基坑	上海地铁1号线	10.0	14.5	—	4.0	8.0	4.0	旋喷桩加固	地连墙	盆式	—
软土	9. 上海某基坑	上海地铁1号线	8.0	20.0	50	5.0	5.5	—	搅拌桩裙边加固	地连墙	盆式;分块分条	地连墙;降压井
软土	10. 上海7号线静安寺站	上海地铁2号线	15.5	23.4	26	15.0	3.0	6.3	旋喷桩加固	SMW工法桩;旋喷桩	分块	—
软土	11. 上海南京西路1788地块	上海地铁2号线	9.0	15.0	100	10.5	3.5	—	三轴水泥土搅拌桩	地连墙	盆式;分区分块	—

(续表)

土层类型	工程名称	邻近线路	隧顶埋深 h/m	基坑深度 H/m	基坑宽度 W/m	水平间距 l/m	隧道最大变形 S 竖向变形 S_v/mm	隧道最大变形 S 水平变形 S_h/mm	被动区土体加固措施	基坑围护方案	开挖方式	地下水控制(止水帷幕)
软土	12. 上海汇德丰基坑	上海地铁2号线	8.5	20.0	90	5.4	16.7	20.0	水泥土搅拌桩;裙边满堂加固	地连墙、SMW工法桩	分层分区分块	地连墙、降压井
软土	13. 上海某基坑	上海地铁1号线	12.7	9.2	—	3.8	−6.5	2.5	水泥土搅拌桩;满堂加固	地连墙	分层分区分块	—
软土	14. 上海虹桥某基坑	上海地铁2号线	—	17.0	200	13.0	9.0	9.5	—	地连墙	分区分块	减压井
软土	15. 上海广场某基坑	—	13.0	16.0	—	5.0	—	11.0	高压旋喷桩	地连墙;钻孔灌注桩	盆式;分区分块	—
软土	16. 上海浦东某基坑	上海地铁4号线	11.0	22.0	—	6.0	—	12.0	—	地连墙	分区分块	—
软土	17. 上海淮海中路某基坑	上海地铁1号线	8.4	14.0	—	8.0	5.0	—	SMW工法桩满堂抽条	地连墙	分块抽条;留坡	—
软土	18. 苏州某基坑	苏州地铁3号线	16.9	11.35	114	9.5	2.1	4.4	—	地连墙	—	三轴水泥土搅拌桩
软土	19. 苏州某基坑	苏州地铁4号线	12.5	12.5	80	9.0	1.51	6.32	—	地连墙;钻孔灌注桩	—	—
软土	20. 杭州某基坑	—	15.4	7.5	49	17.0	7.4	2.0	裙边抽条加固;搅拌桩	钻孔灌注桩	分区	三轴水泥土搅拌桩
软土	21. 天津某基坑	—	15.0	15.0	—	16.5	7.0	15.0	—	地连墙;隔离桩	分区	—
软土	22. 广州某综合大楼	—	5.0	18.0	92	15.0	7.0	6.0	—	地连墙	—	地连墙
软土	23. 宁波某基坑	宁波地铁1号线	12.0	11.4	120	16.4	25.3	33.5	水泥土搅拌桩	钻孔灌注桩;围护桩	—	—

（续表）

土层类型	工程名称	邻近线路	隧顶埋深 h/m	基坑深度 H/m	基坑宽度 W/m	水平间距 l/m	隧道最大变形 S 竖向变形 S_v/mm	隧道最大变形 S 水平变形 S_h/mm	被动区土体加固措施	基坑围护方案	开挖方式	地下水控制（止水帷幕）
砂性土	24. 上海裕年国际商务大厦	上海地铁1号线	7.0	10.0	42	14.8	3.3	5.9	三轴水泥土搅拌桩	钻孔灌注桩;地连墙;SMW工法桩;隔离桩	分层分块	深井降水
砂性土	25. 杭州某基坑	—	10.9	16.4	72	13.0	—	11.9	—	—	—	—
砂性土	26. 杭州市某控制中心	杭州地铁1号线	15.0	13.0	75	5.5	—	9.5	三轴水泥土搅拌桩	地连墙;三轴水泥土搅拌桩;钻孔灌注桩	分层	深井降水
砂性土	27. 苏州公积金大厦深基坑	苏州地铁1号线	12.0	15.5	107	10.0	6.5	1.0	三轴水泥土搅拌桩	三轴水泥土搅拌桩;钻孔灌注桩;高压旋喷桩	—	管井降水
砂性土	28. 佛山星汇云锦商业中心B基坑	广佛线	8.7	19.5	87	3.0	—	9.5	—	地连墙	—	地连墙
砂性土	29. 广州某基坑	广州地铁4号线	10.0	16.0	130	17.0	4.8	4.6	三轴水泥土搅拌桩	地连墙;三轴水泥土搅拌桩	—	地连墙
砂性土	30. 广州鸿隆大厦	广州地铁1号线	9.9	16.9	100	8.4	—	4.9	—	地连墙	分层	地连墙
岩质土	31. 广州7号线石壁站	广州地铁2号线	17.0	17.6	21	15.0	1	8.5	—	地连墙	分层	地连墙
岩质土	32. 广州立白大厦	广州地铁1号线	—	20.0	—	20.0	0.06	1.2	—	—	—	—
岩质土	33. 广州海珠城某基坑	广州地铁2号线	14.5	7.0	126	6.6	0.06	0.03	—	灌注桩	—	旋喷桩
岩质土	34. 广州天河火车站A1基坑	广州地铁1号线	8.5	8.3	126	7.6	0.2	4.0	—	旋挖桩	—	深层搅拌桩
岩质土	35. 广州天河火车站A2基坑	广州地铁1号线	8.5	8.3	65	7.6	0.2	4.0	—	旋挖桩	—	深层搅拌桩

搅拌桩;当开挖深度大于 15 m 时,止水帷幕基本以地下连续墙为主,并根据基坑工程环境布置减压降水等集排水设施。

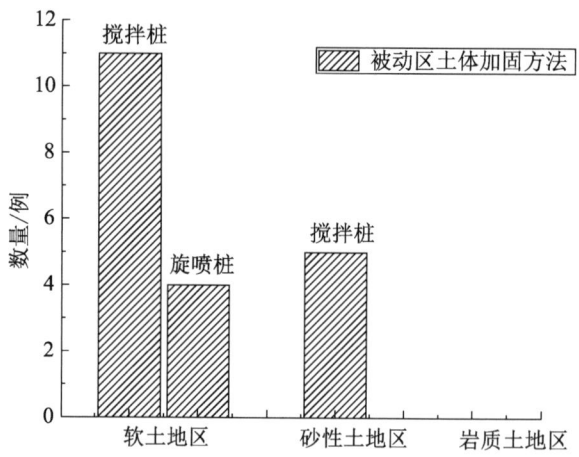

图 3-18 坑内被动区土体加固方法(旁侧基坑工程)

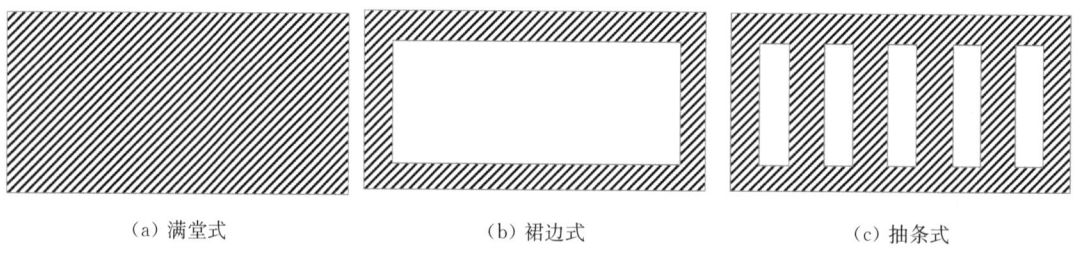

图 3-19 基坑被动区土体加固平面布置方式(旁侧基坑工程)

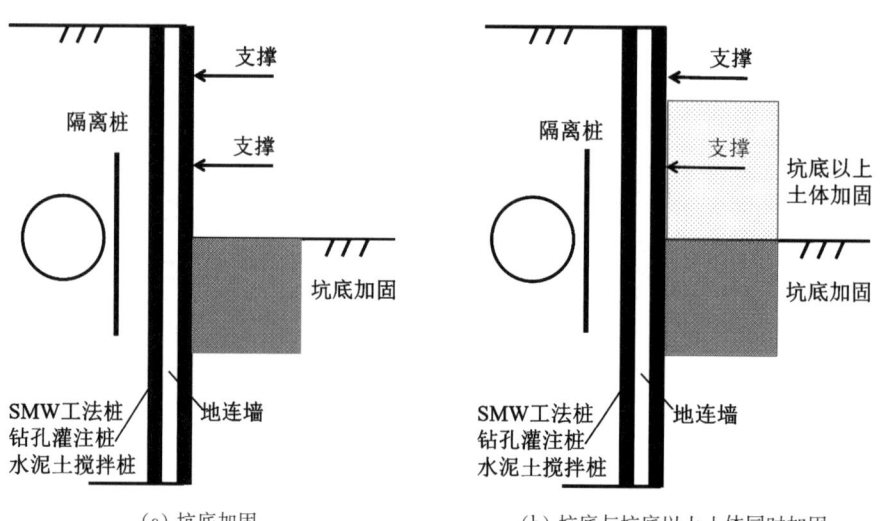

图 3-20 基坑被动区土体加固竖向布置方式(旁侧基坑工程)

3. 隧顶埋深 h

图 3-21 针对 23 个软土地区旁侧基坑开挖工程的隧顶埋深进行统计，发现隧顶埋深主要集中在 5~20 m 范围内，其中在 5~10 m 范围内的有 8 个，约占 36.4%；在 10~15 m 范围内的有 8 个，约占 36.4%；在 15~20 m 范围内的有 6 个，约占 27.2%。

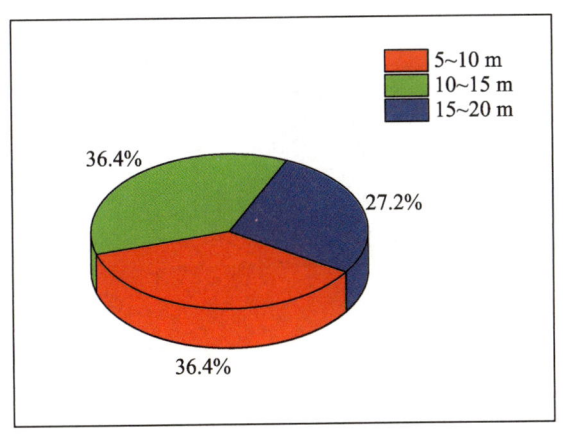

图 3-21　软土地区隧顶埋深百分比（旁侧基坑工程）

如图 3-22 所示，软土地区的比例系数（S/h）变化范围为 0.1‰~2.7‰，均值为 1.4‰；砂性土地区的比例系数（S/h）变化范围为 0.1‰~1.0‰，均值为 0.6‰；岩质土地区的比例系数（S/h）变化范围为 0~0.5‰，均值为 0.2‰。由此可见，软土地区变化范围最大，砂性土地区次之，岩质土地区最小。

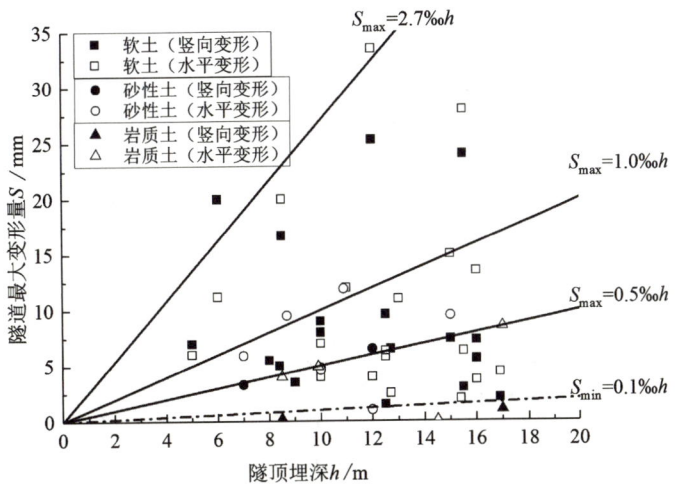

图 3-22　隧道最大变形与隧顶埋深的关系（旁侧基坑工程）

4. 基坑开挖深度 H

图 3-23 统计了 23 个软土地区旁侧基坑开挖工程的开挖深度，发现开挖深度主要集中在 5~20 m 范围内。其中，开挖深度在 5~10 m 的工程有 3 个，约占 13%；深度为 10~

15 m 的有 9 个,约占 39%;深度为 15~20 m 的有 9 个,约占 39%;深度大于 20 m 的仅有 2 个,约占 9%。

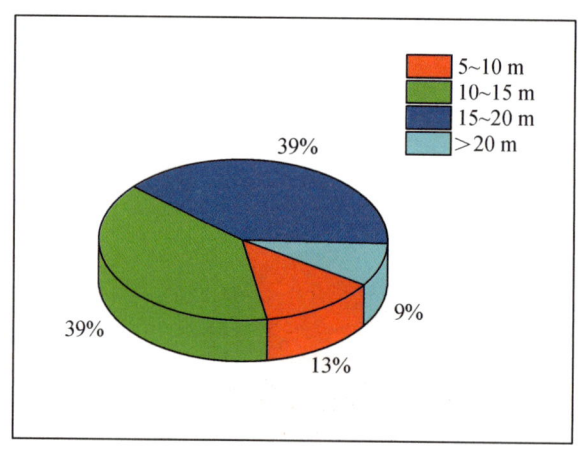

图 3-23 软土地区基坑开挖深度百分比(旁侧基坑工程)

如图 3-24 所示,旁侧基坑开挖时,会引起邻近隧道产生水平变形和竖向变形,并且,基坑开挖深度 H 是影响隧道变形 S 的重要因素之一。从图中可以看出,软土地区的比例系数 (S/H) 变化范围为 0.1‰~2.2‰,均值为 1.2‰;砂性土地区的比例系数 (S/H) 变化范围为 0.07‰~0.73‰,均值为 0.4‰;岩质土地区的比例系数 (S/H) 变化范围为 0~0.5‰,均值为 0.2‰。由此可见,软土地区变化范围最大,砂性土地区次之,岩质土地区最小。

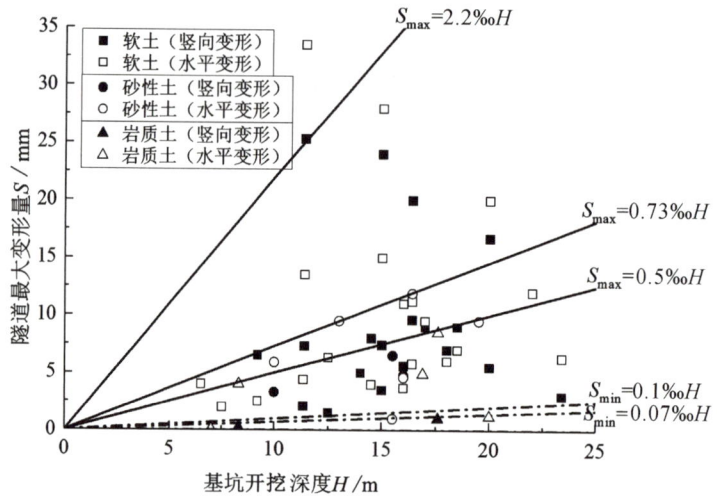

图 3-24 隧道最大变形与基坑开挖深度的关系(旁侧基坑工程)

5. 基坑与隧道水平间距 l

图 3-25 对 23 个软土地区旁侧基坑开挖工程的基坑与隧道水平间距 l 进行了统计,二者的水平间距主要集中在 20 m 范围内。其中二者水平间距在 5 m 范围内的有 6 个,约占

26.1%;在5～10 m范围内的有7个,约占30.4%;在10～15 m范围内的有6个,约占26.1%;大于15 m的工程有4个,约占17.4%。

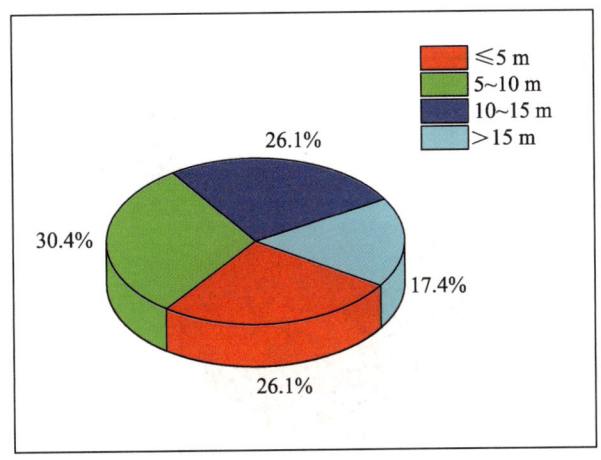

图 3-25　软土地区基坑与隧道水平间距百分比(旁侧基坑工程)

图 3-26 为隧道最大变形 S 与二者之间水平间距 l 的关系。从图中可以看出,软土地区的比例系数(S/l)变化范围为 0.1‰～3.3‰,均值为 1.7‰;砂性土地区的比例系数(S/l)变化范围为 0.1‰～1.3‰,均值为 0.7‰;岩质土地区的比例系数(S/l)变化范围为 0～0.6‰,均值为 0.3‰。由此可见,由于软土地区工程性质较差,使得隧道结构变形受二者水平距离影响更为显著,也从侧面说明软土地区基坑围护结构要求更为严格。

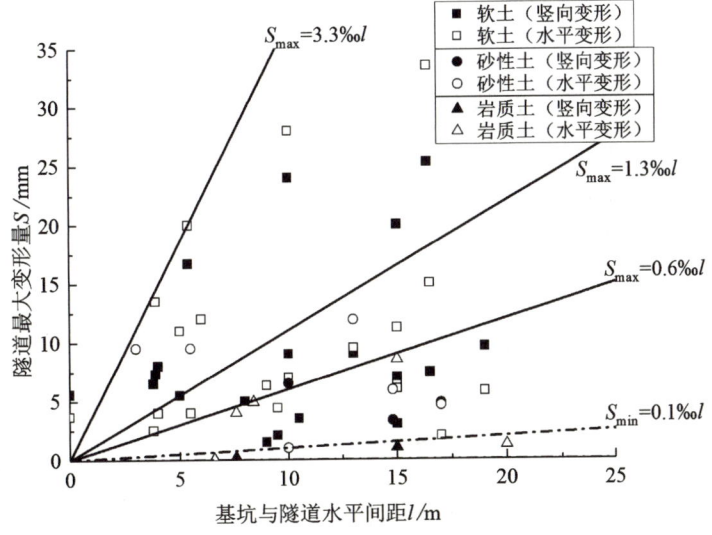

图 3-26　基坑与隧道水平距离的关系(旁侧基坑工程)

6. 基坑开挖宽度 W

图 3-27 对软土地区旁侧基坑开挖宽度 W 进行了分类统计。其中,开挖宽度未超过

50 m 的工程有 4 个,占 25%;在 50~100 m 范围内的有 5 个,约占 31.3%;在 100~200 m 范围内的有 6 个,占 37.5%;超过 200 m 的仅 1 个,约占 6.2%。与上方基坑相比,旁侧基坑开挖规模要远大于上方基坑。

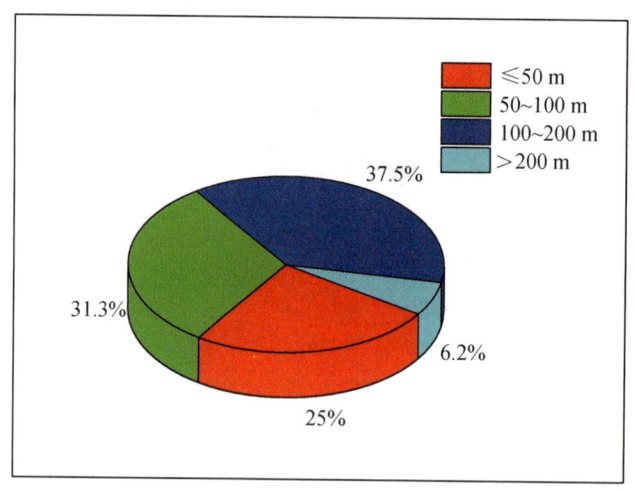

图 3-27　软土地区基坑开挖宽度百分比图(旁侧基坑工程)

图 3-28 为隧道最大变形 S 与基坑开挖宽度 W 的关系。从图中可以看出,软土地区的比例系数(S/W)变化范围为 0.02‰~0.25‰,均值为 0.14‰;砂性土地区的比例系数(S/W)变化范围为 0.01‰~0.16‰,均值为 0.08‰;岩质土地区的比例系数(S/W)变化范围为 0~0.06‰,均值为 0.03‰。由此可见,旁侧基坑开挖宽度 W 相较于基坑开挖深度 H、隧顶埋深 h、基坑与隧道水平间距 l,其影响较小,接下来该因素将不作考虑。

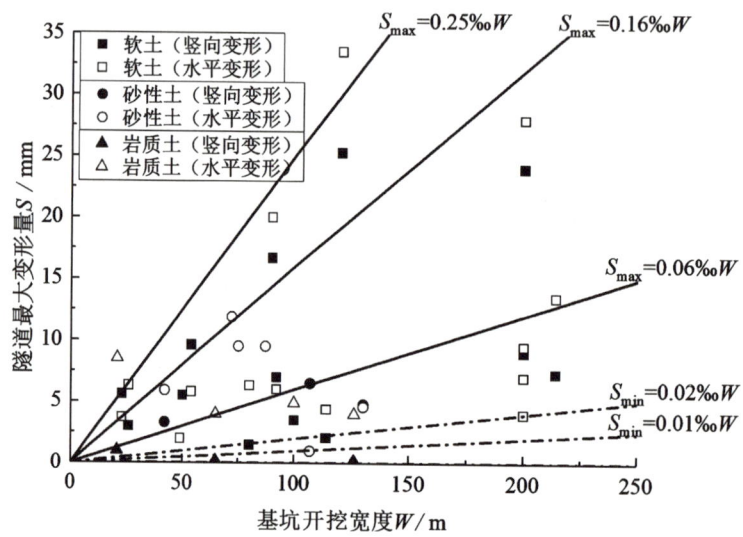

图 3-28　隧道最大变形与基坑开挖宽度的关系(旁侧基坑工程)

3.2.3.2 主要影响因素分析

对于旁侧基坑,影响隧道结构最大变形 S 的主要因素有隧顶埋深 h、基坑开挖深度 H、基坑与隧道的水平间距 l,见表 3-6。

表 3-6 旁侧基坑开挖对隧道结构影响分析

比例系数	软土地区		砂性土地区		岩质土地区	
	变化范围	均值	变化范围	均值	变化范围	均值
S/h	0.1‰~2.7‰	1.4‰	0.1‰~1.0‰	0.5‰	0~0.5‰	0.2‰
S/H	0.1‰~2.2‰	1.2‰	0.07‰~0.73‰	0.4‰	0~0.5‰	0.2‰
S/l	0.1‰~3.3‰	1.7‰	0.1‰~1.3‰	0.7‰	0~0.6‰	0.3‰

从上表可以看出,水平间距 l 对隧道结构变形影响最为显著;其次是隧顶埋深 h 和基坑开挖深度 H。其中软土地区受各因素影响最为显著,砂性土和岩质土地区相对较小。结合前述研究发现,旁侧基坑开挖时隧道结构水平变形要大于竖向变形,以下分析将以水平变形为主。

3.2.3.3 隧道水平变形预测

假设 g_1 是与基坑开挖方式有关的变量,g_2 是与施工保护措施有关的变量。在此基础上建立隧道结构水平变形 S 的预测函数。

$$S = g_1 lh/H + g_2 \tag{3-2}$$

从图 3-29 可以看出,g_1 为预测曲线的斜率,表示隧道最大水平变形的快慢;g_2 为预测曲线的截距,其变化范围表示影响程度。由图可知,无论何种地质,邻近基坑开挖方式类似,对应的 $g_1 = -0.7$。而施工保护措施对不同土质下隧道最大变形的影响程度不同,软土地区最高($g_2 = 25$),砂性土和岩质土地区近似($g_2 = 15$,$g_2 = 11$)。

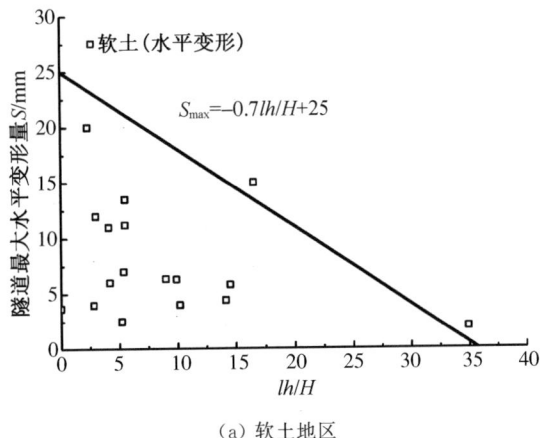

(a) 软土地区

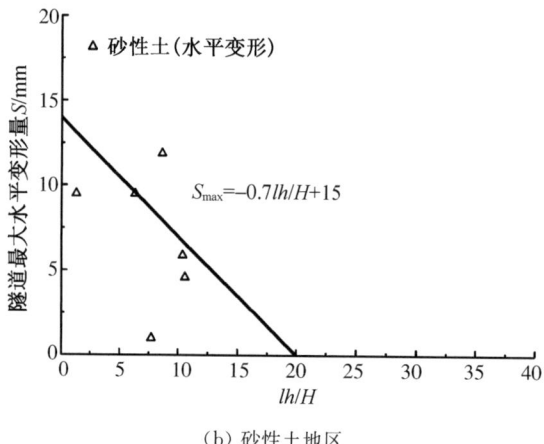

(b) 砂性土地区

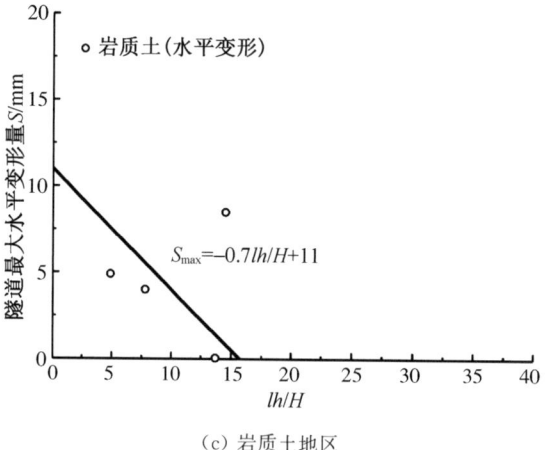

(c) 岩质土地区

图 3-29 隧道最大水平变形 S 预测曲线（旁侧基坑工程）

根据前述归纳总结，旁侧基坑工程调研也以软土地区居多，因此接下来将以该地区作为分析对象。选取图 3-29(a)中水平变形预测函数（$S_{max}=-0.7lh/H+25$）进行分析，将隧道结构水平变形限值 10 mm、15 mm 和 20 mm 作为依据，得出对应水平间距参数，表 3-7 列举了部分示例。

表 3-7 水平间距参考示例

h/H	水平间距 l/m		
	变形限值 10 mm	变形限值 15 mm	变形限值 20 mm
3.0	7	5	3
2.5	9	6	3
2.0	10	7	4
1.5	15	10	5

(续表)

h/H	水平间距 l/m		
	变形限值 10 mm	变形限值 15 mm	变形限值 20 mm
1.0	25	15	7
0.5	45	30	15
0.25	85	55	30

3.3 邻近市域快线的基坑开挖管控指标及建议

本章以南沙深厚软基地区为背景,通过对基坑工程进行调研,分别探究了上方基坑开挖和侧方基坑开挖对隧道结构变形的影响规律。通过对比引起隧道结构变形的各影响因素,明确了上方基坑开挖时最主要的影响因素为卸荷比 N,旁侧基坑开挖最主要的影响因素为水平间距 l。另外,根据上述研究,本章建立了基坑开挖时隧道结构变形预测函数,并基于《城市轨道交通结构安全保护技术规范》(GJJ/T 202—2013)和《城市轨道交通既有结构保护技术规范》(DBJ/T 15-120—2017)中给定的隧道结构变形控制标准,得出对应管控指标建议值,并给出基坑开挖控制保护建议。

3.3.1 基坑开挖管控指标建议值

1. 上方基坑

针对软土地区,隧道结构变形预测函数 ($S_{max}=12N\lg W+1$) 和隧道结构竖向变形限值 ($S_{max}=10$ mm、15 mm、20 mm) 重点考虑卸荷比 N($N=H/h$,H 为基坑开挖深度,h 为隧顶埋深)的影响。

(1) $S_{max}=10$ mm。当基坑开挖宽度 $W \geqslant 200$ m 时,卸荷比 $N \leqslant 0.35$;当 100 m $\leqslant W <$ 200 m 时,卸荷比 $N \leqslant 0.4$;当 50 m $\leqslant W <$ 100 m 时,卸荷比 $N \leqslant 0.45$;当 20 m $\leqslant W <$ 50 m 时,卸荷比 $N \leqslant 0.6$。

(2) $S_{max}=15$ mm。当基坑开挖宽度 $W \geqslant 200$ m 时,卸荷比 $N \leqslant 0.5$;当 100 m $\leqslant W <$ 200 m 时,卸荷比 $N \leqslant 0.6$;当 50 m $\leqslant W <$ 100 m 时,卸荷比 $N \leqslant 0.7$;当 20 m $\leqslant W <$ 50 m 时,卸荷比 $N \leqslant 0.9$。

(3) $S_{max}=20$ mm。当基坑开挖宽度 $W \geqslant 200$ m 时,卸荷比 $N \leqslant 0.7$;当 100 m $\leqslant W <$ 200 m 时,卸荷比 $N \leqslant 0.8$;当 50 m $\leqslant W <$ 100 m 时,卸荷比 $N \leqslant 0.9$;当 20 m $\leqslant W <$ 50 m 时,卸荷比 $N < 1.0$。

2. 侧方基坑

以软土地区为主,隧道结构变形预测函数($S_{max}=-0.7lh/H+25$)和隧道结构水平变形限值($S_{max}=10$ mm、15 mm、20 mm)重点考虑水平间距 l 的影响。

(1) $S_{max}=10$ mm。当 $h/H\leqslant0.5$ 时,水平间距 $l\geqslant45$ m;当 $h/H\leqslant1$ 时,水平间距 $l\geqslant25$ m;当 $h/H\leqslant2$ 时,水平间距 $l\geqslant10$ m;当 $h/H\leqslant3$ 时,水平间距 $l\geqslant7$ m。

(2) $S_{max}=15$ mm。当 $h/H\leqslant0.5$ 时,水平间距 $l\geqslant30$ m;当 $h/H\leqslant1$ 时,水平间距 $l\geqslant15$ m;当 $h/H\leqslant2$ 时,水平间距 $l\geqslant7$ m;当 $h/H\leqslant3$ 时,水平间距 $l\geqslant4$ m。

(3) $S_{max}=20$ mm。当 $h/H\leqslant0.5$ 时,水平间距 $l\geqslant15$ m;当 $h/H\leqslant1$ 时,水平间距 $l\geqslant7$ m;当 $h/H\leqslant2$ 时,水平间距 $l\geqslant4$ m;当 $h/H\leqslant3$ 时,水平间距 $l\geqslant3$ m。

3.3.2 土体加固设计

(1) 坑内土体加固方法可采用高压旋喷法、水泥土搅拌法等;常见的加固平面布置有满堂式、裙边式、抽条式等,应根据基坑形状、环境保护要求等综合确定。

(2) 土体加固的竖向布置包括坑底加固和坑底与坑底以上土体同时加固,根据环境保护需要,坑底以上部分土体加固宜从第一道支撑底或第二道支撑底以下开始。

3.3.3 基坑支护结构选型

(1) 对于基坑围护和止水结构的设计,建议选用地下连续墙、咬合桩、旋喷桩、水泥土搅拌墙等截水性能可靠的结构。

(2) 止水帷幕平面布置宜连续封闭,底部应进入弱透水层,避免因坑内降水而导致周围隧道结构发生沉降。

(3) 基坑总体开挖方案可选择顺作法、分段施工法、逆作法及顺逆结合方法。

(4) 支护体系可选用支撑结构、全逆作、双排桩、中心岛法及组合工法,当旁侧基坑距离隧道结构较近时,主要支护体系不建议采用桩锚、土钉墙和复合土钉墙支护结构。

(5) 当基坑采用内支撑时,首层支撑应采用现浇钢筋混凝土结构;当基坑采用钢支撑时,应仔细核算各个构件的强度和刚度,保证构件受力满足要求。

对于软弱土地区,靠近隧道侧的基坑宜采用整体刚度较大的地下连续墙加内支撑支护结构体系,用以严格控制隧道侧向位移。

3.3.4 基坑群和超大基坑开挖设计

(1) 当存在两个及以上相邻基坑同期施工时,支护设计应考虑不利工况以及基坑群对隧道结构影响的组合效应。

(2) 当相邻基坑共用围护结构时,后施工基坑应复核在不利开挖工况条件下的围护结构强度、刚度、嵌固深度和整体稳定性是否满足要求。

(3) 当多个基坑同期或相继施工时,后施工基坑应考虑已施工基坑对隧道结构的影响,应以累计变形量作为后施工基坑的控制标准。

(4) 在基坑群和超大基坑施工前,除各基坑应进行的止水和坑内降水设计外,还应考虑超大基坑和基坑群降水综合效应对相邻隧道结构的影响。

3.3.5 基坑施工技术要求

(1) 基坑开挖施工应遵循分段、分层、对称和先支撑后开挖的原则,采用信息化施工。

(2) 当基坑采用内支撑时,应及时采取支撑和换撑,避免基坑围护结构变形过大。

(3) 基坑开挖到底时,应尽快浇筑地下室底板结构,避免基坑长时间暴露;必要时,采用抽条法或跳仓法施工部分底板或垫层,保证围护结构整体安全。

(4) 隧道结构周边地层采用注浆加固时,应严格控制注浆压力和注浆量,并结合隧道变形监测实时调整注浆参数。

(5) 当隧道结构周边存在大范围搅拌桩、旋喷桩和注浆施工时,应控制施工速度,合理安排施工流程,减少施工对隧道结构的影响。

(6) 基坑群同时或相继施工时,应协调双方施工进度,必要时应加强共用围护结构;若共用围护结构附近存在大面积搅拌桩、旋喷桩和注浆加固,应采取适当措施减少其对围护结构的影响。

3.4 主要结论

本章以南沙软基地区为工程背景,针对软土地区邻近基坑开挖引起的既有隧道结构变形及控制要求展开研究,得出以下主要结论:

(1) 针对上方基坑,分析了基坑开挖对隧道结构变形的影响因素,并得出最主要的影响因素为卸荷比($N=H/h$)。对于软土地区,以隧道结构竖向变形限值为依据,按隆起变形预测函数($S_{max}=12N\lg W+5$)进行分析,得出不同变形限值对应下的卸荷比管控指标建议值。

(2) 针对侧方基坑,分析了基坑开挖对隧道结构变形的影响因素,并得出最主要的影响因素为基坑与隧道水平间距l。对于软土地区,以隧道结构水平变形限值为依据,按水平变形预测函数($S_{max}=-0.7lh/H+25$)进行分析,得出不同变形限值对应下的水平间距管控指标建议值。

(3) 针对软土地区,从土体加固设计、基坑支护结构选型、基坑群和超大基坑开挖设计、基坑施工控制等方面提出邻近基坑开挖控制保护要求。

参考文献

[1] 陈俊生,刘叔灼,莫海鸿,等.紧邻地铁设施大型基坑工程施工方案研究[J].岩土工程学报,2012,34(s1):377-382.

[2] 戴宏伟,陈仁朋,陈云敏.地面新施工荷载对临近地铁隧道纵向变形的影响分析研究[J].岩土工程学报,2006,28(3):312-316.

[3] 廖惠生,叶文谦,陈俊融.潜盾隧道近接施工之影响评估及分析[C]// 海峡两岸隧道与地下工程学术研讨会.2004.

[4] 郑永来,李美利,王明洋,等.软土隧道渗漏对隧道及地面沉降影响研究[J].岩土工程学报,2005,27(2):243-247.

[5] 徐云福,王立峰.近邻桩基施工对城市地铁隧道的影响分析[J].岩土力学,2015(s2):577-582.

[6] 谢弘帅.紧贴运营地铁车站深基坑施工变形控制研究[D].上海:同济大学,2005.

[7] 林楠.地铁结构安全评估指标体系及标准研究[D].上海:同济大学,2009.

[8] 张少夏.轨道交通保护区范围内基坑工程影响因素分析[J].安全和风险控制技术,2010:332-333.

[9] 上海市市政工程管理局.上海市地铁沿线建筑施工保护地铁技术管理暂行规定[S].1994.

[10] 中华人民共和国住房和城乡建设部.城市轨道交通结构安全保护技术规范:CJJ/T 202—2013[S].北京:中国建筑工业出版社,2013.

[11] 广东省住房和城乡建设厅.城市轨道交通既有结构保护技术规范:DBJ/T 15-120—2017[S].北京:中国城市出版社,2017.

4 隧道长期变形控制技术研究

4.1 概述

大量经验表明,软土具有高压缩性、高灵敏度和低强度等特点,修建其中的地铁盾构隧道在地面荷载、邻近工程施工等外部因素作用下极易产生不均匀沉降和横向收敛变形。地铁盾构隧道结构差异沉降和变形过大会引起轨道变形超限、衬砌裂损、道床脱空以及渗水漏泥等病害,严重影响地铁运营的安全性、耐久性和经济性。此外,运营期地铁盾构隧道的病害治理不仅难度大、费用高,还在一定程度上影响地铁的正常运营。因此,软土地区地铁盾构隧道沉降及变形治理问题日益引起人们的重视。

目前,常用的隧道沉降控制技术主要有注浆抬升技术和换填轻质材料技术,横向变形控制技术主要为侧向注浆、地表卸载和隧道结构内部加固等。上述技术手段已应用于运营隧道的变形控制中,但由于施工过程的复杂性,尚未有专门针对软土地区运营隧道变形治理的规范来指导施工。为建立软土地区地铁隧道变形快速恢复体系,亟须针对隧道结构变形控制技术展开研究。

4.1.1 国内外研究现状

4.1.1.1 隧道沉降控制技术研究

软土地区运营期地铁隧道沉降病害频发、治理难度大、费用高,且会对列车运行产生一定影响。已有众多学者针对盾构隧道不均匀沉降治理问题展开相关研究,现有的隧道沉降控制技术主要有注浆抬升技术和换填轻质材料技术。

1. 注浆抬升技术

自 1994 年补偿注浆成功用于控制滑铁卢车站新建隧道引起的邻近隧道和地面建筑物沉降以来[1],注浆抬升方法已广泛应用于地面建筑物抬升或动态控制其他因素引起的建筑物沉降[2]。随着隧道运营期不均匀沉降病害的逐渐增加,注浆抬升方法也逐渐用于隧道不均匀沉降治理过程。软土地区常用的注浆抬升工艺为微扰动注浆和袖阀管注浆,前者一般在隧洞内进行,后者则在地面进行。目前,国内外学者通过理论分析、现场及室内试验、数值模拟等方法对注浆抬升机制进行相关研究。

在理论研究方面,主要采用圆孔扩张理论、随机介质法以及物理力学模型等方法,Zhang[3]、Guo[4]等根据随机介质理论,建立了注浆引起地面抬升量的预测模型和简化算法,张连震等[5]建立了简化物理模型以定量计算劈裂-压密注浆的加固效果。

在现场及室内试验方面,Soga 等[6]通过室内试验模拟压密注浆和劈裂注浆抬升过程,研究了浆液性能、注浆方式、边界条件及土体应力历史等因素对注浆长期效果的影响。郑刚等[7]通过注浆试验研究了软黏土在不同上覆荷载条件下,注浆间隔时间、土体超固结比和加固措施对注浆抬升长期效果的影响。

数值模拟注浆抬升过程主要有两种方式[8]：一是直接对注浆区域土体单元施加体应变，二是通过施加膨胀应力使注浆区域土体单元产生膨胀。相较而言，施加膨胀压力的方式更接近注浆的实际情况，但其模拟过程更为复杂，且膨胀压力较难确定。张冬梅等[9]采用施加体积膨胀应力的方式模拟盾构隧道侧向注浆效果。朱瑶宏等[10]采用施加体积应变的方式对盾构隧道注浆抬升过程进行模拟。

综上可知，既有研究主要针对地表隆起变形预测和注浆影响因素分析。但是由于注浆工程的隐蔽性和地质条件的复杂性，理论分析存在较多假设，忽略了注浆加固体力学性质的各向异性，难以准确计算注浆加固后的各项力学性能指标；此外，现场及室内试验对仪器和人员有较高要求，数值模拟也存在参数选取困难、计算成本较高等不足。

2. 换填轻质材料技术

相关学者对换填轻质材料技术也展开了一定研究，Jones等[11]针对泡沫混凝土的稳定性和不稳定性机制展开研究，指出气泡浮力是引起泡沫混凝土不稳定的关键因素，并提出超低密度泡沫混凝土的设计方案。Liu等[12]为提高粉煤灰的利用率，采用正交试验法，对粉煤灰生石灰泡沫混合轻质土的密度和无侧限抗压强度进行了研究。Li等[13]基于离散单元法研究了EPS材料的密度、厚度及宽度等参数对隧道顶部土压力减载效果的影响，并得到各影响因素的最佳值。

因此，既有研究主要涉及轻质材料性能演变及参数设计，鲜有针对轻质材料在隧道沉降治理中的抬升效果和参数选择方面的研究。

4.1.1.2 隧道横向变形控制技术研究

地铁盾构隧道作为典型的不连续拼装结构，在地铁运营过程中极易产生结构变形与病害。目前，横向变形控制技术主要为侧向注浆、地表卸载和隧道结构内部加固等。

王如路等[14]研究了隧道横向变形与混凝土受力、螺栓受力以及接头张开量之间的关系，提出了以隧道直径变化作为隧道横向结构形态发展的判定指标，并探讨了隧道横向变形治理措施。张冬梅等[9]利用数值模拟方法，基于隧道侧向注浆引起的土体体积应变，分析了隧道侧向注浆对隧道横向大变形的影响规律，揭示了侧向注浆的作用机制，并分析了注浆参数对隧道变形调整的影响规律。翟超等[15]以天津某运营地铁盾构隧道为对象探讨了微扰动注浆施工引起的侧向挤压力对地铁盾构隧道水平位移的影响。以上研究表明，侧向注浆在隧道横向变形治理中已得到一定的应用，但仍缺乏针对注浆参数与纠偏效果关系的研究。

邵华等[16]以上海某地铁隧道上方突发堆土为背景，介绍了堆载引起的隧道结构横纵断面变形及相应的结构病害，提出并实施了先及时卸载、堵漏及碎裂修补，后采用芳纶布及钢环结构补强的结构整治措施。王如路等[14]指出针对上部压载引起的隧道横向变形，应优先考虑对隧道顶部覆土进行卸载或者将上部土层置换为轻质材料以减小隧道上覆荷载，该措施效果最为明显。

隧道结构内部加固措施主要有芳纶布加固、粘钢法加固、复合腔体加固等，这些加固方法已有广泛的工程应用。刘梓圣等[17]以隧道横向收敛变形和接缝张开量为指标，探讨了芳纶布对隧道横向变形的加固机制和加固效果，并针对芳纶布粘贴时机与粘贴层数对加固效果的影响进行了参数影响分析。毕景佩[18]针对粘钢加固措施，分析加固后的结构受力分布特征及承载性能。柳献等[19]采用足尺试验的方法对复合腔体加固盾构隧道整环极限承载力的力学特性进行研究，研究结果表明复合腔体加固方法可以有效提高盾构隧道的极限承载能力和刚度。

综上可知，目前已有诸多隧道横向变形控制手段，但对于设计参数与控制效果关系的研究较少，且尚未形成规范化的软土地区隧道横向变形控制指导方案，导致实际治理过程中施工效率低下、经济性不足。

4.1.2 研究内容

广州18号线是全国首次满足地铁服务水平的全地下160 km/h市域快线，施工技术等级要求高。本章针对南沙软土地区地铁隧道运营期变形治理问题，主要开展以下研究内容：

(1) 运营期隧道不均匀沉降治理方法及工艺。
(2) 运营期隧道横向变形治理方法及工艺。
(3) 变形治理过程中隧道结构保护的辅助控制措施。

上述三点研究内容不仅可以对本章进行有针对性的探讨，同时也可以为今后其他地区类似的工程提供借鉴和帮助。

4.2 隧道沉降治理方法及工艺

4.2.1 工程案例调研

调研软土地区隧道沉降治理工程所采用的抬升工艺，具体内容见表4-1。

根据工程案例调研可知，隧道不均匀沉降控制技术主要包括注浆抬升技术和换填轻质材料技术，注浆抬升技术按照施工空间位置不同又可分为洞内微扰动注浆工艺和地面袖阀管注浆工艺。此外，当地表突发堆载时，为减小隧道纵向沉降和横向收敛变形，应及时卸除堆载。

1. 洞内微扰动注浆

洞内微扰动注浆技术在上海、宁波、南京等软土地区隧道抬升中得到大量应用，该工艺在隧道底部一定区域内按照"均匀、多点、少量、多次"的原则，对均匀布置的注浆孔进行

表 4-1　各工程案例背景及抬升工艺

序号	工程位置	穿越土层	隧道结构	隧底埋深/m	抬升工艺	抬升效果
1	上海地铁 2 号线某区间	④层淤泥质黏土、⑤₁层黏土	双圆盾构,通缝水平外径10.9 m,竖向外径6.3 m	23.2	洞内微扰动注浆	(1) 抬升量为 15 mm; (2) 沉降坡度由 1.6%降低至 1.0%
2	上海地铁 2 号线江苏路站—中山公园站区间	④层淤泥质黏土、⑤₁层黏土	盾构,通缝外径6.2 m,内径5.5 m	18.9	洞内微扰动注浆	上行线抬升量为 8 mm,下行线抬升量为 11 mm
3	杭州地铁 1 号线闸弄口站—火车东站区间 2 号联络通道	④₃淤泥质粉质黏土、⑥₁淤泥质粉质黏土	盾构,错缝外径6.2 m,内径5.5 m	22.4	洞内微扰动注浆	(1) 平均沉降量抬升至0.44 mm; (2) 平均沉降速率为0.01 mm/d
4	宁波地铁 2 号线丽云南路站—云霞路站区间	②₂c层灰色淤泥质粉质黏土、④₁层灰色淤泥质黏土、⑤₁黏土、⑤₂层粉质黏土	盾构,错缝外径6.2 m,内径5.5 m	17.3	洞内微扰动注浆	最大抬升量为 42 mm,最终稳定抬升量为29 mm
5	宁波地铁 1 号线 TJ1108 标重叠段	②₂₋₂层淤泥质黏土、③₂层粉质黏土夹粉砂、④₁₋₂粉质黏土	盾构,错缝外径6.2 m,内径5.5 m	17.2	洞内微扰动注浆	(1)最大抬升量为9.2 mm; (2) 隧道沉降速率为<0.02 mm/d
6	南京地铁某区间隧道 2 号联络通道	②₂b1淤泥质粉质黏土、②₂a3₋4黏土	盾构,错缝外径6.2 m,内径5.5 m	17.5	洞内微扰动注浆	上行线抬升量为31.2 mm,下行线抬升量为29.8 mm
7	深圳地铁 1 号线鲤鱼门站—前海湾站区间	①₂淤泥(质)土、③₁粉质黏土、④砂质黏土	盾构,错缝外径6 m,内径5.4 m	18~21	地面袖阀管注浆	最大抬升量为 18.4 mm
8	上海地铁 2 号线华夏东路站—创新中路站区间上方堆土卸载	④淤泥质黏土、⑤₁黏土	盾构,通缝外径6.2 m,内径5.5 m	22.2	覆土卸载	最大抬升量为 17.9 mm
9	广州地铁 3 号线隧道上方新光快速路施工	淤泥质土、砂层	盾构,错缝外径6.0 m,内径5.4 m	—	换填轻质土	满足路堤荷载不超过60 kPa 要求
10	深圳地铁 1 号线鲤鱼门站—前海湾站区间隧道上方梦海大道施工	淤泥、砂质黏土、全风化花岗岩	盾构,错缝外径6 m,内径5.4 m	—	换填轻质土	最大沉降量控制至1.4 mm,最大抬升量为6 mm

注浆,从而抬升隧道并加固土体。微扰动注浆参数容易控制,由于采用多次少量注浆,抬升效果较好,实际工程中的抬升量为 5～40 mm,能够满足隧道不均匀沉降的治理要求。洞内微扰动注浆的缺点主要是洞内作业带来的不便:回调施工空间小,操作难度大,有效施工时间短,只能在夜间停运阶段进行。

2. 地面袖阀管注浆

地面袖阀管注浆的特点是施工难度较小,注浆流程简单明确,注浆工艺较为成熟,可实现全天候组织施工,实际工程中的抬升量约为 20 mm,抬升效果较好。但该工艺不易控制对隧道结构的纠偏效果,对场地要求也较高,且会对周边土体产生一定扰动。同时,由于钻孔深度大,袖阀管难以重复使用,施工成本亦较高。

3. 换填轻质材料

轻质材料是人工制作的土工材料,其主要特点是容重比一般的土体小,而强度和变形特性可以达到甚至超过良好的土体,是工程界近年开发并正在推广的土建新技术。轻质材料的种类很多,按其容重可分为准轻质材料(如粉煤灰)、轻质材料(如气泡混合轻质材料)及超轻质材料(如 EPS 和 XPS 泡沫塑料板)等。通过换填轻质材料减小隧道顶部土压力,从而改善隧道的受力状态,适用于针对隧道沉降过大的治理,同时也可以减小横向收敛变形。换填轻质材料会受周边环境的限制,若在隧道上方存在建筑、道路、桩基或地下管线等既有结构,则会限制此项措施的展开。

汇总上述三种常用隧道沉降治理工艺的优缺点,见表 4-2。

表 4-2 隧道沉降治理工艺的优缺点

隧道沉降治理工艺		优点	缺点
注浆抬升	洞内微扰动注浆	注浆参数易控制;对隧道周边环境影响小;抬升效果较好	回调施工空间小,操作难度大;有效施工时间短,只能在夜间停运阶段进行
	地面袖阀管注浆	施工难度较小;可全天候组织施工	纠偏效果不易控制;对场地要求较高,地面必须有足够的工作空间;施工成本较高
换填轻质材料		施工简单;抬升效果好;施工成本较低	要求隧道上部具有卸载条件;对隧道周边环境影响大

4.2.2 洞内微扰动注浆工艺

软土地区的洞内微扰动注浆工艺通过在隧道底部一定区域内进行注浆作业,加固隧道下部土体,通过浆液的挤压与渗透作用抬升隧道结构,进而达到修正隧道线位、控制隧道沉降的目的,该工艺目前已广泛应用于长三角地区,成功解决了软弱土层和复杂困难条件下运营隧道大范围、大曲率、大幅度、大沉降速率沉降段的治理难题。

4.2.2.1 微扰动注浆抬升原理

微扰动注浆治理隧道不均匀沉降的主要原理为:根据隧道沉降预测曲线上各沉降点

的沉降指标进行分区、分段治理(图 4-1)。在沉降段隧道纵向均匀布置多个注浆孔进行少量多次注浆,单孔注浆控制单次注浆厚度,当单次注浆体压力消散和初凝后(约 15 min),再进行下一次注浆,使两次注浆体沿深度方向搭接起来,直至达到设计注浆深度。确保隧道在注浆抬升和注浆间隔时间内固结沉降的交替作用下渐趋稳定,达到改善和调整隧道纵向曲线线形的目的。

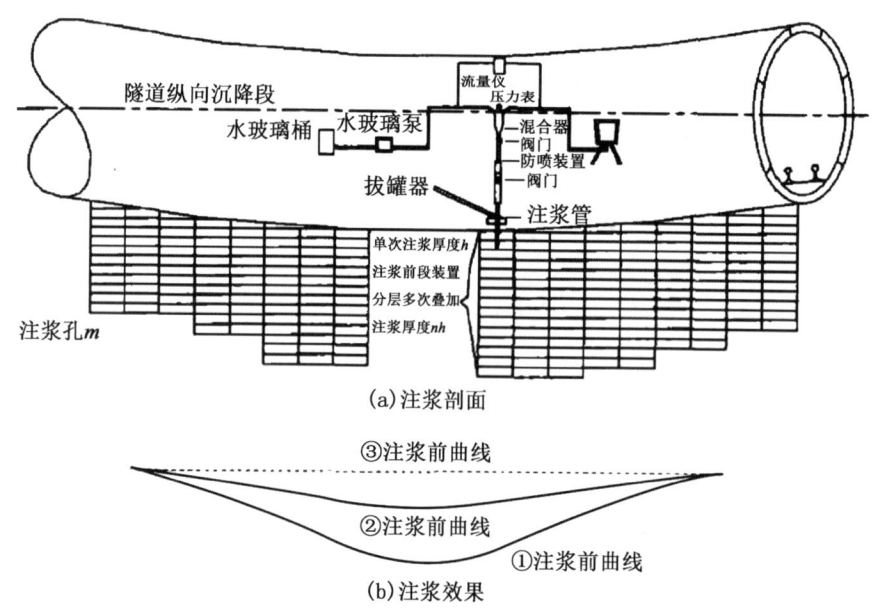

图 4-1 微扰动注浆治理不均匀沉降示意

4.2.2.2 微扰动注浆工艺流程

微扰动注浆具有高难度、低容错、持续时间长等特点,因此在注浆施工前应明确注浆流程,做好前期工作,优化注浆设计,从而提升注浆施工质量,保证注浆效果。微扰动注浆总体流程如图 4-2 所示,具体注浆工艺流程如下:

(1) 分析注浆区段隧道结构状态。对注浆区段隧道结构的收敛、渗漏、开裂情况进行观察统计,对注浆设计提供参考依据。

(2) 钻穿管壁、安装球阀。用多功能电锤钻钻空管壁,钻孔孔径为 32 mm,穿孔厚度为 8~10 cm,并在注浆孔上安装球阀和防喷装置。

(3) 插入带防喷装置的注浆管。注浆芯管采用丝口连接的直径为 32 mm 的无缝钢管。采用专用设备,根据每次的注浆深度,通过防喷装置、球阀和孔口管将注浆管逐根打入土层。

(4) 注浆。对于水泥-水玻璃双液浆,采用双泵双液注浆方法进行注浆(单液浆则为单泵),利用专用拔管设备边注浆边拔管,缓慢、连续、均匀地进行注浆,拔管速度与注浆流量、注浆单节高度、注浆量相匹配。

(5) 拔管。按要求完成注浆后,注浆管停滞 3~5 min,待浆液初凝后,利用专用拔管设备将注浆管全部拔除;关闭球阀,拆除防喷装置,单次注浆完成。

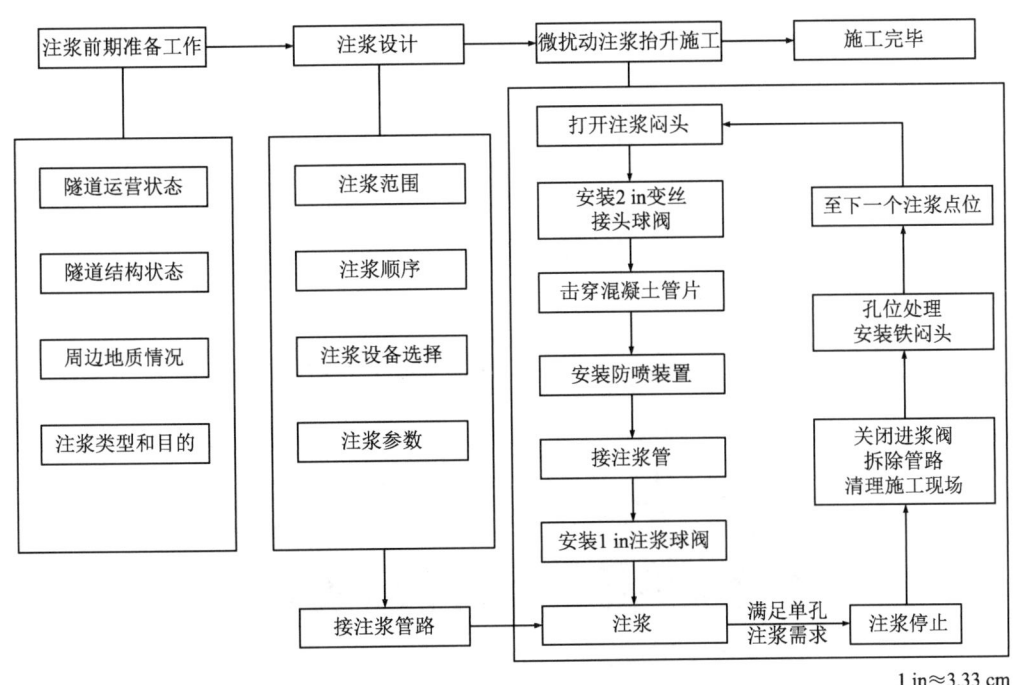

图 4-2 微扰动注浆工艺流程

4.2.2.3 微扰动注浆前期准备工作

微扰动注浆是一项精细化工程,在修正隧道线形、控制隧道沉降时应避免对隧道结构造成破坏,因此,在注浆前有必要做好微扰动注浆的前期准备工作,并掌握相关资料。这些资料包括(但不限于)隧道运营状态、隧道结构状态、隧道周边地质情况、微扰动注浆的类型和目的。

1. 隧道运营状态

对于未投入运营或无法运营的隧道,注浆抬升作业几乎没有时间限制,且可以在隧道内部架设支撑体系,注浆作业的难度相对较低;对于已投入运营的隧道,注浆抬升作业及相关监测作业必须在不影响线路正常运营的条件下进行,即作业时间应控制在天窗时间内,并且还需在该段时间内完成相关设备的搬运工作,施工作业时间较短。

2. 隧道结构状态

隧道结构状态包括隧道纵向结构状态和隧道横向结构状态。

隧道纵向结构状态包含隧道沉降情况和沉降发展趋势等要素,是确定微扰动纵向注浆范围的重要依据,过大的纵向注浆范围会加大对隧道下方土体的扰动,可能会增加隧道后续沉降。

隧道横向结构状态包含管片横断面变形、接头张开错台量、开裂程度等要素,其反映的是隧道横断面结构的安全性能。在隧道横断面变形较大、接头发生较大的张开与错台、管片混凝土发生开裂的情况下,隧道承受注浆抬升荷载的能力较低,极易引起隧道结构进一步恶化,影响结构的长期使用。

3. 隧道周边地质情况

隧道周边地质情况与隧道的沉降量有着较为密切的关系,图4-3所示为南京某地铁线路区间的沉降量与地质情况的对比,可以看出隧道的沉降量与软土层厚度(灰色部分)有着较为密切的联系,软土层越厚,隧道沉降量越大。

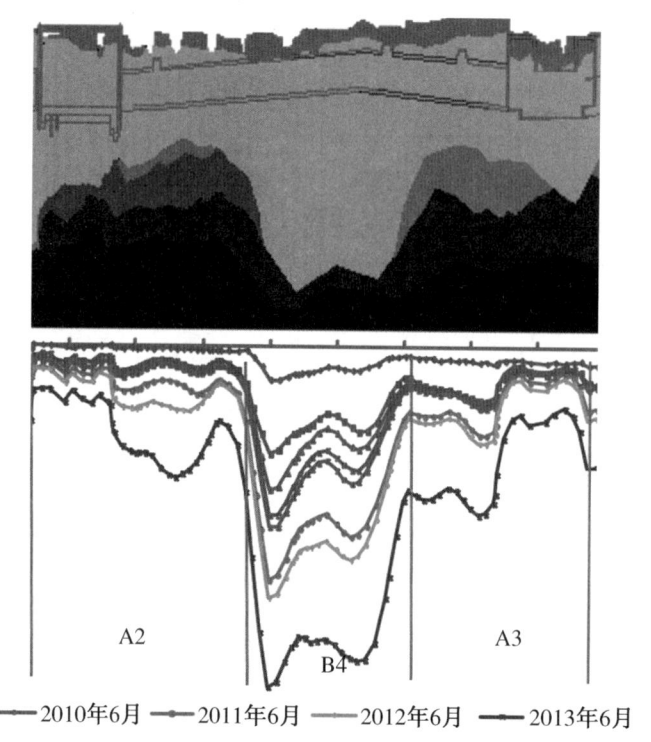

图4-3 南京某地铁线路的沉降量与地质情况对比(灰色部分为软弱土层)

对于因地质条件引起的隧道不均匀沉降,在微扰动注浆时应格外注意对注浆压力和注浆时间间隔的把控,将注浆引起的地层扰动降到最低。

4. 微扰动注浆的类型和目的

微扰动注浆技术可依据施工目的不同大致分为两类:一类是以修正隧道线形为目的的抬升注浆技术,另一类是以控制隧道沉降趋势为目的的加固注浆技术。二者由于出发点不同,注浆的施工参数及浆液类型有一定的差异。

对于抬升注浆,微扰动注浆时应严格控制每次注浆的注浆压力和注浆量,不能因抬升量较大而一次性大量注浆;对于加固注浆,应根据下卧土层的渗透性能,将注浆时间间隔适当延长,使得浆液在土体中有充足的时间进行扩散渗透。

4.2.2.4 微扰动注浆参数选择

1. 注浆材料及浆液配比

微扰动注浆工艺常采用的注浆材料有单液水泥浆、水泥-水玻璃双液浆和超细水泥浆,各类浆液特点见表4-3。

表4-3 常见浆液类型及特点

性质	单液水泥浆	水泥-水玻璃双液浆	超细水泥浆
结石体强度	高	早期强度高	很高
结石体耐久性	差	差	好
凝胶时间	长	短	较短
可注性	差	较好	好
注浆可控性	差	好	好
抗渗性	好	差	很好
价格	低廉	低廉	较高

注:以上材料中采用的水泥强度均不应低于32.5。

对于裂隙和孔隙丰富的岩溶地层或粗砂砾地层,宜采用单液水泥浆;对于一般黏性土或粉土地段,宜采用水泥-水玻璃双液浆;在砂层、粉细砂等致密土层中宜采用超细水泥浆;对于高压、强富水地段,应选择采用单液水泥浆、水泥-水玻璃双液浆、超细水泥浆、超细水泥浆-水玻璃双浆液等两种以上材料的综合注浆材料体系。

(1) 单液水泥浆。

常用水泥材料为普通硅酸盐水泥,水泥浆水灰比宜为0.6~3.0,水泥浆的浓度应根据注浆段的吸水量确定,在保证结石体强度的条件下,适当提高水灰比可提高浆液的可注性。高浓度水泥浆可适当加入减水剂、分散剂和减阻剂等化学药剂以改善其流动性。

(2) 水泥-水玻璃双液浆。

水泥-水玻璃双浆液亦称C-S浆液,C代表水泥,S代表水玻璃。该浆液中两种材料混合后可快速凝结,并可通过改变配比及外加剂调整凝固时间,克服了单液水泥浆凝固时间长、凝固时间不能控制等缺点,是目前国内隧道沉降治理工程中最常用的一种注浆材料。

水泥-水玻璃双浆液在使用时按一定比例采用双液方式注入,在施工前根据地质条件可参考以下配比进行注浆设计,施工过程中应根据抬升效果实时调整:

① 在以淤泥质黏土、黏土、粉土为主的地层中,水泥浆与水玻璃的体积比宜取1:0.33~1:1,水泥浆水灰比宜为0.6~0.8,水玻璃浓度范围为30~45°Bé。

② 在以砂性土为主的地层中,水泥浆与水玻璃的体积比宜取1:1,水泥浆水灰比宜为0.6~1.0,水玻璃浓度范围为30~45°Bé。

不同地区注浆参数设计可参考典型地区工程案例,见表4-4。

表 4-4 典型地区注浆工程案例

序号	工程案例	注浆范围地质条件	体积比（水泥浆：水玻璃）	水泥浆水灰比	水玻璃浓度/°Bé	水玻璃模数范围
1	广州地铁 6 号线黄花岗站—沙河顶站区间	泥质粉砂岩	1∶1	1.0	35	—
2	佛山地铁 2 号线某区间	隧道底主要为细粉砂、中粗砂	1∶1	0.6~1.0	35	—
3	深圳地铁 1 号线鲤前区间	黏土、砂质黏土	1∶1	1.0	30~40	2.6~2.8
4	上海地铁 2 号线某区间	淤泥质黏土、黏土	1∶0.33~1∶0.4	0.6~0.7	35~42	2.85~3.2
5	杭州地铁 2 号线闸弄口站—火车东站区间	淤泥质粉质黏土	1∶0.33~1∶1	0.6~0.8	35~40	2.8~3.2
6	宁波地铁 2 号线丽云区间	淤泥质黏土层、黏土层、粉质黏土层	1∶0.33~1∶1	0.6~0.7	35	—
7	南京地铁某区间联络通道	淤泥质粉质黏土、黏土	1∶1	0.8~1.0	35~40	3.2
8	天津地铁 3 号线天塔站—周邓纪念馆站区间	粉质黏土和黏土层	1∶0.33~1∶0.5	0.7	35	2.85

(3) 超细水泥浆。

对于渗透系数低于 10^{-2} cm/s 的砂质地层，不宜选用颗粒粒径较大的普通水泥，应采用超细水泥浆。工程中常用的 MC 型超细水泥浆是由我国研制开发的绿色环保注浆材料，以表面积约 8 000 cm²/g 的磨细水泥组成，最大粒径 $d_{90} \leqslant 20$ μm，平均粒径 $d_{50} \leqslant 6$ μm，浆液的流动性、稳定性、可注性、抗渗性等均十分优良。

根据相关工程经验及现场试验，MC 型超细水泥浆水灰比参考范围为 0.5~3.0，可根据工程情况参考典型工程案例，见表 4-5。

表 4-5 MC 型超细水泥浆典型地区工程案例

序号	工程案例	地质条件	水灰比
1	广州某地铁隧道	含水砂层	1.0~3.0
2	贵州某工程	砂土	1.25~2.0
3	杭州解放路延伸工程	富水砂质粉土	1.2~1.5
4	杭州体育场路地下人行通道	富水淤泥、淤泥质黏土	1.2~1.5
5	南京地铁 10 号线梦绿区间	粉质砂土、粉土、细砂	0.8~1.2

2. 注浆范围

微扰动注浆范围主要包括注浆总深度、纵向注浆范围和横向注浆范围。

对于注浆总深度，当隧道下卧土层中软弱土层较薄时，注浆深度可进入下方较好土层;当隧道下卧土层中软弱土层较厚,针对广州地区盾构隧道的特点,注浆深度超过 2 m 时,隧道抬升效果将明显下降,因此注浆总深度不宜超过 2 m。

对于纵向注浆范围,应根据隧道沉降曲线及沉降发展趋势综合确定,但该范围不宜过大,以避免过度扰动下方土体。

对于横向注浆范围,根据相关注浆试验,宜为隧道底部不小于 3 孔的范围,对于隧道横向结构状况不良或隧道抬升量较大的区段,可以适当增大横向注浆范围以减小单次注浆抬升量,确保结构安全。

3. 注浆压力与注浆流量

微扰动注浆压力宜根据抬升预期值进行选择,可参考地区经验值,见表 4-6。在保证注浆效果的同时,应充分考虑注浆压力对隧道结构安全性的影响,当下方软土层较厚、隧道横向结构状态不良时,应选取较小的注浆压力。

表 4-6 微扰动注浆压力建议值与抬升预期值关系

序号	工程案例	注浆范围地质条件	注浆压力建议值/MPa	抬升预期值/mm
1	宁波地铁 1 号线 TJ1108 标重叠段	淤泥质黏土、粉质黏土夹粉砂	0.1~0.3	10~15
2	杭州地铁 1 号线闸弄口站—火车东站区间 2 号联络通道	淤泥质粉质黏土		
3	上海地铁 2 号线某盾构区间	淤泥质黏土、黏土	0.3~0.4	15~25
4	上海地铁 2 号线江苏路站—中山公园站区间	淤泥质黏土、黏土		
5	杭州地铁某盾构区间联络通道	淤泥质黏土、淤泥质粉质黏土		
6	南京地铁某区间隧道 2 号联络通道	淤泥质粉质黏土、黏土		
7	南京地铁 10 号线某盾构区间	粉土、粉砂、细砂	0.4~0.6	25~35
8	宁波地铁 2 号线丽云南路站—云霞路站区间	淤泥质黏土、粉质黏土、黏土		

一般单液浆流量控制在 20 L/min 左右;对于双液浆,水泥浆流量宜控制在 14~16 L/min,水玻璃流量宜控制在 4~6 L/min。

4. 单层注浆高度与单次注浆量

微扰动注浆过程中应采取分层注浆的方式,单层注浆厚度不宜过大,一般控制在 20~40 cm,具体厚度应结合注浆总厚度、注浆抬升量等指标确定。

单次注浆量应结合单次注浆层厚确定,一般控制在 80~100 L。

在注浆工作开始后,采用拔管器上拔注浆管,拔管过程中应保证不同深度处的喷浆量均匀,拔管速度可按式(4-1)计算。

$$v = \frac{l}{Q/q} \tag{4-1}$$

式中,v 为拔管速度(mm/min);l 为单次注浆层厚(mm/min);Q 为单次注浆量(L);q 为注浆流量(L/min)。

5. 注浆孔位布置原则

微扰动注浆时,每环管片宜在隧道底部钢轨外侧对称布置 2 个注浆孔,沉降量较大时可在道床中心线处增设注浆孔。为避免注浆引起单环或相邻几环管片的变形和位移量过大,一般采用跳孔注浆,间隔不少于 1 环管片,如图 4-4 所示。对于目标抬升量较大的区段可不进行间隔跳孔注浆,但应控制单孔注浆量,防止单环抬升过大。

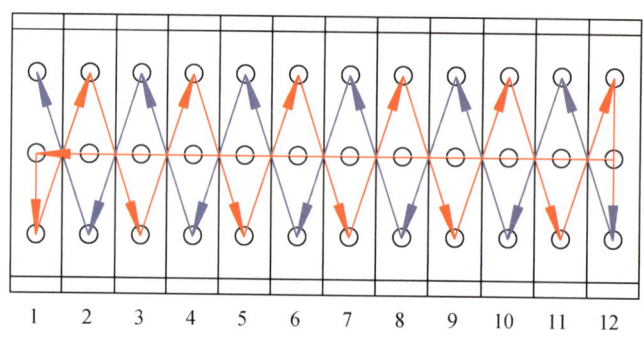

图 4-4 跳孔注浆示意

6. 注浆顺序确定原则

根据相关注浆工程经验,微扰动注浆顺序确定时应遵循以下原则:

(1) 纵向上应由沉降最大或曲率最大的位置向两边分区进行。

(2) 在隧道结构状态不良时,单环管片建议采用"自上而下,先中间后两边,中间加固两边抬升"的注浆顺序。

(3) 宜采用间隔跳孔施工,间隔不少于 1 环管片。

7. 注浆结束标准

注浆结束标准控制方法主要有定浆量控制法、定压控制法和定时控制法,它们分别采用注浆总量、注浆终压和注浆时间作为注浆结束的标准。

调研不同地区微扰动注浆工程案例所采用的注浆结束标准,结果见表 4-7。可以看出,工程实践中注浆结束标准一般通过控制注浆压力、注浆量、抬升效果等确定。微扰动注浆结束标准应符合以下要求:

(1) 当达到单孔最大设计注浆压力、设计注浆量或单次抬升量控制值时,可终止单孔注浆。

(2) 单日注浆引起的隧道抬升量应不大于 2 mm。

(3) 当达到抬升预期值,隧道沉降变形速率小于 0.02 mm/d 并达到稳定时,可结束全部注浆。

表 4-7 微扰动注浆结束标准

序号	工程案例	注浆结束标准
1	上海地铁 2 号线某区间	(1) 沉降坡度＜0.16%； (2) 注浆结束稳定标准为沉降速率＜0.02 mm/d
2	杭州地铁 2 号线闸弄口站—火车东站区间	(1) 单孔注浆达到最大注浆压力和设计单次注浆量； (2) 单日逐渐抬升量不大于 0.3~0.5 mm； (3) 多日累计抬升量≤3 mm
3	宁波地铁 1 号线 TJ1108 标重叠段	(1) 单次抬升量≤2 mm,累计抬升量≤10 mm,预警值为 6 mm； (2) 隧道收敛累计控制值≤6 mm,预警值为 3 mm； (3) 隧道沉降曲线曲率半径≥3 000 m； (4) 注浆结束稳定标准为沉降速率＜0.02 mm/d
4	宁波地铁 2 号线丽园南路站—云霞路站区间	(1) 单次注浆引起管片沉降控制值≤5~10 mm； (2) 管片收敛累计控制值≤5 mm,预警值＞3 mm； (3) 累计注浆抬升数据≤40 mm； (4) 相邻管片错台量≤2~3 mm； (5) −30 mm≤地面最大累计沉降量≤+10 mm； (6) −10 mm≤管线最大累计沉降量≤+10 mm； (7) −10 mm≤建筑物最大累计沉降量≤+10 mm
5	南京地铁某区间隧道 2 号联络通道	单孔注浆达到最大设计注浆压力和设计单次注浆量
6	南京地铁 10 号线梦绿区间管片	(1) 区间隧道上抬达到 10 mm,收敛变形达到 5 mm； (2) 连续 3 个月,每半个月隧道的沉降速率≤0.06/d,并趋于收敛

4.2.3 地面袖阀管注浆工艺

4.2.3.1 袖阀管注浆原理

袖阀管注浆工法是将袖阀式注浆管通过钻孔下入地层,采用分段注浆工艺,使浆液在压力条件下较均匀地进入地层,以达到浆液在地层中分段可控、均匀扩散的目的,一般采用斜向袖阀管注浆深入隧道底部进行隧道抬升,采用垂直袖阀管注浆进行水平纠偏。

采用该工艺时,浆液经过注浆泵加压后,通过连通管进入注浆管,聚集到袖阀管注浆管段,然后通过钻有泄浆孔的 PVC 管(即袖阀管),在内压力的作用下,将包裹在 PVC 管外的橡胶圈胀开并挤碎套壳料,如图 4-5 所示。当压力逐渐增大到一定程度时,被加压的浆液沿着地层结构产生流动,此时由于供

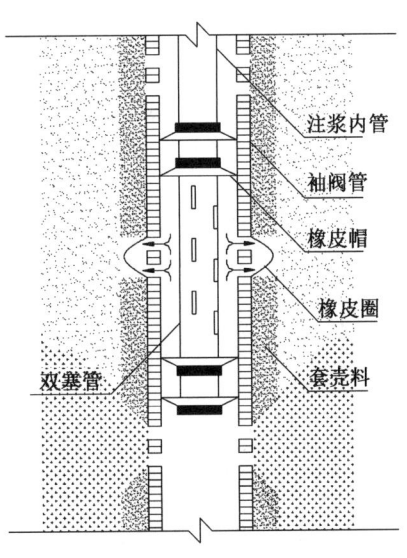

图 4-5 袖阀管注浆示意

浆量小于进入量,压力会自动恢复到平衡状态,后续的浆液在压力作用下,使得劈裂裂缝不断向外延伸,浆液在土体中形成固结体,从而达到增加地层强度、降低地层渗透性的目的。同时逐次提升或降低注浆内管即可实现分段注浆。

4.2.3.2 袖阀管注浆工艺流程

袖阀管注浆工艺流程如图4-6所示。

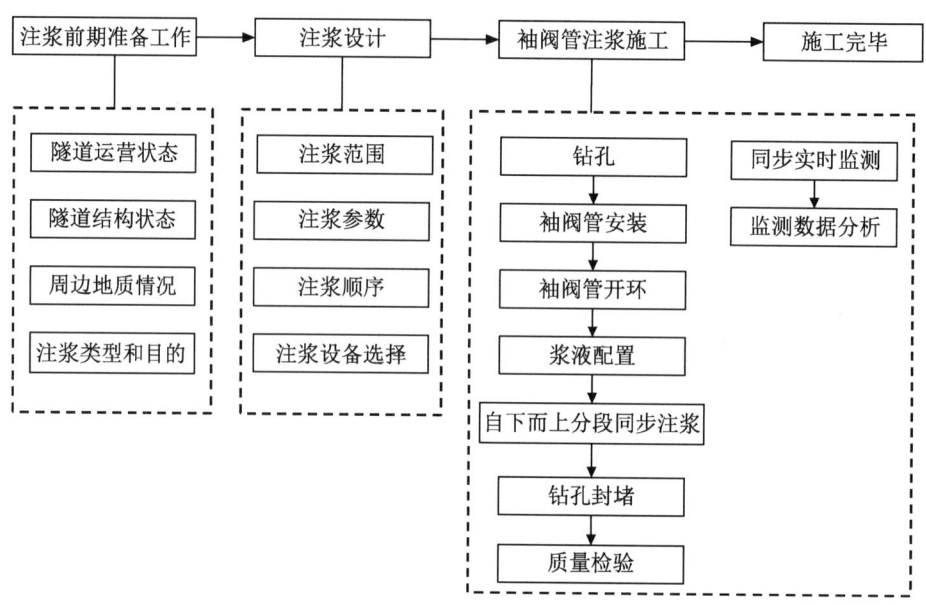

图4-6 袖阀管注浆工艺流程

主要注浆流程具体如下:

1. 钻孔

根据注浆设计方案确定孔位、倾角以及深度后开始钻孔。成孔工艺主要分为套管跟进和泥浆护壁,其中套管跟进工艺适用于各类地层,成孔和注浆效果均较佳,但该工艺较为复杂且成本较高;泥浆护壁工艺可以满足一般情况下的成孔要求,且成本较低。钻孔的垂直度偏差不宜大于1.5%。

2. 套壳料浇筑

用泥浆泵经钻杆将套壳料注入孔底,由孔底将原有泥浆顶出置换,直到套壳料溢出孔口,或是达到注浆段高度以上0.2 m处。

3. 袖阀管安装

成孔以后及时下放袖阀管。首先在连接好的注浆管底部加下闷盖,将注浆管下入注浆钻孔中,下管时管内灌入清水以克服浮力,使袖阀管下至孔底,占据注浆段(对淤泥质土体要超出顶、底各0.2 m),尽量使袖阀管垂直居于孔中心。袖阀管顶部用保护帽封堵。

4. 固管止浆

为了防止注浆过程中产生冒浆现象,在下放袖阀管以后,可进行套壳料二次浇筑,或者根据不同深度采用黏土和水泥砂浆进行封堵,以保证固管止浆效果。

5. 袖阀管开环

开环是指待套壳料养护到具有一定强度后,通过注浆泵施加压力把套壳料压裂,为浆液进入地层打开缝隙。常用的开环方法有慢速法、快速法、隔环法和间歇法。可分段注入清水进行开环,每次开环长度覆盖2~3环注浆孔,开环压力不应大于注浆压力。

6. 注浆

一般遵循"由下而上,隔孔跳注,先外后内"的原则进行分段注浆,每段注浆完成后,移动一个步距的芯管长度继续进行注浆,直至注满整个注浆段。当上部土层松散、固结强度较低时,可采用自上而下的注浆顺序,但在完成上部注浆后必须用清水洗孔,确保再次注浆时袖阀管管壁及孔底无残留水泥浆液。注浆过程中应防止窜浆和跑浆。

自上而下注浆时采用前进式分段注浆方式,自下而上注浆时采用后退式分段注浆方式。

(1) 前进式分段注浆(图4-7)。即在施工中,实施钻一段、注一段,再钻一段、再注一段的钻、注交替方式进行钻孔注浆施工。每次钻孔注浆分段长度为3~5 m。

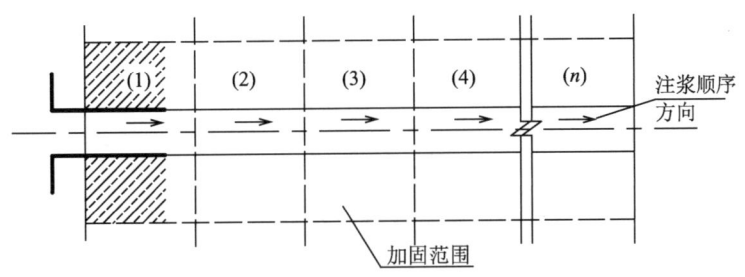

图4-7 前进式分段注浆示意

(2) 后退式分段注浆(图4-8)。即在施工中,一次钻到设计深度,然后后退一段、注一段,再后退一段、再注一段的交替注浆方式。每次后退分段长度为1~3 m。

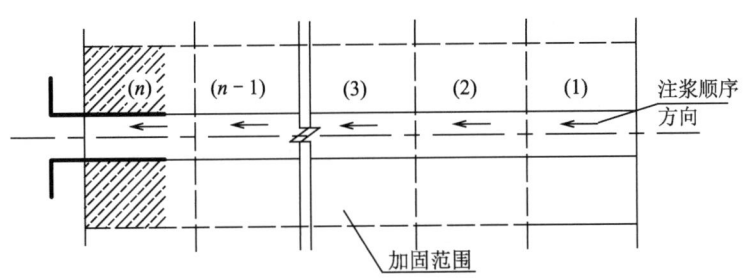

图4-8 后退式分段注浆示意

4.2.3.3 袖阀管注浆参数选择

1. 注浆材料和浆液配比

袖阀管注浆常用浆液类型为单液水泥浆、水泥-水玻璃双液浆和超细水泥浆,浆液特点和配比可参考 4.2.2 节内容。

2. 注浆压力与注浆流量

注浆压力宜通过现场注浆试验进行确定,无试验数据时,可参考软土地区经验值,见表 4-8。斜向袖阀管注浆的注浆压力一般控制在 0.5~1.0 MPa,垂直袖阀管注浆的注浆压力一般控制在 0.3~0.5 MPa,为防止隧道结构二次破坏,宜控制最大注浆压力不大于 1.5 MPa。

表 4-8 袖阀管注浆典型地区案例

序号	工程案例	注浆范围地质条件	注浆压力/MPa	抬升量/mm	注浆目的
1	深圳地铁 1 号线鲤鱼门站—前海湾站区间	淤泥、粉质黏土、砂质黏土	0.3~1.0	18	隧道抬升
2	中国东南沿海某高铁线路	粉土、粉质黏土	0.2~0.5	30	高速铁路路基抬升
3	连云港—盐城高速公路灌云段	淤泥	0.3~0.5	27	高速公路路基抬升
4	厦门机场路一期工程浦南段暗挖隧道	填筑土、泥质粗砂、全风化花岗岩	0.5~1.0	20	建筑物抬升
5	天津地铁 3 号线某盾构区间下穿某处历史风貌大楼	粉质黏土	0.5~1.5	15	建筑物抬升
6	广东珠三角莞惠城际轨道深基坑侧穿某建筑物	淤泥质粉质黏土、粉质黏土	0.8	—	
7	天津地铁 3 号线某盾构区间隧道邻近基坑开挖	粉质黏土	0.3	—	隧道水平变形控制
8	深圳地铁竹子林站—侨城东站区间隧道	砂质黏土、黏土	0.15~0.5	—	隧道地基加固
9	广州地铁 5 号线西村站主隧道下穿某高架桥基	强、中风化花岗岩	1.0~2.0	—	桥基加固
10	天津某建筑物邻近地铁车站深基坑开挖	粉质黏土、粉土	0.3~1.0	—	建筑物地基加固

注浆流量与土质种类、透水性、注浆速度等因素有关,应做现场试验或参照已有经验

来确定。根据软土地区袖阀管注浆相关工程,注浆流量一般控制在 20～30 L/min。

3. 注浆量

参照《基坑工程手册》,袖阀管注浆量设计时可按式(4-2)估算。在实际工程中,比较合理的确定方法是进行现场注浆试验,通过观测到的注浆压力变化与注浆抬升情况进行动态调整。

$$Q = V\lambda \tag{4-2}$$

式中,Q 为注浆量;V 为加固土体体积;λ 为浆液充填率,根据上海、天津和江浙地区的经验,劈裂注浆加固土体的浆液充填率一般在 15%～20%。

4. 注浆孔位布置原则

注浆孔位布置时,应遵循以下原则:

(1) 一般采用斜向袖阀管深入隧道底部注浆进行竖向抬升,袖阀管插入深度宜在隧道下方 6 m 左右。

(2) 注浆孔位布置时,应满足浆液的渗透有效范围在平面、立面上能互相重叠,孔距一般为 0.8R(R 为扩散半径),排距为 0.87×孔距,在黏性土层,孔距可取 1～2 m。

(3) 隧道每侧横向布置不少于 2 排斜向袖阀管,两侧应对称布置,注浆管与水平面夹角一般控制在 50°～80°。

(4) 多排注浆孔应尽量布置成梅花形或正方形平面。

5. 注浆顺序确定原则

根据袖阀管注浆抬升工程经验,注浆顺序确定时应遵循以下原则:

(1) 单孔宜自下而上分段注浆,每一注浆段长度控制在 1.5～2.0 m。

(2) 横向上应自外而内注浆,外侧止浆墙可为内侧注浆提供持力层,隧道两侧应对称注浆。

(3) 纵向上应由沉降最大或曲率最大位置向两边分区进行。

(4) 应采用跳孔交替注浆。

6. 注浆结束标准

对于袖阀管注浆抬升工程,其注浆结束标准可参考微扰动注浆。

4.2.4 换填轻质材料工艺

当隧道差异沉降或管片内力过大时,通过换填轻质材料可局部回调隧道变形和释放管片内力。该工艺抬升隧道效果较为显著,但是需要严格控制好卸载和换填参数,并加强监控量测工作,防止隧道抬升速率过快而造成二次损害。

4.2.4.1 换填轻质材料工艺流程

换填轻质材料工艺流程如图 4-9 所示。

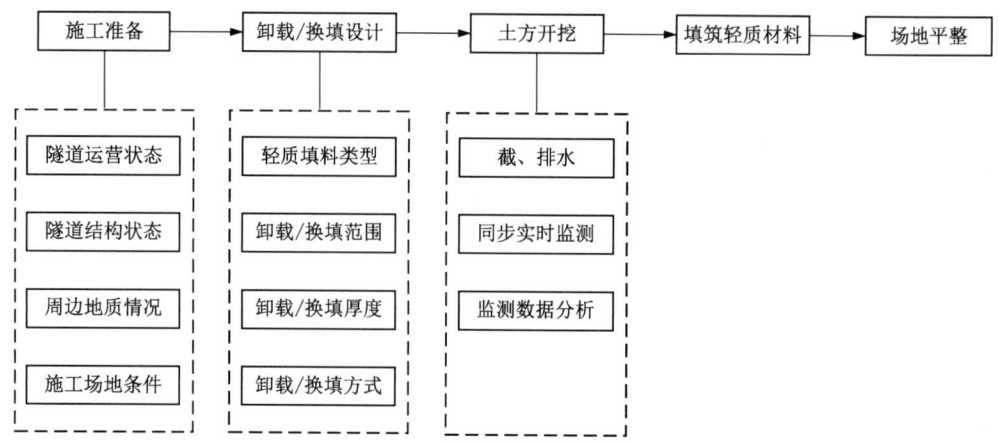

图 4-9　换填轻质材料工艺流程

具体工艺流程如下：

1. 施工准备

根据隧道运营状态、隧道结构状态、周边地质情况以及施工场地条件开展施工前期准备工作，主要内容如下：

(1) 清除挖方区域内所有障碍物，勘察开挖区域地下管线情况。

(2) 整平场地，设置测量控制网，进行土方工程的测量定位放线。

(3) 设置必需的临时设施，包括生产设施、生活设施、机械进出道路等。

(4) 机械设备运进现场，进行维护检查和试运转。

2. 卸载/换填设计

卸载/换填方案的关键参数为轻质填土材料类型、卸载/换填范围、卸载/换填厚度、卸载/换填方式等，在施工前应确定好卸载/换填参数与隧道回调速率、隧道回调效果之间的关系。

3. 土方开挖

为了控制隧道回调速率，防止隧道结构因回调过快而产生破坏，土方开挖过程一般采用分段、分区、间隔方式逐层向下开挖，控制每次开挖范围和开挖深度。

隧道覆土开挖过程中应进行同步实时监测，跟进隧道变形的监控变化情况，根据实际监测数据对开挖参数进行及时调整，避免土方开挖造成隧道变形过快或产生新的变形。

4. 填筑轻质材料

在土方开挖完成后，采用轻质材料对开挖区域进行填筑。

4.2.4.2 换填参数选择

1. 轻质填土材料类型

当前应用较为广泛的轻质填土材料主要包括泡沫轻质土、EPS① 块体和 XPS② 板，各

---

① EPS: Expanded Polystyrene，聚苯乙烯泡沫。

② XPS: Extruded Polystyrene，挤塑聚苯乙烯泡沫。

轻质填土材料特点见表4-9。EPS和XPS材料容重极低,更适用于换填地面新建道路路基土以降低隧道上部附加应力。

表4-9 轻质填土材料特点

材料类型	容重/(kN·m^{-3})	优点	缺点
泡沫轻质土	3~12	质量较轻、自立性强、环保、容重及强度可调节、整体性较好、耐久性较强	水化热高、组分配比确定较为复杂
EPS块体	0.15~0.30	质量轻、自立性强、不易变形、吸水性低、不易老化	造价高、易局部脱空和层间滑移、耐冲击性较差、抗浮能力较差
XPS板	0.4~0.6	质量轻、吸水性极低、高抗压、抗冲击性强、不易老化	造价高、抗浮能力较差

2. 换填范围

换填整体长度可根据隧道沉降情况确定。若隧道纠偏长度较长且隧道变形量相差较大,可根据沉降量对换填区域划分,进行分区整治。

换填厚度应根据隧道附加荷载确定,确保隧道上部附加荷载满足设计要求,并结合轻质填土材料的抗浮要求确定覆盖层厚度。

3. 换填方式

挖土换填时应分段、分区、间隔进行,以减少挖土卸载对隧道的影响。泡沫轻质土应分层浇筑,分层浇筑厚度控制在0.3~1 m,XPS和EPS材料应逐层错缝拼装,搭接宽度不小于50 cm,块体间缝隙小于20 mm,高差小于10 mm,块体间采用双面爪形连接件进行固定。

4.3 隧道横向变形治理方法及工艺

4.3.1 工程案例调研

调研软土地区隧道横向变形治理工程所采用的纠偏工艺,见表4-10。

由于隧道横向变形对接头防水和结构受力都有非常重要的影响,根据隧道变形发展的影响因素和变形发展规律,治理横向变形的总体思路是:根据变形情况合理选用内部结构补强和外部变形治理措施,前者能够提高隧道结构承载能力和抗变形能力,后者则通过减小隧道上覆荷载、增加地层抗力以改善隧道结构的受力状态并遏制隧道结构继续恶化。

表 4-10　各工程案例背景及纠偏工艺

序号	工程位置	穿越土层	隧道结构	隧底埋深/m	纠偏工艺	纠偏效果
1	上海地铁某区间	④层淤泥质黏土、⑤₁层黏土	盾构,通缝外径6.2 m,内径5.5 m	16.2	地面微扰动注浆	隧道直径收敛减小量为12.0～16.9 mm
2	上海地铁某区间	④层淤泥质黏土、⑤₁层黏土	盾构,通缝外径6.2 m,内径5.5 m	22.0	地面微扰动注浆	隧道直径收敛减小量为7.0 mm
3	天津地铁3号线天塔站—周邓纪念馆站区间	粉质黏土、黏土	盾构,错缝外径6.2 m,内径5.5 m	17.8	地面微扰动注浆	隧道直径收敛减小量为23.2 mm
4	深圳地铁1号线鲤鱼门站—前海湾站区间	①₂淤泥(质)土、③₁粉质黏土、④砂质黏土	盾构,错缝外径6 m,内径5.4 m	18.0～21.0	地面微扰动注浆	最大水平位移为18.4 mm
5	南京2号线某区间	流塑淤泥粉质黏土、可塑粉质黏土	盾构,错缝外径6.2 m,内径5.5 m	21.8～26.6	地面微扰动注浆	隧道直径收敛减小量为7～19 mm
6	某地铁区间	④₃层淤泥质粉质黏土	盾构	22.3	地面微扰动注浆	最大水平位移为12.5 mm;最大水平收敛位移为33.5 mm;最大竖直收敛位移为34.4 mm
7	南京2号线元通站—雨润大街站区间	淤泥质粉质黏土、粉土、粉细砂	盾构,通缝外径6.2 m,内径5.5 m	16.2～26.5	地面微扰动注浆、钢环加固	隧道沉降、收敛数据达到稳定
8	上海地铁2号线华夏东路站—创新中路站区间	④淤泥质黏土、⑤₁黏土	盾构,通缝外径6.2 m,内径5.5 m	22.2	覆土卸载、芳纶布及钢环加固	隧道直径收敛减小量为16 mm
9	某地铁区间	粉质黏土、粉土	盾构,错缝外径6.2 m,内径5.5 m	13.0～17.0	轻微区段:洞内修复处理;严重区段:覆土卸载、洞外注浆、粘钢加固	隧道直径收敛减小量为15～33 mm

根据上述工程案例可知,隧道外部治理措施主要有:地面微扰动注浆和地表卸载,前者通过在隧道两侧进行微扰动注浆,以增加侧向抗力,控制隧道结构横向变形持续变大;后者一般在上部压载引起的隧道横向变形治理中使用,通过对地表堆载进行清除,或者将

上部土层置换为轻质材料以减小隧道上覆荷载,效果最为直接明显。隧道内部治理所采取的措施通常为:粘贴芳纶布、内张钢环加固及复合腔体加固。首先应对隧道内渗漏水的部位注浆止水,跨缝粘贴芳纶布以改善隧道局部受力状态,待隧道结构稳定后,择机在隧道内施加内张钢圈等以增加隧道环向刚度,实现共同受力。

在实际纠偏工程中,应根据造成隧道横向变形的原因、施工环境及具体条件选择性采取相应的措施:

(1) 上部堆载。最有效的方法是卸掉隧道上部堆载,同时进行内部注浆堵漏水,根据隧道横向变形发展情况合理选择地面微扰动注浆和内部结构补强措施。

(2) 侧向卸载。应做好隧道内部堵漏水工作,当变形较大时,可在隧道一侧采用双液微扰动注浆进行纠偏,并结合芳纶布、内张钢环加固或复合腔体加固等内部治理方法,以提高隧道环向刚度和隧道安全系数。

4.3.2 地面微扰动注浆工艺

在隧道两侧实施多排双液微扰动注浆,可提高隧道周边土体的物理力学性能,增强土体侧向抗力,改善隧道椭圆度,并使隧道的横向变形在注浆充填挤压的叠加作用下逐渐减小。注浆时,随注浆压力作用及孔隙水压力作用,隧道横向位移会减小;随着时间发展,注浆引起的周围孔隙水压力消散和土层重新固结,又会导致隧道横向位移增加。因此,应通过精心设计和严格要求施工,使注浆时横向变形的减小量大于后期孔隙水压力消散和土层固结而导致的横向变形的增加量,最终使注浆达到减小隧道横向变形的预期目标。

根据隧道横向变形情况、变形原因、地质条件和运营特点,进行地面微扰动注浆方案设计,注浆工艺流程和注浆参数可参考 4.2.2 节内容,主要的技术参数如下。

1. 注浆范围

水平纠偏采用垂直孔注浆,竖直方向注浆范围一般从隧道顶部到隧道底部,考虑到注浆对于隧道结构的影响,水平方向一般从隧道外侧 3 m 开始布设垂直注浆管,如图 4-10 所示。

2. 注浆材料和浆液配比

袖阀管注浆常用浆液类型为单液水泥浆、水泥-水玻璃双液浆和超细水泥浆,浆液特点和配比可参考 4.2.2 节内容。

3. 注浆压力与注浆流量

注浆压力一般控制在 0.3~0.5 MPa。注浆流量:单液浆一般控制在 20 L/min 左右;双液浆中水泥浆流量控制在 14~16 L/min,水玻璃流量控制在 4~6 L/min。

4. 注浆孔位布置

一般在隧道两侧设置多排垂直注浆管进行水平纠偏,孔距一般为 $0.8R$(R 为扩散半径),排距为孔距的 0.87 倍,在黏性土层,孔距可取 1~2 m。

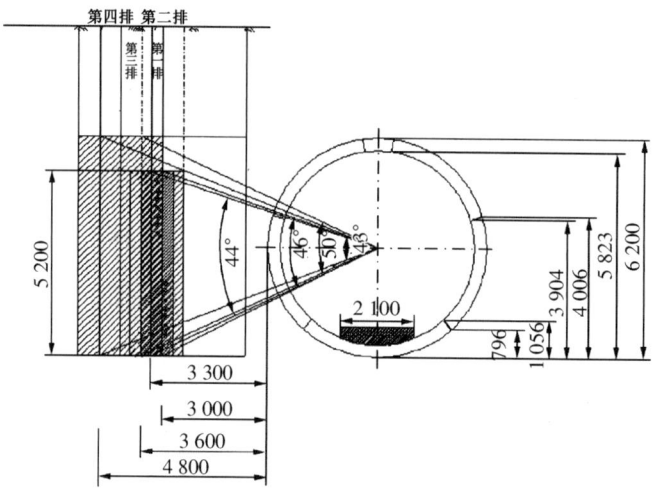

图 4-10 地面微扰动注浆治理隧道横向变形示意(单位：mm)

5. 注浆顺序

单孔宜自下而上分段注浆,每一注浆段长度控制在 1.5～2.0 m;横向应自外而内注浆,外侧止浆墙可为内侧注浆提供持力层;纵向应由隧道横向变形最大位置向两边分区进行;应采用跳孔交替注浆,相邻孔注浆时间间隔不少于 2 d,并根据监测情况及时调整。

6. 注浆结束标准

当注浆量达到每次注浆的要求,或单次注浆隧道横向变形接近或达到允许值时,则可终止注浆。

4.3.3 地表卸载工艺

地表卸载工艺流程及参数可参考 4.2.4 节内容。

4.3.4 隧道结构内部加固

对于受损较严重、变形较大的管片,需在隧道内部对管片结构环向刚度进行修补加固,以改善隧道的受力性能,控制隧道结构的变形。由于盾构隧道建筑限界的限制,隧道结构环向刚度的加固方法主要有芳纶布加固、内张钢环加固、复合腔体加固等。

1. 芳纶布加固

芳纶布是一种比强度高、比模量高、热膨胀系数低、耐久性极佳的材料,非常适合应用于潮湿的隧道环境当中。通过利用芳纶布质地轻柔、仅能承受拉力的特性,将芳纶布粘贴于封顶块附近的受拉区域进行加固(图 4-11)。该方法用途如下:①隧道横向变形较小时用于加固整环隧道;②隧道顶部纵缝张开量过大时用于加固顶部纵缝;③管片出现裂缝时用于加固管片。芳纶布加固的优点是施工方便、造价低、能够有效限制隧道横向收敛变形和接头变形,但其加固效果受到隧道变形程度的影响,即隧道变形越小,加固效果越好。

(a) 施工过程　　　　　　　　　(b) 施工后效果

图 4-11　芳纶布加固效果

芳纶布加固施工流程如图 4-12 所示。

施工准备 → 掉块修补 → 混凝土构件表面处理 → 找平 → 配置并涂刷底层树脂 → 粘贴芳纶布

图 4-12　芳纶布加固施工流程

(1) 施工准备。制订施工计划,对所使用的芳纶纤维布、配套树脂、机具等做好施工前准备。

(2) 掉块修补。对芳纶布加固范围内出现掉块的地方进行修补处理。

(3) 混凝土构件表面处理。采用磨光机对混凝土表面进行打磨,清除表面的夹杂、浮浆、油污等杂质,直至完全露出混凝土结构面。

(4) 找平。对混凝土表面凹陷部位用环氧腻子填平,修复至表面平整。

(5) 配制并涂刷底层树脂。按照配套树脂的主剂和固化剂比例配制底胶,采用滚筒刷将底胶均匀涂抹于混凝土表面,在底胶表面干燥时进行下一步工序的施工。

(6) 粘贴芳纶布。粘贴芳纶布前应确保粘贴表面干燥,配置浸渍树脂均匀涂抹于所要粘贴的部位,抹胶厚度不小于 13 mm,中间厚、边缘薄,沿纤维方向多次滚压,使浸渍树脂完全渗透芳纶布。

2. 内张钢环加固

内张钢环一般用于隧道结构整体加固,能够有效控制接缝张开和错台,可大幅提高隧道结构的横向抗变形能力,特殊地质区域也可以用于预防隧道变形。该工艺通过钢圈支护、刚性环氧树脂填充,使钢环与受损管片形成整体共同受力,弥补受损管片的性能损失,进而控制隧道结构的变形(图 4-13)。原材料选用优质钢板,预制成型,分牛腿、侧板和顶板三个部分,通过机械手进行安装就位,膨胀螺栓临时固定,化学锚栓永久连接,三个部分之间采取焊接,最后利用刚性环氧树脂进行缝隙填充,使安装钢板与受损管片共同承载受力。该方法能在确保隧道运营不受影响的前提下,显著提高既有盾构隧道的整体刚度和承载能力。但钢板与混凝土的黏结部位(尤其是封顶块与邻接块附近位置)是加固结构的薄弱部位,黏结失效则加固效果减弱,且该方法造价较高,工期较长。

(a) 施工过程　　　　　　　　　　　　　　(b) 施工后效果

图 4-13　内张钢环加固效果

内张钢环加固施工流程如图 4-14 所示。

施工准备 → 钢环安装 → 填充环氧树脂 → 钢环防腐 → 恢复工作

图 4-14　内张钢环加固施工流程

(1) 施工准备。内衬钢环施工前,根据隧道条件设计加工机械手臂和平板车,并进行管线改排、环纵缝封堵、切割道床、放样、预制钢板等工作。切割道床时注意深度控制,牛腿宜现场逐块量测、记录、预制,减少统一定制产生的不贴合问题,并预留管片注浆孔位置。

(2) 钢环安装。管片手孔封堵、表面打磨后,依次安装牛腿、侧板、顶板,利用膨胀螺栓进行临时固定,每块钢板临时固定用的螺栓数不宜少于 6 根,然后用化学锚栓永久固定,最后在道床上安装钢拉板连接两侧牛腿,安装完成后整环钢板间焊接。

(3) 填充环氧树脂。钢环安装完成后,利用快硬水泥或环氧树脂胶泥对钢板弧度两侧及螺栓孔封堵,并在两侧 1 m 左右等间距埋设注浆管,由下至上依次注浆,至上部预留孔溢出树脂停止。

(4) 钢环防腐。钢板内表面采用 SPUR(喷涂型聚脲弹性体)涂层做防腐蚀处理,涂层厚度应均匀,分两层进行喷涂且总厚度不宜少于 1.2 mm。

(5) 恢复工作。内衬钢环施工完成后进行管线恢复,破坏的排水沟利用排水管铺设于牛腿预留孔,再进行道床的整平恢复。

3. 复合腔体加固

复合腔体由复合材料、钢结构和水泥组合而成,如图 4-15 所示。腔体本体由 4 根金属管组成,其形状与加固面相吻合,其表面覆盖由树脂及纤维组成的复合材料层,本体内灌注填充物。复合腔体构件上每个腔体设有单独的注浆孔,通过注浆孔向腔体本体内灌注填充物,以增加加固构件的强度。填充物可以是砂浆或高分子发泡物等材料。

复合腔体构件在工厂预制加工,结构轻盈,不需要机械设备就可用锚栓固定在管片上,采用结构胶粘贴在变形的管片上,再进行后期注浆,形成叠合作用,从而达到轻便、快速、安全的加固目的(图4-16)。复合腔体加固方法可以在空间狭窄、加固时间短等条件下,快速加固隧道,并有效提高盾构隧道的极限承载能力和刚度,但叠合结构的黏结面是整个结构的薄弱点。

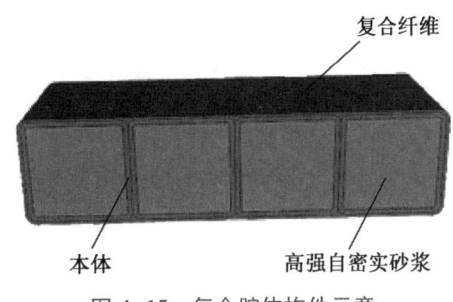

图 4-15 复合腔体构件示意

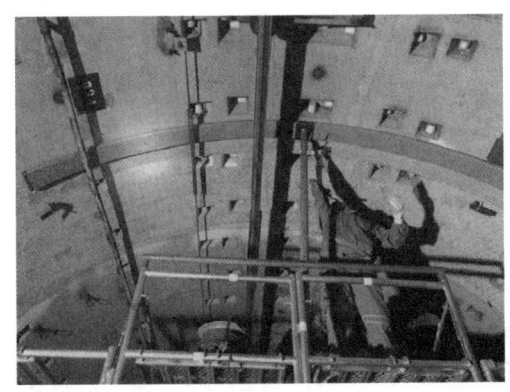

(a) 施工过程

(b) 施工后效果

图 4-16 复合腔体加固效果

复合腔体及注浆技术分为工厂内预制加工和现场施工两部分,现场施工主要由快速放样、快速安装、快速注浆组成,具体施工流程如图4-17所示。

(1) 快速放样。复合构件测量放样时,首先采用自动化扫描隧道断面,确定构件分块尺寸、规则以及位置;再利用人工测量放样,确定构件的制作加工弧度尺寸,以确保其紧密贴合管片。

(2) 快速安装。每一环混凝土管片须安装4圈复合构件,纵向4圈安装顺序为:以管片边缘为控制边界,确定每圈复合构件的具体位置;由一端的管片边界向另一端管片边界纵向安装,且避开手孔位置。整个施工过程的安装工序如下:

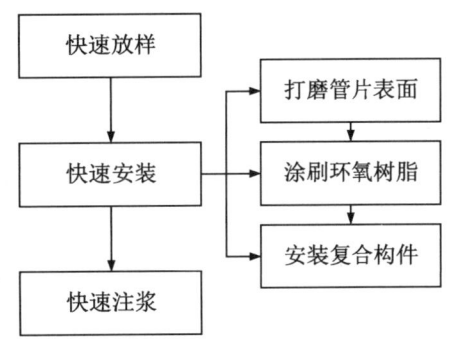

图 4-17 复合腔体加固施工流程

① 安装前对混凝土管片内表面粘贴处进行打磨、刻线、粗糙化,以加强粘贴效果,并对所有的复合构件涂刷环氧树脂。

② 每圈复合构件分三块,安装顺序为先安装复合构件的中间块,再安装复合构件的两端两块。

③ 在安装中间块前,将结构胶均匀地涂抹在安装区域,再将中间块平移至该区域,周边复合腔体构件需进行结构胶封边处理,最后采用组合锚栓永久固定。

④ 两端复合腔体构件安装时,利用预制接头将两端块与已安装好的中间块连接,接头处应采用结构胶进行有效的密闭连接,其余安装工序与中间块相同。

⑤ 按照以上工艺,对剩余三圈进行安装。

(3) 快速注浆。腔体安装完成后,填充轻质砂浆。对第一圈构件小腔一端向另一端单管单注,分步匀速注浆。注浆过程严格控制压力,至出浆孔开始出浆,待出浆口出浆量稳定后,关闭出浆孔阀门,进行短时间的保压,最后关闭注浆口阀门。逐次完成4个小腔注浆。

4.3.5 隧道横向变形分级治理

4.3.5.1 隧道直径对横向变形限值的影响

参考已有研究中常规直径和大直径隧道足尺试验数据及数值模拟结果,探究直径大小对隧道横向变形限值的影响。

1. 足尺试验分析

在常规直径隧道方面,朱瑶宏等[20]针对宁波地区错缝拼装盾构隧道展开足尺试验研究(图4-18)。管片外径为6.2 m,内径为5.5 m,环宽为1.2 m,采用C50混凝土和HRB335钢筋,管片环间及块间均使用5.8级M30弯螺栓连接。试验中,衬砌结构整体变形呈"横鸭蛋"形态,顶底向内收缩,腰部向外扩张,顶底相对变形量与腰部相对变形量相当,试验过程中顶底相对变形量发展情况见表4-11。

图4-18 宁波地区错缝拼装管片结构加载试验试件[20]

表4-11 常规直径隧道顶底相对变形量发展情况

顶底相对变形量/mm	结构状态
16.45(2.65‰D)	管片出现可见裂纹
26.36(4.25‰D)	管片环缝出现破坏,裂缝宽度达0.2 mm
74.82(12.07‰D)	主筋和螺栓进入屈服阶段
125.18(20.19‰D)	结构达到破坏荷载,进入塑性阶段

注:D为隧道外径。

在大直径隧道方面,封坤等[21]针对苏通 GIL 特高压电力管廊盾构隧道进行组合环管片(错缝拼装)结构破坏加载试验研究(图 4-19)。管片外径为 11.6 m,内径为 10.5 m,环宽为 2.0 m,分块方式为"5+2+1",混凝土强度等级为 C60。隧道结构的破坏特征主要为管片内弧面出现贯通裂缝,荷载不变而管片顶底位移持续增大。试验过程中顶底相对变形量发展情况见表 4-12。

图 4-19 苏通 GIL 特高压电力管廊错缝拼装管片结构加载试验[21]

表 4-12 大直径隧道顶底相对变形量发展情况

顶底相对变形量/mm	结构状态
19.53(1.68‰D)	管片出现可见裂纹
96.86(8.35‰D)	主筋进入屈服阶段
103.63(8.93‰D)	中间环裂缝宽度增至 4.5 mm
位移持续增大	管片结构发生失稳破坏

注:D 为隧道外径。

虽然常规直径隧道和大直径隧道的结构形式、加载条件、测试方案有所不同,但可以从定性上看出,随着隧道结构裂缝的发展,结构刚度降低,变形显著增大。此外,直径大小对隧道结构的抗变形能力有一定影响,大直径隧道结构更易受到结构裂损的影响。

2. 数值模拟分析

《广州市轨道交通六号线龙洞—柯木塱区间隧道异常沉降评估分析》项目中采用数值模拟方法研究常规直径隧道的横向变形控制限值,管片外径为 6.0 m,内径为 5.4 m,环宽为 1.5 m,采用 C50 混凝土和 HRB400 钢筋,纵缝连接螺栓为 6.8 级 M27 螺栓,环缝连接螺栓为 5.8 级 M24 螺栓。结合本书第 2 章中大直径盾构隧道横向变形控制限值,汇总常规直径和大直径盾构隧道结构性能随拱腰收敛变形的发展情况,见表 4-13。可以看出,在相同控制标准下,大直径隧道的拱腰收敛变形更大,即结构裂损程度相同时,直径越大则隧道结构变形更易受到影响。

表 4-13 常规直径和大直径隧道拱腰收敛变形发展情况

结构状态	拱腰收敛变形/mm	
	常规直径隧道	大直径隧道
螺栓处于弹性变形状态	0~64.8	0~84
螺栓处于塑性变形状态	>64.8	>84
纵缝张开量<6 mm	0~56.7	0~98
纵缝张开量 6~12 mm	56.7~105.3	98~166
纵缝张开量>12 mm	>105.3	>166

综上所述,足尺试验及数值模拟分析结果均表明:直径大小对隧道横向变形限值存在一定影响,对于大直径隧道,其刚度更易受到结构裂损程度的影响。因此,为准确评估市域快线隧道结构的变形安全状态,有必要研究大直径盾构隧道横向变形分级标准,并为隧道结构横向变形治理提供依据。

4.3.5.2 隧道横向变形分级治理措施

由于各类隧道横向变形治理工艺的适用条件、加固效果、施工难度、工期及成本等存在较大差异,因此,应根据隧道的横向变形安全状态选择合理的治理措施。根据本书第 2 章建立的隧道横向变形安全等级评定标准,针对各安全等级给出相应的治理措施,见表 4-14。

表 4-14 隧道横向变形分级治理措施

等级评定	分级定义	治理措施	说明
Ⅰ	性能好	无	1. 处于Ⅰ、Ⅱ级安全状态的管片,可不进行加固治理,但需密切注意接缝防水状态,必要时进行防水治理; 2. 在进行粘贴芳纶布/碳纤维及钢环/复合腔体加固治理之前,均需配合进行渗漏水修复; 3. 当由于地表突发堆载引起隧道横向变形时,应及时清除堆载
Ⅱ	性能良好	防水治理	
Ⅲ	性能退化,影响正常使用	粘贴芳纶布/碳纤维	
Ⅳ	性能劣化,功能受损,影响正常使用	钢环加固或复合腔体加固	
Ⅴ	性能恶化,适用性受影响	结合钢环加固或复合腔体加固,并加固周边土体或换填轻质材料	

4.4 变形治理过程中的隧道监测方案

隧道变形恢复过程中的监控量测具有以下两个目的：

（1）反映隧道结构现有的状态，确保施工的安全。在变形治理前后，隧道结构的状态会发生一定的变化，在整个施工过程中，应通过各类监测手段准确地反映隧道结构的状态，在结构发生大面积的变形或沉降前及时反映给现场施工人员及各相关部门，以确保隧道结构的安全。

（2）指导后续施工的进行。隧道变形治理过程较为复杂，同时软土地区土层具有高灵敏性，易受施工扰动的影响，从而增加了施工过程中的不确定性。因此，通过监测数据反映的隧道状态及时调整相关施工参数十分有必要。

4.4.1 监测内容及监测方法

一般情况下监测内容应包含两方面：隧道的变形监测和周围地层的变形监测。对于隧道变形，主要监测内容为垂直位移量和隧道收敛量，在曲线地段，还应加入水平位移监测内容；对于周围地层变形，主要监测内容为变形治理区域内的地表沉降量、深层水平位移量，可根据工程需要对土体分层竖向位移量和孔隙水压力进行选测。

1. 隧道垂直位移监测

隧道垂直位移监测内容主要体现变形治理前后隧道结构的纵向隆沉情况，能够较好地反映隧道结构不均匀沉降发展的趋势，为确定隧道纵向治理范围提供依据。目前，垂直位移监测采取的方法主要有水准测量法、静力水准仪法和电子水平尺法等。

（1）水准测量法。

水准测量法是一种传统的人工检测方法，它采用精密水准仪定期测量观测点相对于水准基点的高差，求得各观测点的高程，并将不同时期的高程进行绘图、比较，用以掌握地铁隧道本身的垂直位移情况。

（2）静力水准仪法。

静力水准测量利用液体通过连通管，使多个容器实现液面平衡，测定基准点、观测点到液面的垂直距离，从而获得两点的高差。用传感器测量各观测点容器内液面的高差变化量，计算求得各测点相对于基点的相对沉降量。

（3）电子水平尺法。

电子水平尺的核心是一种电解液式传感器，传感器的电解液装入圆筒形容器内，电解液液面始终位于水平位置，可以将容器的某一需要选取的方向与水平方向（即液面）的夹角转换为电信号输出。通常利用电子水平尺电解液界面变化测量结构的角位移量来进行沉降位移监测。

隧道垂直位移各测量方法的优缺点见表 4-15。

表 4-15　隧道垂直位移主要监测方法的优缺点

测量方法	优点	缺点
水准测量法	成本低、仪器精度高、技术成熟	具有人工误差，注浆过程中无法实时监测隧道状态
静力水准仪法	测量范围广、精度高、数据可自动化采集、施工和维护工作量少	易受外界影响，如受列车振动、温度变化影响
电子水平尺法	精度高、安装简单牢固、可遥控测读	易受注浆施工影响，设备重复利用性能低

2. 隧道变形收敛监测

隧道收敛变形监测则是测定隧道结构横断面的变形情况，主要反映了隧道结构的安全性。目前在隧道内应用的收敛监测方法主要为全断面扫描法、对边直径测量法、巴赛特收敛系统法、激光测距法等。

(1) 全断面扫描法。

全断面扫描法使用具有无线测距功能的全站仪进行全面自动扫描采集数据，采用椭圆方程按最小二乘法原理进行拟合计算，得到测量断面的长短直径(即竖向直径和水平直径)，根据前、后两期断面数据计算得到管径收敛量。

(2) 对边直径测量法。

对边直径测量法是在管片设计直径位置固定测点，采用直接测量的方法，直观、简单地测出设计直径位置的直径值，反映隧道收敛变化的情况。

固定对径测量时，置全站仪于环中部，测定每一对径两端反射点在同一坐标系中的坐标 $X_a, Y_a, Z_a, X_b, Y_b, Z_b$，反算得到两直径端点的平距，如式(4-3)所示。最终将各次平距测量值与原始值进行比较，可以得到该对径的变化情况。

$$D = \sqrt{(X_a - X_b)^2 + (Y_a - Y_b)^2} \qquad (4-3)$$

(3) 激光测距法。

激光测距法是在隧道管壁直径的位置上安装测距仪固定支架，并将高精度激光测距仪固定在支架上。通过测量图 4-20 中 AA'、BB' 和 CC' 的距离，反映隧道结构横断面的变化情况。

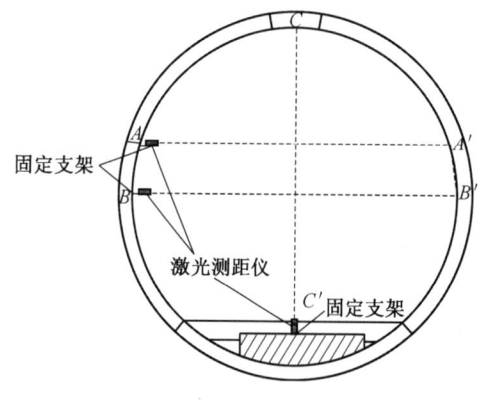

(a) 自动化收敛示意　　　　(b) 隧道内布设固定支架测收敛

图 4-20　激光测距自动化收敛测量

隧道变形收敛各测量方式的优缺点见表 4-16。

表 4-16 隧道变形收敛主要监测方法的优缺点

测量方法	优点	缺点
全断面扫描法	可全面了解圆形隧道截面的变形状况	采集数据量大，测量时间长，宜作为其他监测手段的补充
对边直径测量法	实施效率高、效果直观、精度可靠	无法实时监测
激光测距法	可实时监测	安装成本较高、测点位置固定

3. 隧道水平位移监测

隧道水平位移监测一般采取极坐标法，如图 4-21 所示。该方法是将全站仪置于隧道中，并在远离影响范围处布设三个以上棱镜作为后视点，用于更新测站坐标及定向。在影响区域内则布设监测棱镜，全站仪通过测量棱镜坐标，并将坐标投影到监测断面上，与前一观测周期坐标值相比较，可以得到监测断面的水平位移量。

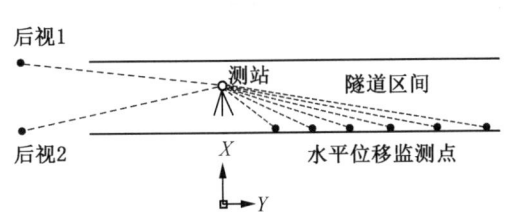

图 4-21 极坐标法水平位移测量示意

4. 地表沉降监测

地表沉降监测是测定隧道变形治理区域周边地表在垂直方向上的位移，该监测内容主要体现地表高程变化情况。若局部区域地面高程在短时间内发生较大变化，则对周围道路、地下管线、房屋等建(构)筑物有严重的破坏作用。该监测内容能较好地反映变形治理过程中对周边地层的扰动情况，为设计和施工参数的优化提供依据。

地表沉降监测通常采用传统的全站仪或水准仪测量方法，首先在监测区域一定范围外的稳定处设置适量基准点，然后在监测区域内布置监测点，从基准点出发，用水准测量方法测量各测点的高程，与前一观测周期的高程测量值比较，可得到各监测点的高程变化量。

5. 土体深层水平位移监测

土体深层水平位移监测是在土体中预埋测斜管，通过测斜仪观测各深度的土体水平位移。土体深层水平位移监测可间接反映隧道结构位移，以及周边建(构)筑物、道路、地下管网受到抬升施工的影响程度。

通常采用测斜仪对土体深层水平位移进行监测(图 4-22),在测量区域内埋设一与水平互成 90°的四导槽预埋管,当预埋管受力发生变形时,将测斜仪探头放入测斜管导槽内,逐段(测点间隔一般取 $L=50 \text{ cm}$)量测变形后管子的轴线与垂直线之间的夹角 θ_i,并按测点的分段长度,分别求出不同高程处的水平位移增量 Δd_i,即 $\Delta d_i = L\sin\theta_i$。由测斜管底部测点开始逐段累加,可得任一高程处的水平位移,即

$$S_j = \sum_{i=1}^{j} \Delta d_i \tag{4-4}$$

用测斜仪观测时,为了消除和减少仪器的零漂及装配误差等,应在位移的正方向及测头调转 180°以后的反方向各测读一次数据,取正、反两方向测读数据的代数平均值作为倾角测值。

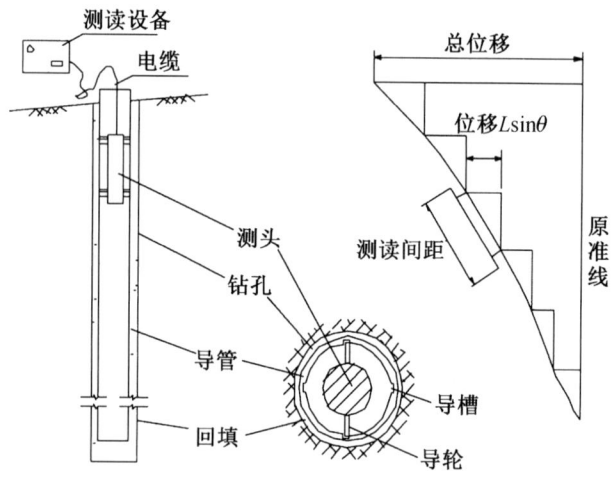

图 4-22 测斜仪测量深层水平位移

测斜仪因为其系统的完整性,具有使用寿命长、可重复探测的优点。缺点是测埋管理设时对导孔的垂直度要求较高,且测斜管底部需置入稳定地层内。

6. 土体分层竖向位移监测

土体分层竖向位移监测是通过预埋磁环分层沉降标,利用分层沉降仪测量不同土层的竖向位移量。通过对比施工过程中不同地层的竖向位移变化速率,可对不同土层特性的注浆压力和注浆速率进行针对性设计,有效提高注浆效益。

分层沉降仪(图 4-23)由多个单点沉降单元与 PVC 管串接而成,适用于测量多层土壤与相对不动点之间的位移,可进行长期监测和自动化测量。

7. 孔隙水压力监测

孔隙水压力监测是在量测现场布置有关设备,获得隧道变形治理过程中土体内孔隙水压力的变化情况。该监测内容可为变形动态控制的预测模型提供水利条件参数,同时也可间接反映施工对周围土体的扰动影响程度。

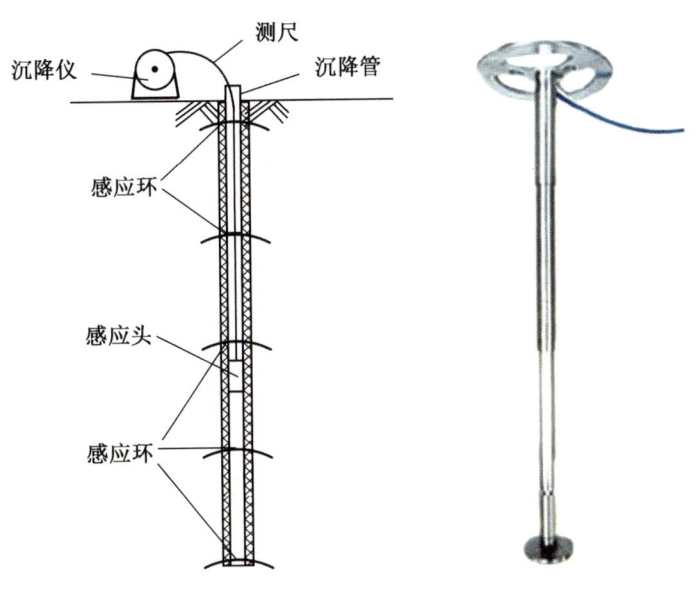

图 4-23 分层沉降仪示意

目前常用的孔隙水压力的观测仪器有两种:一种是气压式,国外多用这种;另一种是振弦式,国内多用这种。前者使用时直观、明了,操作简便,仪表盘上直接显示孔压,无须校正,但价格较高;后者价格低廉但操作麻烦,仪表显示的是测头的钢弦振动频率,需通过查表、校正才能获得孔压。应根据测试目的、施工现场的地层渗透性质和监测时间等条件选择孔隙水压力计的类型。

8. 人工巡检

由于仪器监测内容有限,应配以人工巡检的方法对施工过程中产生的结构破损、明显病害或周边环境变化等情况进行记录,更好地为施工参数的优化提供依据。

日常人工巡检应以目测观察为主,简单工具(锤子、卷尺、照明设备、摄像设备、手持终端巡检设备等)为辅,进行定性检查,检查结果应及时做好记录,及时整理记录表,并按时归入检查对象的技术档案,如发现异常,应及时通知委托方及相关单位。根据隧道抬升工程特点,人工巡检主要包括隧道结构的日常巡检和变形治理区域周围环境的日常巡检。

(1) 隧道结构日常巡检。

隧道结构的日常巡检主要包括以下内容:主体结构是否出现裂缝、局部掉块、渗漏水等病害;基床结构是否出现错台、裂缝、翻浆冒泥等病害;接缝接头是否堵塞、损坏;洞门结构是否出现明显的病害;附属结构及设施是否缺损;保护区内的周边工程情况;等等。

(2) 变形治理区域周围环境日常巡检。

周边环境的日常巡检主要包括以下内容:周边地下管道有无破损、泄漏情况;周边建(构)筑物有无裂缝出现;周边道路(地面)有无裂缝、沉陷情况;周边是否有外部工程活动、邻近工程的施工情况；周围地面堆载情况。

同时，为保证监测工作的正常进行，还需对监测设备进行检查，检查内容包括基准点、测点是否完好，有无影响观测工作的障碍物，监测元件的完好及保护情况。

4.4.2 监测流程

1. 监测方法

监测方法大致可分为两类，即人工监测与自动监测。

（1）人工监测是由工作人员将仪器搬运进隧道并进行数据测量的一种方式，以水准仪、全站仪等机械设备为主要测量仪器。这类方法一般成本较低、适用范围较广，具有较高的灵活性，但不能获取隧道结构的实时变化情况，且效率较低。

（2）自动监测是依靠电子传感器，将需测量的数据通过传感器转换成数字信号，通过传输系统汇总至中央处理系统，经过数据处理后得出实时测量数据的一类方法。该类方法克服了人工测量中不能实时测量的缺陷，具有较高的测量效率，但成本较高，且测量精度受到客观条件(如列车振动、仪器精度等)的影响。

在选用监测方法时应综合考虑监测持续时间、施工时限等因素。

2. 监测布点要求

监测点应布置在监测对象变形和内力的关键特征点上，各监测项目的布点要求见表4-17。其中复位区域为重点监测区域，该区域监测点应加密布置，建议沿轴线每环布设一个监测断面。其余地段可以适当布置得稀疏一些，但间距宜控制在3~20 m。

表4-17 各项目监测点布置要求

序号	监测项目		监测点布置位置	监测点布置间距
1	隧道垂直位移		拱顶、拱底、拱腰	≤20 m
2	隧道水平位移			
3	隧道变形收敛监测		每监测断面不少于两条测线	≤20 m
4	变形缝张开量、裂缝		结构裂缝位置、结构变形缝两侧	缝的两侧均匀布置
5	道床与轨道变位		道床的纵横断面、两条轨道上	≤20 m
6	周边建筑变形	垂直位移	建筑四角、柱基、地基或基础分界处、变形缝和抗震缝两侧、不同结构分界处等	10~15 m，且每侧墙体不少于3点
		倾斜		
		裂缝	有代表性的裂缝	每条至少2个
		水平位移	建筑外墙墙角、柱、裂缝两侧及其他有代表性的部位	一侧墙体不少于3点
7	邻近管线变形		管线的节点、转角点和变形曲率较大的部位	15~25 m

(续表)

序号	监测项目	监测点布置位置	监测点布置间距
8	地下水水位	按照周围环境实际情况和城市轨道交通结构特征布设	15～25 m
9	孔隙水压力	宜布置在土体变形较大或有代表性的部位,按土层分布情况布设	竖向间距一般2～5 m,并不宜少于3个
10	深层水平位移	在邻近地下结构的支护结构和土体位置	按变形监测断面布设或在重点位置布设

3. 监测精度

监测仪器应能满足监测所需的精度,且不能影响复位施工作业。常用仪器和仪器精度见表4-18。

表4-18 常用监测仪器精度要求

序号	监测项目	监测仪器	仪器精度
1	垂直位移	水准仪、静力水准仪、全站仪	水准仪:0.3 mm/km;全站仪:1″,1 mm+2 ppm
2	水平位移	全站仪	1″,1 mm+2 ppm
3	隧道变形收敛监测	全站仪、收敛计、激光测距仪	全站仪:1″,1 mm+2 ppm;收敛计:0.1 mm
4	变形缝张开量、裂缝	裂缝计、游标卡尺、全站仪	裂缝计、游标卡尺:0.1 mm;全站仪:1″,1 mm+2 ppm
5	道床与轨道变位	水准仪、静力水准仪、全站仪、道尺	水准仪:0.3 mm/km;全站仪:1″,1 mm+2 ppm;道尺:±0.3 mm
6	地表变形量	水准仪、静力水准仪、全站仪	水准仪:0.3 mm/km;全站仪:1″,1 mm+2 ppm
7	地下水水位	水位计	10.0 m
8	孔隙水压力	孔隙水压力计	精度不宜低于0.5%F·S,分辨率不宜低于0.2%F·S
9	深层水平位移	测斜仪	0.5 mm/m
10	土体分层竖向位移	分层沉降仪	不宜低于1.5 mm

注:1 ppm=10^{-6}。

4. 监测频率

对于自动监测系统,应做到每天实时监测隧道结构和地层的变化情况。

对于人工检测项目，在不同的施工阶段，对其要求也不同。人工检测受到列车运营、施工时间限制的影响，故在施工期间，应保证 1 次/d 的测量频率；在施工前以及施工完毕后，可降低频率至 1 次/周或 1 次/月，当检测数据稳定后可取消对该区段的专项检测。

5. 监测限值

主要监测项目限值可参考表 4-19 和表 4-20。

表 4-19 主要监测项目限值

序号	监测项目	监测限值
1	隧道垂直位移	应根据实际隧道变形情况制定变形限值
2	隧道水平位移	
3	隧道变形收敛监测	要求单次注浆后收敛变形≤2 mm，累计变形≤1‰隧道内径
4	变形缝张开量、裂缝	要求接缝张开量<2 mm，裂缝<0.2 mm
5	道床与轨道变位	要求轨道横向高差<4 mm，轨向高差（矢度值）<4 mm， −4 mm<轨间距<+6 mm，道床脱空量≤5 mm
6	深层水平位移	要求累计位移≤30 mm，速率≤3 mm/d， 并注意变形速率的变化趋势
7	人工巡检	配合仪器检测，对结构破损、明显病害或 周边环境变化等情况进行记录

表 4-20 周围环境监测项目限值

监测项目			累计值/mm	变化速率/(mm·d^{-1})
地下水位变化			1 000	500
管线位移	刚性管道	压力	10~30	1~3
		非压力	10~40	3~5
	柔性管道		10~40	3~5
建筑位移			10~60	1~3
裂缝宽度	建筑		1.5~3	持续发展
	地表		10~15	持续发展
建筑整体倾斜度			2/1 000	连续 3 d 不大于 0.000 1H/d （H 为建筑承重结构高度）

4.4.3 应急处置方案

监测信息应及时反馈给相关单位，宜围绕城市轨道交通结构保护的各项业务需求，统筹设计信息管理系统,做到实时共享和交流监测数据。一旦出现表 4-21 所示情况,应立即采取相应的管理措施。

表 4-21 预警等级划分及应对管理措施

监测状况	预警等级	应对管理措施
$0.6 \leqslant G < 0.8$	一级	加密监测点、提高监测频率,并控制施工参数
采用注浆工艺时,纠偏回调速率超过 2 mm/d	二级	立即停止注浆
$0.8 \leqslant G < 1.0$		暂停复位作业,进行过程安全评估工作,各方共同制定相应安全保护措施,并经组织审查合格后,方能开展后续工作
$G \geqslant 1.0$	三级	立即停止施工,并联系有关单位,立即启动相应应急措施

注:监测比值 G 为各项监测指标的实测值与安全控制值的比值。

4.5 主要结论

本章结合广州 18 号线周边地质情况和设计资料,通过调研大量软土地区地铁隧道不均匀沉降和横向变形治理的工程案例,对南沙软土地区地铁隧道运营期的变形控制技术展开研究。主要得到以下结论:

(1) 软土地区常用的隧道不均匀沉降治理工艺有洞内微扰动注浆、地面袖阀管注浆和换填轻质材料。在隧道不均匀沉降治理前,应根据隧道运营状态、隧道结构状态、周边地质水文情况和预期抬升量,并结合相关工程经验和现场试验,确定抬升工艺参数。注浆工艺应确定注浆材料及配比、注浆范围、注浆压力、注浆量、注浆流量、注浆孔位布置、注浆顺序及注浆结束标准等参数,换填轻质材料工艺应确定卸载/换填范围、卸载/换填方式、换填材料等参数。

(2) 隧道结构横向变形治理工艺主要有地面微扰动注浆、地表卸载和隧道结构内部加固。在实际纠偏工程中,应根据造成隧道横向变形的原因、施工环境及具体条件采取针对性的措施。①上部堆载:应先卸除上部堆载,并进行内部注浆堵漏水,根据隧道横向变形发展情况合理选择地面微扰动注浆和内部结构补强措施。②侧向卸载:应做好隧道内部堵漏水工作,当变形较大时,可在隧道一侧采用双液微扰动注浆进行纠偏,并结合芳纶布、内张钢环加固或复合腔体加固等内部治理方法。

(3) 研究表明,直径大小对隧道横向变形限值存在一定影响。对于大直径隧道,其刚度更易受到结构裂损程度的影响,应建立适用于大直径隧道的横向变形分级标准,以准确评估市域快线隧道结构的变形安全状态。在隧道横向变形治理时,应根据隧道结构当前的变形安全状态等级,选取相应的变形治理措施。

(4)在变形治理过程中,应做好隧道监测工作,以反映隧道结构现有状态,并指导后续施工的进行。在隧道抬升施工前,应制订监测方案和应急处置方案,主要确定监测内容、监测方法、监测仪器及布点、监测频率及限值等项目。

参考文献

[1] Harris D I, Mair R J, Love J P, et al. Observations of ground and structure movements for compensation grouting during tunnel construction at Waterloo station[J]. Geotechnique, 1994, 44(4): 691-713.

[2] 彭正勇. 注浆抬升在隧道穿越既有建筑物中的研究及应用[J]. 岩石力学与工程学报, 2011, 30(S1): 2963-2969.

[3] Zhang M, Wang X, Wang Y, et al. Mechanism of grout bulb expansion and its effect on ground uplifting[J]. Journal of Central South University of Technology, 2011, 18(3): 874-880.

[4] Guo F Q, Liu X, Tong W, et al. Prediction of ground surface displacement caused by grouting[J]. Journal of Central South University, 2015, 22(9): 3564-3570.

[5] 张连震, 刘人太, 张庆松, 等. 软弱地层劈裂-压密注浆加固效果定量计算方法研究[J]. 岩石力学与工程学报, 2018, 37(5): 1169-1184.

[6] Soga K, Au S, Jafari M R, et al. Laboratory investigation of multiple grout injections into clay[J]. Geotechnique, 2004, 54(2): 81-90.

[7] 郑刚, 张晓双. 软黏土中上覆荷载对注浆抬升长期效果影响的模型试验研究[J]. 岩土工程学报, 2016, 38(6): 969-977.

[8] Wisser C, Augarde C E, Burd H J, et al. Numerical modelling of compensation grouting above shallow tunnels[J]. International Journal for Numerical and Analytical Methods in Geomechanics, 2005, 29(5): 443-471.

[9] 张冬梅, 邹伟彪, 闫静雅. 软土盾构隧道横向大变形侧向注浆控制机理研究[J]. 岩土工程学报, 2014, 36(12): 2203-2212.

[10] 朱瑶宏, 夏汉庸, 胡志飞. 软土地层盾构隧道结构整体抬升实践[J]. 岩土力学, 2016, 37(S2): 543-551.

[11] Jones M R, Ozlutas K, Zheng L. Stability and instability of foamed concrete[J]. Magazine of Concrete Research, 2016, 68(11): 542-549.

[12] Liu X, Ke S, Li Z L, et al. Experimental research on foamed mixture lightweight soil mixed with fly-ash and quicklime as backfill material behind abutments of expressway bridge[J]. Advances in Materials Science and Engineering, 2017: 1-11.

[13] Li S, Yao Y, Ho I H, et al. Coupled effect of expanded polystyrene and geogrid on load reduction for high-filled cut-and-cover tunnels using the discrete element method[J]. International Journal of

Geomechanics,2020,20(6):04020052.

[14] 王如路,张冬梅.超载作用下软土盾构隧道横向变形机理及控制指标研究[J].岩土工程学报,2013,35(6):1092-1101.

[15] 翟超,陈涛,张培贺.微扰动注浆对地铁隧道收敛变化的研究[J].勘察科学技术,2018(5):5-8.

[16] 邵华,黄宏伟,张东明,等.突发堆载引起软土地铁盾构隧道大变形整治研究[J].岩土工程学报,2016,38(6):1036-1043.

[17] 刘梓圣,张冬梅.软土盾构隧道芳纶布加固机理和效果研究[J].现代隧道技术,2014,51(5):155-160.

[18] 毕景佩.堆土导致的地铁盾构隧道病害及处治对策分析[J].中外公路,2017,37(1):180-183.

[19] 柳献,张乐乐,李刚,等.复合腔体加固盾构隧道结构承载能力的试验研究[J].城市轨道交通研究,2015,18(7):52-57.

[20] 朱瑶宏,张雨蒙,夏杨于雨,等.通用环错缝拼装隧道极限承载能力足尺试验研究[J].现代隧道技术,2018,55(6):152-162,169.

[21] 封坤,何川,张力,等.高水压水下盾构隧道管片结构破坏现象研究[J].隧道与地下工程灾害防治,2020,2(3):95-106.